本书系2020年度教育部人文社会科学研究规划基金项目
2021年度河南省哲学社科规划项目（2021BJY03

美国实践取向
的教师教育模式与运行成效研究

徐来群　著

郑州大学出版社

本书系 2020 年度教育部人文社会科学研究规划基金项目（20YJA880081）

2021 年度河南省哲学社会科学规划项目（202...

图书在版编目（CIP）数据

美国实践取向的教师教育模式与运行成效研究／徐来群著 . — 郑州：郑州大学出版社，2022.3（2024.6 重印）
ISBN 978-7-5645-8291-3

Ⅰ . ①美… Ⅱ . ①徐… Ⅲ . ①师资培养－研究－美国 Ⅳ . ①G571.25

中国版本图书馆 CIP 数据核字（2021）第 224184 号

美国实践取向的教师教育模式与运行成效研究
MEIGUO SHIJIAN QUXIANG DE JIAOSHI JIAOYU MOSHI YU YUNXING CHENGXIAO YANJIU

策划编辑	王卫疆	封面设计	苏永生
责任编辑	王晓鸽	版式设计	凌 青
责任校对	孙园园	责任监制	李瑞卿

出版发行	郑州大学出版社	地　址	郑州市大学路 40 号（450052）
出版人	孙保营	网　址	http://www.zzup.cn
经　销	全国新华书店	发行电话	0371-66966070
印　刷	廊坊市印艺阁数字科技有限公司		
开　本	787 mm×1 092 mm　1 / 16		
印　张	17.25	字　数	373 千字
版　次	2022 年 3 月第 1 版	印　次	2024 年 6 月第 2 次印刷

| 书　号 | ISBN 978-7-5645-8291-3 | 定　价 | 88.00 元 |

　　20世纪80年代以来,在教师教育市场化思潮、常识取向的教师教育观、解制教育思想、技术取向的教学技能观的影响下,为解决教师短缺问题,美国出现一种实践取向的教师教育模式也称选择性教师教育(Alternative Teacher Education)或最低能力模式教师教育(Minimum-Competency Models of Teacher Education)。

　　实践取向的教师教育以中小学教学实践为基础、普遍存在忽视教育理论和教育研究。其种类繁多,结构多样,使命各异,目的有别。通常招生具有学士学位、有教学热情、承诺一定教学服务年限、没有犯罪记录,并希望改进基础教育的美国公民,经过短期培训或在职学习,并在丰富经验辅导教师指导下,获得教师资格证书的人担任教师。

　　实践取向的教师教育在一定程度上迅速满足特定科目领域、特定地理区域的中小学教师短缺需求,是都市中心学校、贫困地区学校、特许学校一种主要的师资供给路径和传统大学教师教育的一种有益补充,逐步成为一种受到政府鼓励、慈善基金会支持、地方学区积极响应的教师教育新模式。

　　著作按照项目生源选拔性高低、教师教育教学内容的独特性与否、以及项目建立的目的等作为标准,把美国目前存在的600多个实践取向的教师教育项目分为迎接挑战型模式——驻校教师项目(The Teacher Residency)和改革示范型模式——为美国而教项目(Teach for America)、提高质量型模式——纽约教师队伍项目(The New York City Teaching Fellows)和满足需求型模式——加州实习教师培养项目(California Internship Teacher Preparation Programs)等四种模式。运用贝雷迪的四步比较法分别从项目的使命、招生要求、课程结构、辅导教师、财政补贴、质量效益六个方面进行比较研究,廓清实践取向教师教育模式运行机制及运行成效,总结出实践取向教师教育的基本特点,加深对美国实践取向教师教育认识。

本书内容分为八个章节:

第一章 绪论。主要对美国实践取向的教师教育模式与运行成效的相关概念、研究背景、文献综述、研究思路、研究方法、研究内容做一个概论性的说明。

第二章 美国实践取向的教师教育历史发展。主要用历史的方法勾略出美国教师教育发展历程,把美国教师教育发展分为早期教师教育发展、教师教育机构发展、教师资格证书发展,着重对当代美国教师教育改革议程包括专业化改革议程、解制取向的改革议程、常识取向的改革议程、社会重建的改革议程、技术取向改革议程、社会效率改革议程等影响实践教师教育改革的重要议程进行较为详细的研究。最后把实践取向的教师教育发展历程分为早期发展、20世纪80年代的发展以及20世纪90年代以后的发展三个阶段。

第三章 迎接挑战型模式——驻校教师项目。对芝加哥驻校教师项目与波士顿驻校教师项目做了深入分析,两个项目主要为了挑战传统大学教师教育模式,运用城市政府集权的教育管理体制改革,发挥市场力量作用,采用由城市政府、慈善基金、地方学区三方培养当地紧缺教师的驻校教师模式。这一章主要对卡多佐项目、教师教育第三空间理论、驻校教师项目运行机制、驻校教师发展建议等几方面进行研究和探讨。

第四章 改革示范型模式——为美国而教项目。这一章回顾了"为美国而教"创始人温迪·卡普创办项目的经历、"为美国而教"成长、发展壮大历程,详细研究了"为美国而教"培养教育领导人的使命,作为非营利组织的运行模式以及"为美国而教"影响和未来发展几个部分。

第五章 提升质量型——纽约市教学队伍项目。主要对纽约市教学队伍项目建立背景、项目使命、项目招生、夏季培训、队员安置、在职发展、激励支持措施以及效果等几个方面做了较为深入的探讨和解析。

第六章 满足需求型——加利福尼亚州实习教师项目,主要对加州实习教师项目产生背景、项目使命与目的、项目招生选拔、项目培养、实习教师类型、实习教师评价、辅导教师辅导、实习教师奖励措施、实习教师安置等进行探讨,实现了实习教师项目较高的留职率、成本较低、吸引更多有色人种教师进入教师队伍目的。

第七章 美国实践取向的教师教育模式运行体制机制,分别从实践取向教师教育产生的原因分析、招生和资格要求、项目类型、课程设置、项目认证和评价等方面进行总结。

第八章 美国实践取向的教师教育模式运行成效,分为实践取向教师教育特点、实践取向教师教育运行成效、结论与建议三个部分,认为我国教师教育作为立德树人的事业不能完全市场化,建议应加强教师实践智慧研究。

在著作付梓之际,感激之情油然而生。感谢为本书顺利出版付出心血汗水的郑州大学出版社的编辑们,没有你们的厚爱,就不会有本书的顺利出版!

在本书撰写过程中还得到了杭州师范大学孙德芳教授、湖南师范大学朱鲜峰博士、许昌学院王俊教授、李晓慧教授、张永祥教授、沈春光教授、姚琳老师、寇琼洁老师热情帮助、指导和鼓励,在此深表感谢!

本书在写作时还查阅了大量的文献资料,借此向所有文献资料的作者致以诚挚的敬意和谢意!

感激之余,虑及自己才疏学浅,更多的是忐忑不安。尽管写作过程中已做出不懈地努力,但依然难免存在遗漏、不足,甚至谬误之处。

借此出版之际,敬请学界方家不吝指正!

徐来群

2021 年国庆于莲城静心斋

目录

第一章

绪论

一、概念界定

教师短缺与教师流失是长期困扰美国教育的热点问题,每年因此损失的教育经费高达 70 亿美元[1]。随着公立中小学有色人种学生的不断增加,美国教师教育结构出现失衡,迫切需要更多有色人种教师加入教师队伍。[2] 20 世纪 80 年代以来出现实践取向的教师教育因其成本较低,能迅速满足高需求地区、学科领域对教师的需求,迅速获得美国各级政府、社会各界特别是知名的慈善基金会、学区的积极支持,成为以一线教学实践为重点,强调辅导教师支持,在职获得教师资格证书和教学艺术硕士学位的教师教育模式。

(一)实践取向的教师教育概念

实践取向的教师教育通常称为选择性教师教育(Alternative Teacher Education)或最低能力模式的教师教育(Minimum-Competency Models of Teacher Education),是以实践为基础、普遍存在忽视教育理论和教育研究的教师教育,其种类繁多,结构多样。通常招收具有学士学位、承诺一定的教学服务年限、有教学热情、通过犯罪记录审核,并希望改进基础教育的美国公民,经过短期培训或在职学习,并在具有丰富经验的辅导教师的指导下,获得教师资格证书的教师教育模式。实践取向的教师教育在一定程度上能快速满足特定科目领域、特定地理区域的中小学教师短缺的需求,是都市中心学校、贫困地区学校、特许学校主要的一种师资培训路径和对传统大学教师教育的一种有益补充。实践取向的教师教育通常是混合的教师教育项目,通常要求教师注册大学教育学院项目。其中

---

① Angela Harris Richardson. A Qualitative Exploration of Factors Contributing to Teach For America Teachers Remaining in a Rural, High-Poverty School System Beyond Their Two-Year Contracts. North Carolina State University,2018:7.

② Ann Katherine Schulte. Seeking Integrity in Teacher Education: Transforming Student Teachers, Transforming My Self,Springer Science+Business Media B. V. 2009:23.

46%实践取向的教师教育项目是在大学和教育学院进行,需缴纳学费获得教师资格证书和教育学硕士学位,38%的项目不要求获得大学学分,仅获得教师资格证书,所需费用根据地方学区实际情况给予全部或部分报销。

现在全美50个州有600多个实践取向的教师教育,每年培养62 000名教师,在所有被雇佣的教师中占据1/3,在新泽西州有40%的教师通过选择性教师项目进入教师行业,加利福尼亚州有1/3,德克萨斯州有将近一半的教师是通过实践取向的教师教育项目进入教师行业的[①]。

(二)实践取向的教师教育假设

实践取向的教师教育坚持常识取向、解制取向、技术取向的教学理念。项目建立在以下假设基础上:

一是如果一个人知道任教学科知识,那么他就能教这门科,认为教育学知识和教育学内容知识在学习教学中扮演次要角色。

二是一个人可以通过教学实践学习教学,强调教育学培训工作与生活经验的价值,师徒模式是最理想的模式,课堂是最理想的培训地点。

三是拥有工作经验的人能够更好地做一名合格的教师。

四是实践取向的教师教育支持者认为教育的决定权在大多数人,民众或民主控制的政府应该给公立学校制定与社区规范一致的绩效标准。民主控制的教育应该给其他机构提供参与管理教育的机会,基金会、公司应成为教学政策的主要制定者。

五是实践取向的教师教育更加经济。实践取向的教师教育大幅度降低或消除了参训者在此期间没有薪水的困难,对于需要稳定收入来源的中年改变职业者很有吸引力。一些学区支付一部分或全部的课程成本,同时提供了雇佣机会。与教师专业化培训相比,实践取向的教师教育具有较低的机会成本和经济成本。

二、国内外研究现状和趋势

(一)研究背景

一是我国在从封闭性教师教育走向开放性教师教育之后的一段时期内,师范生生源质量却不断下降,教师教育专业遭到弱化、边缘化,师范生质量和教师整体素质亟待提

---

① Emoly Feistritzer. Teaching While Learning Alternate Routes Fill the Gap. Phi Delta Kappa International,2009,5(2),7.

升。为此,2007年,教育部在部属师范大学实施公费师范生制度,此后,云南、上海、江苏、安徽、浙江、河北、吉林、新疆、湖南、河南、成都市等部分省市也先后实施了地方公费师范生制度,为高需求地区,特别是(老少边穷及农村地区)培养优秀教师。但大部分的教师教育专业毕业生并没有回到最需要优秀教师的农村地区。调查显示,华中师范大学首届免费师范生,签约农村学校的仅有2%。东北师范大学连续5届师范生有68%在城市签约。陕西师范大学的公费师范生只有9.1%的免费师范生在农村一线工作,而签约在城镇的却高达90.9%。在全国受访的17个省区的4 821名公费师范生中,下基层的比例只有4.1%。即使在农村就业,公费师范生流动率也达到29.63%。由此看来,培养"下得去、留得住、教得好"的公费师范生初衷并没有得到较理想的实现,需要进一步优化公费师范生政策制度。

二是美国开放性教师教育模式导致教师培养与教师聘任之间出现结构性失衡,同时由于人口变化、退休和流失、小班化教学等因素,贫困地区或城市中心地区学校教师流失率居高不下[①];受市场经济影响,数学、科学、外语专业的毕业生为获得更高薪水,通常并未从事教学职业也导致这些学科的教师短缺。因教师短缺导致的经济损失每年高达几百亿美元。同时频繁地雇佣不合格教师将会进一步导致贫困地区公立中小学教育质量下降,这将进一步降低贫困地区儿童实现社会阶层流动的机会,导致社会阶层固化,使这些地区的社会、经济、安全状况进一步恶化。

三是上至联邦政府下至地方学区通过为实践取向教师教育项目师范生提供奖助学金,采用在职学习的方式,解决贫困地区教师留不住、教不好的问题。联邦政府按照每人5年不少于6万美元的奖金拨款给高需求地区的教师,"为美国而教"项目的师范生每年可获得2万美元奖学金。加州、马萨诸塞州、纽约州、芝加哥市、波士顿市等地方政府也为实践取向的师范生提供2 500~20 000美元不等的奖金,同完成教学服务承诺后免除教学艺术硕士学位大学学费,以此鼓励参加实践取向的教师教育项目。我国公费师范生政策与美国实践取向的教师培养模式具有相似的背景和初衷。

四是传统大学教师教育项目质量不高。传统大学教育学院招生的师范生学术能力备受质疑。有学者对1960—1980年进入教师教育项目的学生进行研究后发现,这类学生在学术性向测试(SAT)分数是所有专业中录取分数最低的[②]。1983年,美国高质量教育委员会颁布的《国家在危机中:教育改革势在必行》报告认为美国公立学校的失败与教师教育存在因果关系,学生的失败等同于教师的失败。据统计,30%的美国教师教育认证联合会(The National Council for Accreditation of Teacher Education)认证的教师教育项

---

① Amy Jo Nelson. Alternative Approaches to Teacher Preparation Using Distances Learning Models,ResearchGate,2002:6.

② Regina V. Schwab. Examining the New Layers of Teacher Education:A Cross-Case Analysis of the High School Induction Process for Alternatively Certified Teachers, Virginia Polytechnic Institute and State University,2002:47.

目所在高校来自不具有竞争力的高校①。

五是教育学院坚持学生全面发展和实现社会公平正义的教育理念与当前美国保守主义教育政策片面关注提高学生学业成绩之间的矛盾。保守主义教育政策试图打破大学教育学院教师教育项目掌握的颁发教师资格证书的垄断地位,认为教育学院卡特尔阻碍了有天赋的人们成为公立学校教师,教育学院的师范生的SAT成绩是所有在校生中最低的,为什么不向那些学术优秀者和职业改变者敞开K-12教室的大门。2002年,美国教育部部长罗德·佩奇(Rod Paige)发布《迎接高质量教师的挑战》,认为美国公立教育系统允许太多学术较差的资格证书获得者,同时又创造了很多的障碍,阻碍了大部分具有天赋的候选人选择教师职业②。僵化的教师资格要求增加了期望做教师的人的机会成本。

六是大学教育学院陷入学术性与实践性的困境。教育学院自建立之日起就受到大学文化的影响,尤其是随着高等教育制度不断强调研究性功能,大学教育学院面临学术性和专业性双重挑战。为了追求学术地位,许多教育学院越来越多地切断了与初等学校的联系,在"研究本位"的学术压力驱动下,教育学院也不得不将学术研究置于首要位置,教师专业知识主要是在远离中小学课堂教学真实场景的象牙塔里生产出来的,脱离中小学教育教学实践场景③,以至于出现教育学院"研究教师而不培养教师"的奇特局面。

七是常识取向的教学实践神圣化思潮。如果说去教师专业化思潮是批判教师教育专业知识,那么实践取向的教师教育则采取了教学实践神圣化思潮,赋予中小学更多的自治权,让教师由中小学培养,直接决定教师的任用与否,面向所有具有大学文凭而又愿意当教师的人,不设门槛,让他们无障碍或低障碍入职。

(二)实践取向的教师教育现状研究

美国实践取向的教师教育改革运动来源于1983年美国卓越教育委员会(The National Commission of Excellence in Education)发布的《国家在危机中——教育改革势在必行》的报告。在新自由主义经济学家、解制教育思想和历届美国联邦和地方政府、保守派基金会的推动下,社会各界形成了加强教育问责、提高教师质量、提升学生学业成绩的共识。由于教师培养和教师雇佣需求之间存在结构性不协调问题、大学教师教育模式本身的问题、贫困地区较高的教师离职率,再加上入学人口变化、加州等地小班化教学改革因素,使得高需求地区的数学、科学、英语等科目教师需求急剧增加,尽快弥补教师不足成为政府面临的急迫问题,由此催生了美国实践取向的教师教育项目。

---

① Amy Jo Nelson. Alternative Approaches to Teacher Preparation Using Distances Learning Models, ResearchGate,2002:10.
② 周钧.美国教师教育理论与实践[M].北京:北京师范大学出版社,2015:72.
③ 赵华晔.教师教育专业化危机与应对[J].教师教育学报,2018,5(6):8-16.

2001 年，美国国会通过《不让一个孩子掉队》法案，联邦政府介入教育事务有了更多法律授权。法案要求全美的每一间教室都有高素质教师，对连续两年及其以上未能使学生学习成绩进步的学校，学区应予以问责，进一步推动了美国实践取向的教师教育在全美 50 个州和哥伦比亚特区广泛普及。从 1993—2003 年，传统的教师教育获得者在公立中小学教师中的比例从 94% 下降到 88%。现在美国 380 万任职的中小学教师中有 18% 即 676 000 人为实践取向的教师教育项目毕业生。新泽西、得克萨斯、加州实践取向的师范生已经占到新任教师的 1/3，有的州甚至达到一半以上。实践取向的教师教育发展并不平衡。在公立小学教师中，东北部占 13.7%、中西部占 8.7%，5.3% 在南部，2.3% 在西部。在中学方面，东北部占 14.3%，中西部占 10.3%，南部占 6.7，西部占 5.7%[①]。从种族来讲，75% 少数民族教师、66% 白人教师通过实践取向的项目获得教师资格。从学校来讲，特许学校有 25% 的教师通过实践取向的项目获得教师资格，传统学校只有 17%；高贫困学校（High-poverty School）的教师有 21% 的教师是实践取向的项目教师，14% 的低贫困学校（Low-poverty Schools）教师是实践取向的项目[②]。从学科来讲，37% 的职业技术教育教师、28% 的自然科学教师、26% 的外国语教师、24% 的以英语为第二外语的教师、22% 的数学和计算机科学教师、20% 的特殊教育的教师是通过实践取向的项目进入教师行业的[③]。

（三）实践取向的教师教育本质研究

当前，美国公共财政支出不断下降，都市中心、偏远乡村地区公立中小学教育的水平有不断下降的趋势，实践取向的教师教育项目被认为是一种新型应急教师资格证书，被当作综合解决这些问题的新路径。不断增长的自由市场意识形态和反政府规制已经把实践取向的教师证书带到了教师教育政策辩论的最前沿。这种争论最后演变为对传统大学基础的教师教育项目存在价值的攻击。大学教育学院的发展在专业性和学术性的双重压力下更是举步维艰，耶鲁大学、芝加哥大学、杜克大学、霍普金斯大学等知名大学则取消教育学院或教育系建制，以回应这种压力。实际上，美国教师教育大学化进程中暴露出的问题，涉及教师职业一系列本质属性的反思（龙宝新等）。教师职业是一种兼具学术性、专业性和公共性的职业（钟秉林等）。学术性决定了教师教育与其他学科一样，在大学中既具有独立且平等的地位，亦具有自身的学科体系和知识建构；专业性决定了

---

① D. John Mclntye, edt. Research on Effective Models for Teacher Education, California, Corwin Press, 1991:239.

② Characteristics of Public School Teachers Who Completed Alternative Route to Certification Programs [EB/OL]. https://nces. ed. gov/programs/coe/indicator_tlc. asp,2018-5-20.

③ Characteristics of Public School Teachers Who Completed Alternative Route to Certification Programs [EB/OL]. https://nces. ed. gov/programs/coe/indicator_tlc. asp,2018-5-20.

教师教育与传统的文理基础学科不同,具有极强的应用特征,必须紧密联系和服务于教育教学实践;公共性则决定了教师教育与医生、律师等专业不同,不能走完全市场化道路的私有化,应把教师教育作为公共产品,由国家为师范生提供奖助学金等政策支持,让他们获得超过一般市场收益的补助,提高其乐教、善教的积极性①。

因此,美国大学基础教育症结在于没有解决好教师教育的三种基本属性。美国实践取向教师教育通过为师范生提供奖助学金、强调教师专业的实践属性,招收具有学士学位的毕业生,较好地解决了教师教育的学术性、专业性和公共性问题。它的兴起也说明完全市场化、全面开放的教师教育市场并不能有效解决教师紧缺地区留得住、教得好的教师问题。

(四) 两种教师教育模式成效存在争议

实践取向的教师教育与传统大学教师教育关于留职率、离职率、任教学科效果、学生成绩高低、项目运行机制体制、运行成本方面做比较,研究成果较多,支持者与反对者各执一词,互不相让。

实践取向的教师教育项目类型多样、资格要求不同、经费资助基础有别,教师培养质量迥异。项目在解决高需求地区和任教学科教师短缺、增加教师队伍民族和种族多样性方面做出了突出贡献。支持的学者有埃米莉·费斯特里泽(C. Emily Feistritzer)、托尼·黑尔(Toni Hill)、温迪·卡普(Wendy Kopp)、阿瑟·莱文(Arthur Levine)、约翰·古德莱德(John Goodlad)、弗雷德里克·赫斯(Frederick Hess)。

反对实践取向的学者主要有琳达·达林-哈蒙德(Linda Darling-Hammond)、美国教师教育认证联合会、大学教育学院等组织和个人,认为实践取向的教师教育项目存在培训时间较短、辅导教师教学支持不足、班级管理存在困难的弊端,侵蚀了教师教育专业地位,降低了教师培养质量,而且并不能把最优秀的教师带进贫困地区的公立中小学,降低了贫困地区公立中小学教育的质量。

(五) 实践取向的教师教育模式研究

实践取向的教师项目更强调教师素质的学术型和实践性,融合教师专业发展的实践模式、学术模式和社会批判模式。2000年,美国原教育信息统计中心(The National Center for Education Information)主席C·埃米莉·费斯特里泽(C. Emily Feistritzer)等人把实践

---

① 钟秉林,宋萑.专业化与去专业化:美国教师教育改革悖论[J].高等教育研究,2011,32(4):56-61.

取向的教师教育分为 10 种模式①。丹尼尔·梅耶(Daniel P. Mayer)把实践取向的教师教育分为最具选拔性的项目且要求最少的训练、选拔性不强的项目且要求较少的训练、最具选拔性的项目且要求更多的训练、不具选拔性的项目且要求更多的训练四个模式②。根据是关注选拔性还是关注教学内容和方法分成四种类型③：一是聚焦人员招募的项目，这些项目不是很有选拔性，他们的教学内容和方法是标准的。这种教师培训项目与传统的项目没有太大的差别。二是聚焦提高教师质量的项目，这些项目具有很高的选拔性，但是他们的教学内容和方法也是标准的。他们的目标是招募高素质的教师。这些项目用很大的精力确认师范生，往往由教育部的支持和资助。另外这样的项目往往培训时间更短。三是聚焦挑战的项目，这些项目的特点是有很低的选拔性，教学内容和方法独特。他们的目标就是挑战传统的教师教育和教育学概念。很多项目提供额外的标准学科教学内容和更丰富的任教学科知识，这些项目往往仅仅招收很少的学生。超过一半的这类项目由第三部门组织资助。四是聚焦改革的项目，这些项目具有很高选拔性，提供独特的教学内容和方法。他们的目标是提供与传统教师相比不同的，一个经过认真思考的教师、教学和教育概念，从而代替现存教师职前培养，适应现存教育系统的弊端，并制定出改革这一系统的目标。结果他们用很大的精力确认师范生，以及独特的教育内容和方法。中间类型的项目招募具有中间的选拔性，教学内容和标准具有中间性。他们的目标是最大限度地招生到师范生，同时提高教师的质量。这些项目往往比较小，至少有一半由标准的培训机构承担④。

按照实践取向的教师教育的举办者来分，可以把它分为三类：一是大学为主的实践取向的教师教育项目，二是地方学区为主的实践取向的教师教育项目，三是私人为主的实践取向的教师教育项目。有 46% 的实践取向的教师教育项目在大学和教育学院进行，6% 的在社区学院进行，也就是说在高等教育机构进行实践取向的教师教育有 52%，地方学区只有 16% 的份额(图 1-1)。

总之，实践取向的教师教育模式多种多样，不同的学者根据不同的标准确定不同的教师教育模式。他们的共同特点：一是所有的实践取向的教师获得资格证书至少要获得学士学位，必须通过审查过程，包括考试、面试、任教学科知识掌握情况的考察；二是采取在职培训，并在辅导教师的指导下教学；三是必须完成一部分课程工作或者等值的专业

① Sheila K. Ruhland, Christine D. Bremer. Alternative Teacher Certification Procedures and Professional Development Opportunities for Career and Technical Education Teachers. [EB/OL]. http://www.teach-now.org/frmRsr_RhulandStudyMNAlternative.pdf 8.

② Daniel P. Mayer, et al. Identifying Alternative Certification Programs for an Impact Evaluation of Teacher Preparation[R]. U.S. Department of Education,2003:8.

③ Izhak Berkovitz and Yael Shalev-Vigiser. Alternative Teacher Training Programs in Israel: Background, Mapping, and Conceptual Analysis[D]. Jerusalem:The Van Leer Jerusalem Institute,2012:8.

④ Izhak Berkovitz and Yael Shalev-Vigiser. Alternative Teacher Training Programs in Israel: Background, Mapping, and Conceptual Analysis[D]. Jerusalem:The Van Leer Jerusalem Institute,2012:12.

教育学习经验;四是所有的教师都必须满足高绩效标准。

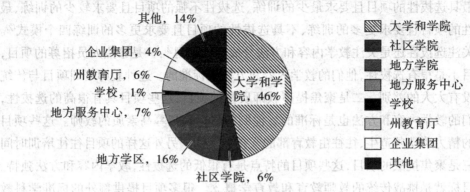

图1-1　实践取向的教师教育举办者①

(六)提升教师质量的政策关注

美国从《国家在危机中:教育改革势在必行》到1989年的全美教育峰会(The National Education Summit),再到1994年建立的全美教学和美国未来委员会(The National Commission on Teaching and America's Future),以及2001年的《不让一个孩子掉队》法案,教师质量一直是美国各级政府主要的教育议程,同时很多研究证明教师质量与学生成绩之间存在相关联系。因此不论是州政府、联邦政府还是地方学区、学院和机构都在致力于提高教师质量,要求所有新教师必须满足高质量教师的要求才能任教,为此政策制定者鼓励实践取向的教师资格证书,鼓励更多的学术合格者选择教学职业。

(七)美国教师教育发展历史

美国教师教育经历了几个重要的时期,殖民地时期、学校教师(1600—1750年)时期、新国家教师(1750—1830年)时期、教学女性化时期(大约1800年)、师范学校时期(1830—1920年)、教师学院时期、师范学院(1870—1920年)时期等①。知名学者滕大春教授、吴式颖教授、单中惠教授等多位国内学者都对美国教师教育发展历史进行过不同形式的划分。②

---

① Emoly Feistritzer. Teaching While Learning Alternate Routes Fill the Gap[J]. Phi Delta Kappa International,2009,5(2),5.

② Emoly Feistritzer. Teaching While Learning Alternate Routes Fill the Gap[J]. Phi Delta Kappa International,2009,5(2),5.

(八)美国教师教育改革的不同取向研究

费曼-妮萨(Feiman-Nissmer)调查了五种概念取向的教师教育[①]:一是学术取向的教师教育。关注知识传播和发展理解力,强调教师学科背景,喜欢讲授式教学,关注怎样思维,怎样质疑和学科结构。总之,这种模式倾向于开发一种强有力的学科背景而不是学习教育学技能。二是实践取向的教师教育。实践取向的教师教育关注教学技能,关注教师课堂教学经验作为学习资源,通常与各种各样的学徒制相关,风险是新教师模仿有经验的教师而不需要反思他们自身经历了什么。三是技术取向的教师教育。技术取向教师教育的目标是培养有效执行教学任务的人。它是建立在对有效教学研究基础上,包括能力为基础的教师教育。这种方式早在10年前已经得到认可,现在重新在教师教育改革中得到重视。四是个人取向的教师教育。个人取向的教师教育关注教师作为学习者的角色,教师个人发展是教师教育的核心。五是批判和社会取向的教师教育。在批判和社会取向中,教师被看作是消除社会不平等和促进课堂中民主价值的人,它还可以促进学生在小组中解决问题,有很多不同的问题类型差别很大,但是它们都有一个共同的目的,即通过培养教师而改变社会。其他的教育改革议程还包括解制、常识、发展主义、社会效率等多种取向。

总之,上述研究成果在某种程度上理清了实践取向教师教育项目特点,在某些方面为本研究提供了有价值的借鉴,但还有进一步拓展的空间。过往研究未能对全美国600多个实践取向的教师教育项目按照选拔性高低、教学内容和方法标准与否作为模式分类的依据,也未在全美范围内选择四个典型案例,分别从项目使命等六个方面进行比较,并与各个项目运行成效结合起来研究。这些恰恰是本研究努力解决的问题,也是项目创新价值之所在。

三、研究意义

美国实践取向的教师教育是指美国政府、保守主义基金会以及地方学区为解决教师短缺问题,推动教师教育市场化,在建立教师教育竞争机制的目的下推动的,多采取公费或奖助学金支持的方式,以师范生在岗获得教师资格证为主要特征,具有较强的岗位适应性,较广泛的社会影响力,在一定程度上提高了美国贫困地区中小学教育教学质量,重塑了美国教师教育发展格局,同时也反映出美国教师职业临时化、暂时化的发展趋势,是美国教师教育改革新路径。因此,课题研究具有较强的理论和实践价值。

[①] Tony Townsend, Richard Bates. Handbook of Teacher Education [M]. The Netherlands：Springer, 2007：242.

(一)理论意义

首先,项目在研究框架和研究对象上进行了创新,课题主要聚焦美国实践取向的教师教育整体发展状况,根据选拔性高低、教学内容的独特性与否两个标准,以迎接挑战型模式、改革示范型模式、提高质量型模式和满足需求型模式创新实践取向教师教育模式分类,确定驻校教师项目(The Teacher Residency)、波士顿驻校教师项目(The Boston Teacher Residency)、"为美国而教"项目(Teach for America)、纽约教师队伍项目(The New York City Teaching Fellows)和加州实习教师培养项目(California Internship Teacher Preparation Programs)作为典型案例。运用贝雷迪的四步比较法分别从项目的使命、招生要求、课程结构、辅导教师、财政补贴、质量效益六个方面进行比较研究,厘清实践取向教师教育模式运行机制及运行成效,总结出实践取向教师教育的基本特点,提高国人对美国实践取向教师教育认识,增加相关知识。

(二)实践意义

实践取向的教师教育模式已成为教师教育改革的一种趋势,加强教师专业实践,研究总结美国实践取向的教师教育改革路径经验,汲取发展教训,可以更好把握我国教师职业的学术性、专业性、公共性本质,能在一定程度上为我国建设运行良好的教师教育运行体制机制提供一定的借鉴意义。

四、研究思路与方法

(一)研究思路

首先,课题从政治维度、经济维度、文化维度、学术视角分析美国实践取向的教师教育模式形成的历史原因,梳理历史发展脉络。

其次,按照选拔性高低标准、教师教育方法和内容独特性还是标准性四个维度,把全美600多个实践取向的教师教育项目分为迎接挑战型模式——芝加哥和波士顿驻校教师项目、改革示范型模式——"为美国而教"项目、提高质量型模式——纽约教师队伍项目及满足需求型模式——加州实习教师培养项目。

再次,每一个模式都分别从项目使命、招生要求、课程结构、财政补贴、辅导教师、质量效益等六个方面进行运行体制机制的分析。

最后,对美国实践取向的教师教育模式成效得失成败做一个总结,并大胆预测美国实践取向的教师教育发展趋势,以及对我国教师教育改革,特别是地方公费师范生项目改革的启示。

(二)研究方法

1.历史研究方法

自美国新泽西州在 1983 年建立美国第一个实践取向的教师教育项目以来,随着美国政治上逐渐保守、经济上的市场化、文化上的多元化、学术界对教师专业知识争论中常识取向和解制取向影响力的不断扩展,在福特汉姆基金会等民间基金会的支持下,美国实践取向的教师教育模式不断发展壮大。通过对美国实践取向的教师教育模式历史发展过程的研究,摸清实践取向的教师教育模式发展脉络。

2.比较法

按照选拔性高低、课程内容的标准性还是独特性,构建四种典型实践取向的教师教育一般模式,分别从项目使命、招生要求、课程结构、财政补贴、辅导教师、质量效益等运行体制机制方面按照贝雷迪的四步比较法做比较研究。

3.案例分析法

按照迎接挑战型模式、改革示范型模式、提高质量型模式以及满足需求型模式的分类,分别选取芝加哥等驻校教师项目、"为美国而教"项目、纽约教师队伍项目、加州实习教师项目为案例,对其运行机制和运行成效进行对比分析研究。

五、研究主要内容

(一)研究目标

研究主要达成四个目标:一是梳理美国实践取向的教师教育发展的历史脉络及形成原因;二是通过四种实践取向的教师教育模式的案例研究概括出实践取向教师教育运作体制机制的一般规律;三是大胆预测美国实践取向的教师教育发展趋势;四是总结美国实践取向的教师教育模式运行成效的经验、教训及启示。

(二)研究内容

1.从政治角度、经济角度、文化角度、学术角度四方面解释美国实践取向的教师发展的历史脉络,力图从整体上把握美国实践取向的教师教育形成发展脉络和历史原因。

2.课题按照选拔性高低、教师课程内容和方法是标准性还是独特性四个维度(图1-2)把美国600多个实践取向的教师教育项目分成迎接挑战型模式——芝加哥等驻校教师项目、改革示范型模式——"为美国而教"项目、提高质量型模式——纽约教师队伍项目、满足需求型模式——加州实习教师培养项目,并分别从项目使命、招生要求、课程结构、财政补贴、辅导教师、质量效益等六个运行体制机制方面进行对比研究(图1-3)。

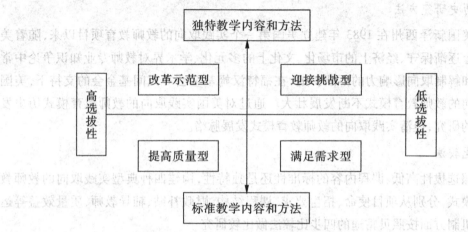

图1-2　美国实践取向的教师教育模式分类

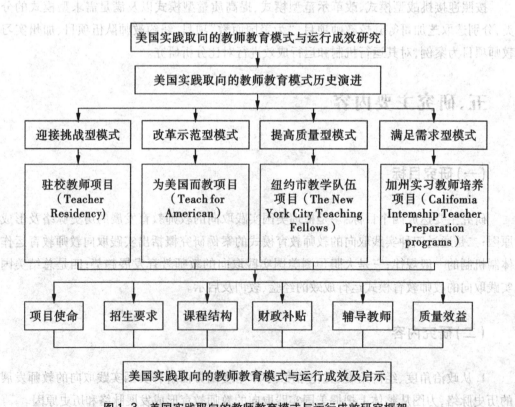

图1-3　美国实践取向的教师教育模式与运行成效研究框架

3. 分别从项目使命等六个方面，对每一个典型案例进行比较研究，找出不同模式的共同特征，构建一个标准实践取向的教师教育项目基本特征；同时分析不同案例的不同之处，总结实践取向的教师教育模式运行体制机制，并对典型项目成效进行评价。

(三) 拟突破的重点难点

研究突破的重点是对美国四种实践取向的教师教育模式及典型案例剖析，分别从项目使命、招生要求、课程结构、财政补贴、辅导教师、质量效益等六个方面对比研究，找出实践取向教师教育模式的运行体制机制，并评价其运行效果。

难点在于美国实践取向的教师教育模式本身还在不断完善之中，还有较多欠缺之处，而且仍处于争议之中，受制于篇幅、资料等因素的影响，本书对某些问题的研究仍欠深入细致或者只是粗略论及，这些问题需要在今后的研究工作中做进一步的探讨。

另外一个难点在于美国实践取向的教师教育模式对我国贫困地区公费教师教育借鉴的可能性发掘，以及本土化策略创新。

第二章
美国实践取向的教师教育历史发展

美国的教师教育起源于殖民地时期对年轻一代人的宗教道德教育需求,但随着知识的道德和经济价值逐渐凸显,培养满足公立学校需求的教师就成为美国各级政府必须履行的国家职能。美国实践取向的教师教育发展包括早期的教师教育发展,教师资格证书与认证发展教师教育改革议程发展、实践取向的教师教育项目发展几个部分。

一、早期教师教育发展

(一)殖民地时期

北美殖民地时期,教师职业有以下几个特点。

1. 教师地位低

殖民地时期美国小学教师地位低微,文法学校和学院的教师地位稍高①。小学大部分是私立的,由年轻女性、寡妇或者纺纱工负责教学,依靠微薄学费收入维持生计②。1640 年,马萨诸塞州颁布法律支持公共学校,主要进行阅读、写作、算术和宗教等方面的基础教育。在中部和南部殖民地主要是宗教支持的慈善学校。南卡罗莱纳州和弗吉尼亚州也有种植园业主为他们自己的孩子建立的老田地学校③,有时候也有地方年轻人入学,巡回导师每个季度都会访问学校,提供简单的课程教学。

殖民地时期,美国教师有三个明显的阶层。最低级的教师通常由契约佣工和契约奴隶组成;中间阶层的教师有部分财产,通常称呼好人;上层社会称呼先生。阶层的划分主要依赖个人任教学校的层次。

---

① 滕大春.美国教育史[M].2 版.北京:人民教育出版社,2001:216.
② Christopher J. Lucas. Teacher Education in America: Reform Agendas for the Twenty-first Century [M]. New York: St. Martin's Press, 1997:3.
③ Christopher J. Lucas. Teacher Education in America: Reform Agendas for the Twenty-first Century [M]. New York: St. Martin's Press, 1997:4.

小学教师没有这么高的社会地位,主要是契约佣工。自由人从事教师工作被认为是软弱的、一事无成的人。结果小学教师成为仅比体力劳动者稍微受尊重的人。有一些殖民地学校校长还有亵渎神灵或醉酒的坏习惯,但是总体来讲,大部分教师能够有模范的行为习惯,进行慎重的谈话。尽管在低年级学校存在极坏的工作条件和缺乏尊严的工作岗位,但还是有一部分小学校长确实很享受殖民地时期人们的尊重。

在马萨诸塞州的多切斯特(Dorchester)地区的小学校长传统上要受过学院教育,他们通常来自附近的哈佛学院,如该州坎布里奇的文法学校的伊利亚·克雷特(Elijah Corlet)。同样高标准的聘用还在其他城镇出现。在弗吉尼亚州的拉帕汉诺克县(Rappahannock County)受人尊敬的教师是尊敬的牧师约翰·伯特兰(John Bertrand),在17世纪80—90年代成为广受尊敬的学校校长。此外还有新英格兰地区的新阿姆斯特丹学校(The New Amsterdam School)有名的教学法学者埃佛特·皮特森(Evert Pieterson),波士顿昆西市医学学校校长本杰明·汤普森(Benjamin Tompson)①,等等。在这些知名教师中,最有名的是以西结·谢弗(Ezekiel Cheever),他是当时最知名的语言学校长。

2. 教师工作临时性

殖民地时期,教师都把教学看作临时工作。教学要么与教堂职责联系在一起,如教堂司事、风琴手或者掘墓人,或者是某些女士在做家务工作的时候,兼职从事教学。小学教师通常是为邻居家的小孩提供简单的读写算教学,补贴家用,一到农忙时节就停止教学。巡回冒险者、盲流、避免从事体力劳动的年轻人,甚至不合适的在其他领域失败的人才会申请教师岗位,他们都把教师作为进一步提升的台阶。年轻的神学院学生通常会不定期地在学校任教以便支撑他们自己的学业。中小学则是接收神学院毕业生的地方,在这里他们被聘为小学校长,同时继续等待他们的第一个牧师岗位。哈佛学院1642年和1689年毕业生中,有超过25%的学生在继续学习或寻找其他职业之前在学校从事过教学工作②。总之,无论个人所处的环境怎么样,低年级的学校教师被人认为是临时工作,一旦有更好的工作机会,他们就会毫不犹豫地离开。

3. 教师标准低

弗吉尼亚州对教师唯一的要求是能够流畅交谈,能教授基本的阅读和写作。在宾夕法尼亚州,小学校长仅仅要求会阅读、写作和算数,另外要求教师声明愿意挥舞木棒和保持课堂纪律③。在马萨诸塞州的斯普林菲尔德镇,镇长要求教师需要继续在课堂上任教

---

① Christopher J. Lucas. Teacher Education in America: Reform Agendas for the Twenty-first Century [M]. New York: St. Martin's Press, 1997:5

② Christopher J. Lucas. Teacher Education in America: Reform Agendas for the Twenty-first Century [M]. New York: St. Martin's Press, 1997:4.

③ Christopher J. Lucas. Teacher Education in America: Reform Agendas for the Twenty-first Century [M]. New York: St. Martin's Press, 1997:5.

的诀窍是维持厨房纪律,成为一名能修理鹅毛笔的好手。除此之外,殖民地时期基本上都要求教师具有宗教信仰,品行端庄,遵守当地法律①。1654 年的马萨诸塞州,普通法院要求不能招聘有不合理的宗教信仰、生活中有丑闻,或者违反教会规则制度的人在学校任教②。在新尼德兰,小学校长雇佣必须接受荷兰西印度公司的评价,还需要进一步地经过地方法院批准。1664 年,英国占领了新阿姆斯特丹,颁发教师资格的特权传递给殖民地总督;1686 年,国王詹姆斯二世命令今后所有的小学校长必须得到英格兰坎特伯雷大主教的许可;1689 年,教师资格让渡给了伦敦主教。在罕布什尔州和新泽西州小学校长资格授予要么来自州长,要么来自伦敦主教代表。

到 17 世纪末,官方努力保证已经建立的堂区学校教义的一致性,对教师资格管理逐渐放松。1701 年,马萨诸塞每一位文法学校校长仍然需要地方市镇牧师批准,在康涅狄格州所有教师的任命权都在殖民地议会。

整个 18 世纪,雇佣和解雇教师的权力下放到市镇官员。他们负责建立、监督和资助学校的权力和责任。在 1750 年左右,北美殖民地已经形成授权地方官员任命地方教学服务人员的习惯。有时候教师的选聘在市镇开放会议上进行,有时是任命或选举的学校委员会负责解雇和任命教师。1807 年卡莱布·宾厄姆(Caleb Bingham)允许地方官员不受限制地判断教师候选人资格。在 19 世纪 30 年代,一些市镇开始实施基本考试保证申请者能够掌握任教课程。

殖民地学院的教授和导师接受的训练与中世纪的教师接受的训练没有太大差别③。中小学教师主要是在课堂上在职培养。在那个时代利用监督者培养教师的现象在英美很常见,这就是知名的监督者制度。在工作中培养教师,但是向更加专业的方向发展。监督模式和学生教师模式都没有教师培训课程④。

4.教师待遇差

为招聘品行端庄、具有基本任教知识的教师,殖民地时期地方政府都尽力提供较好的待遇,但总体来讲教师待遇较差。除了薪水之外,一些社区还推行薪酬免税和免除兵役的措施,或者提供土地、免除房屋租赁费用,或者经常为他们补充足够的生活用的木材。有时候一个城镇足够幸运,能吸引一名冷静、正直、品德高尚、敬畏上帝,并承诺以最低的薪水服务这个社区几年的教师。

乡村地区不能提供额外的激励措施,小学校长的吸引力和职业满意度都很低。可能

---

① 王萍.美国中小学教师教育发展研究[M].武汉:武汉大学出版社,2014:35.

② Christopher J. Lucas. Teacher Education in America: Reform Agendas for the Twenty-first Century [M]. New York: St. Martin's Press, 1997:7.

③ John S. Brubacher. A History of the Problems of Education [M]. New York: McGraw-Hill Book Company, 1966:466.

④ Dennis M. McInerney, edited. Sociocultural Inflences and Teacher Education Programs [M]. Connecticut: Information Age Publishing, 2003:70.

会找一个临时的接替者,他们可能是流氓、无赖、恶棍,能力和性格都值得怀疑。或者因为薪水太低,小学校长不得不增加微薄的薪水而获得额外雇佣。例如在假期的几个月从事一些额外的体力劳动,如市镇传呼员、会议室托管人、教堂敲钟人、周日合唱团团长、市镇掘墓人等,还有一部分小学校长同时也是裁缝、酿酒者、酒店老板。老师经常受到诽谤、暴乱犯罪、严重不道德行为、公开亵渎、赌博等指控。本杰明·富兰克林在1750年大声疾呼北美殖民地非常需要好的小学教师①。因此,农村教师被期望成为一个端庄得体和行为规范的人,限制使用酒精和烟草、誓言放弃亵渎神灵,不能与无监督地同事配偶一起。教师薪水采用付费膳食,由受教育学生轮流提供,不提供基本住宿。

5. 场所不固定

教育场所包括家庭、教堂、公共讲堂、学徒场所、私人家庭学校、私立学校、免费学校、新英格兰公立学校、殖民地学院等。多样化的教育场所意味着教师具有不同身份,父母、牧师、手工艺师傅、协会的领导、邻居家的成人、巡回的辅导者、私人合约人、市镇官员、合作雇佣者、学院教授等等②。

(二)建国初期

1. 公立学校运动

美国建国初期教师教育发展与时任美国总统和政府推动的公立学校运动有关,随着大量公立小学、中学的建立,解决教师短缺的问题成为教育发展的急迫需求。

乔治·华盛顿、托马斯·杰斐逊等几位总统都认为愚昧是民主政治最大的敌人,于是把教育作为国家长治久安的重要战略,大力发展各级公立学校,并培养大量教师。③1820年,马萨诸塞州教育厅长贺拉·斯曼(Horace Mann)、康涅狄格州教育厅长亨利·巴纳德(Henry Barnard)倡导建立为所有人进行免费教育的公立学校,而不考虑个人所处的社会阶层或社会地位,认为一个普遍的、共同的、免费学校系统能够降低富人与穷人阶层危险的紧张关系,预先阻止国内秩序失控,帮助消化移民,灌输中产阶级道德,谆谆教诲大众遵守工作道德,从而助推经济社会整体繁荣④。公立学校教育出来的孩子将能够自由融合,他们更进一步地保证公众正派文雅,支持民主的社会价值,服务团结人民,服务共同的公共目标。

---

①　Christopher J. Lucas. Teacher Education in America:Reform Agendas for the Twenty-first Century [M]. New York:St. Martin's Press,1997:7.

②　周钧.美国教师教育理论与实践[M].北京:北京师范大学出版社,2015:3.

③　王萍.美国中小学教师教育发展研究[M].武汉:武汉大学出版社,2014:40.

④　Christopher J. Lucas. Teacher Education in America:Reform Agendas for the Twenty-first Century [M]. New York:St. Martin's Press,1997:11.

1826 年,约西亚·霍尔布鲁克(Josiah Holbrook)发起一个在每一个城镇和乡村统一的社会合作和提升学校运动。1827 年,马萨诸塞州成为美国第一个使小学教育成为免费面向所有人的州。两年之后,1829 年 10 月,纽约自由问询者(The New York Free Inquirer)报告费城工人代表把教育作为他们最优先的改革目标,号召开放学校和普通教育系统,建立在一个开放的学校和有能力的教师队伍,为本州的每一位儿童提供教育。紧接着波士顿工人阶级党决定反对任何试图降低工人阶级教育的宣言,宣布建立为所有人提供自由教育的系统是每一个法律提供者最需要努力的事情。1850 年,美国建立有81 000 所公立小学,每一所学校平均 370 人。在俄亥俄州每一小学都必须建在学生实际步行的距离内,当时东部各州公立学校的入学儿童已经占学龄儿童的 75%[①]。那么问题来了,随着不断增加的数以万计的学生进入公立学校需要合格教师从哪里来。

2. 公立学校教师女性化

首先,公立学校的普遍建立,需要大量的教师。在 1830 年,美国公立学校的就读时间每年只有 7~8 个月,在纽约和马萨诸塞州、堪萨斯州以及中西部各州每年不超过 4 个月。年轻男性教师在冬季的一部分时间从事教学,在种植和收获季节,年轻女性就响应号召代替年轻男性从事教学工作。传统上,男人通常从事教育工作或进入贸易领域工作。随着工业化时代的来临,很多男人被美国西部边疆开发所吸,引到西部而离开教学工作岗位,去西部寻找更多的机会。随着适龄入学儿童的不断增加,男性教师不能满足公立学校对教师数量的要求。

因此,年轻女性只要能证明自己可以胜任低年级学科任教,就会被任命成为公立小学教师,并逐渐成为公立学校的主要教学力量。女性具有与生俱来的照顾和抚育年轻人能力和性格进入教师行业不仅可以满足教师短缺的问题。而且任用女性还有经济的好处,女性薪水仅是男性教师的一半甚至是三分之一。当时单身女性除了在商店或工厂充任劳动力之外,没有合适的其他工作可做。在 1840 年,佛蒙特、新泽西、俄亥俄州、宾夕法尼亚州的女性教师超过男性教师。

其次,双重的教师职业特点。从事低年级学科教学的主要是女性,从事高年级学科教学的主要是男性。在中等教育阶段,一些学院开始提供中等教育或学院教育,如蒙特霍利约克学院(Mount Holyoke)、洛克福特学院(Rockford College)、埃尔默学院(Elmira College)、维萨乔治亚卫斯理学院(Vassar and Geogia Wesleyan),在内战前,这些学院为拉丁文法学校和殖民地学院培养教师,且入学人数中男性比女性多很多。这些学院的男性毕业生将成为中等教育教师,并很快成为校长和地方督学。

---

① Christopher J. Lucas. Teacher Education in America: Reform Agendas for the Twenty-first Century [M]. New York: St. Martin's Press, 1997: 12.

（三）文理学院教师教育

文理学院在其成立的特许状上就注明其目的是培养牧师和中小学教师,为此很多文理学院设置了教师教育项目,成为美国教师教育的学术取向的传统。19世纪末至20世纪初,有一半多文理学院学生注册选读教师教育课程,但事实上仅有一小部分文理学院毕业生进入教师行业。他们一般仍把从事教学工作作为一种临时性的工作安排。

文理学院很多教授认为只要具备学科知识就能从事教师工作,认为教学在本质上等同于学科专门知识,教师应该是学者,学术知识才是教师应该掌握的所有知识,掌握了学科专门知识就等于学会了教学。文理学院坚持认为良好的自由教育是最好的教师培训方式。自由教育内在的良好本质——人文价值、批判性思维、历史的视角和宽泛的知识构成教学的核心内容。

二、教师教育机构发展

在美国20世纪形成了两种明显特点的教师队伍,一种是在师范学校或教师培训学院经过1~2年培训后获得教师证书的教师队伍,这一类教师通常是女性,薪水低、社会地位较低,从事小学低年级教学;另外一种教师队伍通常是男性,拥有学士学位,以及更高的社会地位和薪水,在中等学校任教。这种结构的建立,形成了两种专业和两种教师系统,一种是来自小学毕业生,他们经过师范学校培训回到小学任教①;一种是接受长期的中等教育包括文法学校培训之后拥有大学经验的人,他们回到学术性中学任教。这两种系统形成了双轨制教师教育机构。

（一）师范学校发展

19世纪成立的师范学校教学法被理解为教学实践的艺术,即教学是一套技艺而不是教学理论,要求教师掌握任教科目专业知识和教学法知识。1812年,耶鲁大学的丹尼森·奥尔姆斯特德(Denison Olmstead)在耶鲁毕业典礼上建议神学院培养小学校长,毕业后可从事任何科目教学。后来另一位耶鲁人詹姆斯·金斯利(James Kingsley)宣称美国公立学校的教师没有受过超越共同学校任教科目的训练。为改变这一现状,他建议在学院和公立学校之间建立一种中间学校负责培养教师,使他们能够获得丰富的知识,以便

① Elwyn Thomas. Teacher Education:Dilemmas and Prospects[M]. London:Kogan Page Limited,2002:10.

胜任公立学校的教学。1818 年,费城建立模范学校为该城公立学校系统培养教师①。在马萨诸塞州,1824 年,詹姆斯·卡特(James Carter)发表演说认为我们的祖先冒险建立了免费学校,让我们做他们还没有做得更好的事情,建立一所专业培养教师的学院。他坚持认为这是美国建国者的一个计划之一,并在 1824—1825 年,发表《论流行教育》(*Essays upon Popular Education*),勾画出这类学校的必要的办学纲要,学院的目的是培养公立学校的教师、关注任教学科内容和教学方法,同时按照教育学的原则建立一所附属实践学校。由于地方学区或市镇没有经济能力提供这样的教师培训学校,卡特认为州政府可以承担这种责任,开发更加严格的和高级的教师培训和资格。②

1825 年,费城德国镇学院(The Germantown Academy in Philadelphia)的沃特·约翰逊(Walter Johnson)出版了一个小册子,建议创建特殊的教师培养学校,"我们有神学院、法学院、医学院、军事学院、机械学院以及药学院,但是我们没有合适的学院培养合格有能力和成功履行教学职责的年轻人"。支持教师学校的代表人物威廉·伍德布里奇(William Woodbridge)在 1831 年出版了《对普鲁士教师学院的评论》发表在《美国年度教育和教学》(*The American Annals of Education and Instruction*)上。在这里,伍德布里奇强烈支持美国模仿普鲁士国家的教育制度模式③。1835 年,40 岁的马萨诸塞州牧师查尔斯·布鲁克斯(Charles Brooks)提出"教师就是学校"的口号,在新泽西、新罕布什尔州、宾夕法尼亚州、康涅狄格州发起了一系列的演讲和讲座,敦促美国接受普鲁士教育模式和教师学校。他说,只有培养教学的年轻人,他们才能更好地、一步步地培养他们的孩子。但美国建立的第一所师范学校是模仿普鲁士师范学校,却使用了法国人维克多·库森(Victor Cousin)报告中的法语(Normal),意思是模范(Model),而不是德语的讨论会(Seminar)或者英文的神学院(Seminary)④。

1838 年,波士顿工业家和马萨诸塞州教育董事会成员埃德蒙德·德怀特(Edmund Dwight)捐款 1 万美元建立州立师范学校为公立学校培养合格教师。他要求州政府需要匹配学校建设所需的另一半资金。1838 年 4 月 19 日,州长爱德华·埃弗里特(Edward Everett)签署法案授权分配资金给马萨诸塞州教育董事会。董事会决定建立 3 所师范学校而不是 1 所,为每一所师范学校配备建筑和桌椅等基本设施,第一所师范学校在该州东北部的莱克星顿建立,第二所在中部的巴雷(Barre),第三所在西南部的布里奇沃特

---

① 宋萑,袁丽主编.21 世纪的教师教育改革:本土话语与全球视野[M].北京:北京师范大学出版社,2017:50.

② Christopher J. Lucas, Teacher Education in America: Reform Agendas for the Twenty-first Century, New York: St. Martin's Press, 1997, 19-20.

③ Christopher J. Lucas, Teacher Education in America: Reform Agendas for the Twenty-first Century, New York: St. Martin's Press, 1997, 18

④ John S. Brubacher. A History of the Problems of Education [M]. New York: McGraw-Hill Book Company, 1966: 479.

（Bridgewater）①。

第一所师范学校校长是尊敬的赛勒斯·皮尔斯（Cyrus Peirce），毕业于哈佛大学。1839 年 7 月 3 日，三名女性通过考试进入学校学习，皮尔斯后来给贺拉·斯曼写信表明他的失望，指出尽管有很多公众登场但是学生依然很少，一直到 9 月份才有 12 名学生注册。他发誓要建立一所成功的师范学校。一开始，皮尔斯是这所师范学校的唯一一位教师，担任所有 17 门科目的教学，并承担扫雪、担水、保持炉火燃烧等所有的繁重的劳动，每晚仅睡四个小时。1844 年 9 月，学校迁址到西牛顿（West Newton），后来于 1853 年迁址到弗雷明翰（Framingham）。

1839 年 9 月，第二所师范学校在巴雷开学，由尊敬的塞缪尔·纽曼（Samiul Newman）担任校长，他是鲍德温学院（Bowdoin College）的修辞学教授。第一年，有 8 名女生和 4 名男生入学。该校于 1841 年 9 月临时关闭，1844 年重新开学。

第三所师范学校在布里奇沃特于 1840 年 9 月 8 日开学，由西点军校的毕业生尼古拉斯·蒂林哈斯特（Nicholas Tillinghast）担任校长。该校招生男女学生入学。一开始三所师范学校招生人数一般为 30～40 人。

1854 年，建立第四所师范学校，1856 年四所师范学校共有 332 名学生，其中 290 名是女生。四所师范学校中两所要求最低入学年龄是 16 岁，两所要求最低 17 岁，通过招生入学考试考察他们的道德品格并要求他们公开宣布自己将从事教学工作。

学生在莱克星顿的第一所师范学校学习时间不超过 1 年，一年课程包括了公立学校开设的所有科目，涵盖拼写、阅读、写作、地理、算术以及有限的中等教育水平的几何、代数、自然和道德哲学（主要是基础物理科学和伦理学）；研究儿童的体力、精神和心理发展；一两门课程教学法，一门班级管理和一段时间的模范学校教学实践。完成一年课程之后授予师范学校毕业证书，在本州学区担任小学教师。考虑到教师短缺的问题，那些没有完成全部课程的学生也能够在本州的某些地区获得教师岗位，实际上只有很少的学生完成了全部课程。

1839 年，康涅狄格州政府开始考虑为公立学校培养大量的合格教师。1839 年秋，在康涅狄格州的哈特福特（Hartford），亨利·巴纳德建立了一个为期 6 周的教育学课程，为 26 名年轻人进行培训。在查尔斯·戴维斯（Charles Davis）和托马斯·盖洛德（Thomas Gallauder）的帮助下，巴纳德全面审查了公立学校的课程，除此之外，还提供教学方法实践咨询课程，以教师大会的形式交流教学实践知识和技能。教师大会通常每 1～2 年由本学区的教师组织召开，夏季大会通常持续 2～8 周，标准的课程通常是教学理论和实践，由知名嘉宾讲座。要求一所学院每天提供一个正式讲座，接下来是晚上的营火会议，以及歌谣、非正式的共同感兴趣话题讨论。

---

① Christopher J. Lucas. Teacher Education in America：Reform Agendas for the Twenty－first Century [M]．New York：St. Martin's Press，1997：24.

纽约州立法机构也在1844年建立从事公立小学科学教育和艺术教学的小学教师的师范学校,在奥尔巴尼(Albany)旧莫霍克和胡森火车站(The old Mohawk and Huson)基础上重新装修改造成师范学校,第一年招收25名学生。戴维·佩奇(David Page)写的《教学理论与实践》(*Theory and Practice of Teaching*)成为指导该校运行的指导用书,另一位知名的教育者威廉·菲尔普斯(William Phelps)也帮助了师范学校的发展。

1855年,菲尔普斯成为新泽西州立师范学校和模范学校校长。1853年,纽约州奥斯维格教育董事会秘书爱德华·希尔顿(Edward Sheldon)在任职期间建立了一所很好的师范学校,随后,纽约州还在布洛克伯克(Brockpork)、科特兰(Cortland)、弗雷多尼亚(Fredonia)、波茨坦(Potsdam)、格尼修(Geneseo)、布法罗(Buffalo)建立了六所师范学校,这六所师范学校教师培训方法很快被美国其他地方模仿。

1856年纽约市建立了一所女子师范学校,芝加哥市在高中的基础上建立该市第一所师范学校,提供中等教育水平的课程,之后巴尔的摩、洛杉矶、圣路易斯也都创建了它们各自城市的师范学校。到1885年,美国建立了130所公立师范学校和同样多的私立师范学校。但师范学校毕业生占所有教师的比例在1898年的时候还不到25%。很多中小学所需教师还依赖拉丁文法学校和公立高中培养。

内战结束之后,公立学校或小学几乎全部都依赖女性教师,这一时期也是师范学校的发展时期。中西部各州在满足公立教育支持方面比东部各州做得更好。部分原因是中西部各州有公共土地收入支持地方教育发展,另外一个原因是中西部各州没有像东部各州那样发达的中等教育和学院教育。师范学校直接从小学招收毕业生,使得师范学校的教育教学水平低于当时的学术性普通中等学校的要求,面向小学而不是中学培养教师,成为一种某种形式的中等教育,而且师范学校毕业生是一种终结性教育,不会获得申请大学的资格,因此受到社会甚至是师范学校自己的批判,师范学校的合法性因此受到质疑。

(二)教师学院

1825年,牧师塞缪尔·霍尔(Samuel R. Hall)在佛蒙特的康考德(Concord)建立了一所私立的教师学院,计划提供三年的教师培训课程,后来他把这一工作命名为就学讲座,七年之后霍尔担任马萨诸塞州的安多佛菲利普斯学院(The Phliphs Academy)教学岗位,他一直进行教师教育实验,直到该岗位在1842年被撤销①。

纽约州议会在1832年宣布不希望考虑支出而建立一所师范学校。美国第一所成功的学院是纽约州的塞缪尔·斯威特(Samuel Sweet)在1843年的纽约州的艾萨卡(Ithaca)

---

① Christopher J. Lucas. Teacher Education in America: Reform Agendas for the Twenty-first Century [M]. New York: St. Martin's Press, 1997:18.

汤姆金斯县(Tompkins County)督学建立的由 28 人组成的教师学院。其他的艾萨卡学区也建立了类似的项目,在接下来的两年中该州的 39 个县都建立了类似的项目,吸引了1 000 名参与者。1845 年秋季,马萨诸塞州在皮茨菲尔德(Pittsfield)建立教师学院,在以后的五年中有超过 12 个州建立了本州的教师学院。一开始进入教师学院的人是自愿的,并且自己支付学费。1846 年马萨诸塞州开始提供公共资金支付教师学院学生生活费和奖学金,帮助支付被师范学校雇佣的教学者,其他的州也开始模仿这些支持。

1834 年,纽约州立法支持私立学院为公立学校系统培养教师提供拨款。由于公立学校教师薪水不能补偿在私立学院接受教育的支出,仅有 1/3 的学生完成了教师培养课程。尽管教师学院能满足教师学科知识的需要,但仅仅有学科知识还不够。亨利·巴纳德(Henry Barnard)认为未来教师还需要班级管理和控制知识,需要教师机构培养的教师能够满足最低限度的教学技能。

(三)大学教育学院成立

1. 中等教育的普及与师范学校的衰落

1890 年,美国教育系统有学生 1 410 万,有 35.78 万名公立高中生,14.2 万名私立高中生,1930 年学生入学人数达到 2 350 万人,有 450 万~470 万高中生,到 1940 年中等教育学生就超过 710 万人,中等教育的普及需要更多的受过大学教育的教师。然而 1890 年美国有 36.4 万名全职教师在美国的公立学校中,但高中教师仅有 9 000 人,1900 年公立高中教师有 20 300 人,但仍不能满足需求,吸引更多的教师从事高中教育成为当务之急。①

同时由于师范学校培养的是小学教师,学术质量和招生标准较低,技能性培训不能满足高中教师学术性需要,师范学校逐渐萎缩消失成为美国教师教育发展的一个新趋势。1890 年美国有 135 所公立师范学校,有 27 000 名师范生,仅有一部分人进入教师行业。有 40 所私立师范学校主要进行 8 年级之外的通识教育。1900 年,尽管师范生入学人数达到 47 000 人,但师范学校减少到 127 所。1920 年师范学校数下降到 69 所,1933年仅有 50 所公立师范学校②,之后单一培养教师的师范学校开始逐渐消失,同时有一部分条件较好的师范学校转变为四年制州立师范大学或学院,培养中等教育教师。

2. 大学教育学院的建立

随着中等教育的普及,中等教育教师需求量不断增加。1856 年,密歇根大学校长亨

---

① Christopher J. Lucas. Teacher Education in America: Reform Agendas for the Twenty-first Century [M]. New York: St. Martin's Press, 1997: 49-50.

② Christopher J. Lucas. Teacher Education in America: Reform Agendas for the Twenty-first Century [M]. New York: St. Martin's Press, 1997: 54.

利·塔潘(Henry Tappan)认为任何形式学校的教师都应该毕业于高一级的学校。小学教师应该接受过中等教育,中等教育教师应该接受过大学教育,大学教师应该接受过研究生教育。因此,提升中等教育教师学术水平和教学技能推动了大学建立教育学院。这样教师教育分化为师范学校继续培养小学教师,高校则需要培养中等教育教师。

在美国,大学教育学院建立主要有两种路径:一种是师范学校升格为州立师范大学或师范学院,另一种是由大学教育学教授讲座发展而来①。

(1)师范学校转变为师范大学或学院

当时的大学为中等学校教师进行了充分的学科知识培训,但却忽略了对学生教学技术的培训。部分大学和学院认为这样的竞争会使师范学校教师培养具有更高的学术价值,以便垄断教师培训。其他大学和学院随之要求大学提供教学技术课程,这一诉求成为1889年新英格兰学院和预备学校联合会(The New England Association of Colleges and Preparatory School)大会主题,克拉克大学校长、心理学家斯坦利·霍尔(G. Stanley Hall)对此持肯定态度。哈佛大学和耶鲁大学校长查尔斯·埃利奥特(Charles Eliot)和蒂莫西·德怀特(Timothy Dwight)持否定态度。他们认为可以采用直接建立师范学院的方式代替大学培养教师。这种建立师范大学的呼吁在纽约州得到了回应。1890年,该州在奥尔巴尼建立的第一所师范学校基础上重新组织,建立了纽约州立师范学院(The New York State Normal College)。纽约州授权该校提供教育学学士学位课程。该州教育董事会希望学院避免传统学院提供的教学科目,限制纯粹的专业课程,15年之后,该学院随着高中教师需求急剧增加,开始提供四年制教育学课程和自由艺术课程,授予艺术学士学位。与此同时,奥尔巴尼师范学院放弃了小学教师培养,而是专注于培养中学教师。当这所师范学院授予教育学学士学位的时候没有任何机构出来反对。但是当这所师范学院授予自由艺术学士学位的时候,文理学院立刻提出反对,认为他们没有资格授予自由艺术学士学位。

实际上,中世纪的大学几乎都是在教学学位的基础上发展而来的。关于自由艺术和教师专业教育之间的斗争不仅在自由艺术学院与专业教师学院之间进行,也在教师教育学院就自由艺术内容和教育专业教师内容之间存在。总体上而言,虽然中西部各州希望提升他们的高等教育,但是中西部的大学比东部的大学更倾向于自由艺术而不是教育专业。

师范学院不仅培训高中教师,还培训中小学教师。在第一次世界大战结束后到1920年全美有46所教师学院(teacher college)和137所师范学校。仅仅8年之后,在大萧条的

---

① 玛丽莲·斯密斯,沙伦·费曼-尼姆塞尔,约翰·麦金太尔.教师教育研究手册:变革世界中的永恒问题(上卷、下卷)[M].范国睿,等译.上海:华东师范大学出版社,2017:304.

前夕开始完全翻转,有137所教师学院和69所师范学校①。到1930年至少有88所师范学校转变为四年制学位授予机构。据统计,公立四年制师范学院培养了21%的初中教师,17%的高中教师。1933年州立教师学院已经达到146所,1939年有18万名学生进入州立教师学院学习,贡献了全美60%的公立学校教师,到1950年全美有200所州立教师学院在运行②。

(2)大学教育学讲座升格为教育系或教育学院

大学教育学院的另一个来源是传统大学设立的教育学讲座。早在1827年,艾莫赫斯特学院(Amherst College)的教师就开始倡议在本校资助一门教育科学的课程,这一倡议并未实现。1832年,纽约大学(New York University)建立了一个公立学校教师教育讲座课程,1850年布朗大学建立了一个教学法讲座课程。1860年,密歇根大学就已经在给高年级学生开设教育哲学、学校经济学课程了,还有教学艺术讲座。

1873年,爱荷华大学建立了美国第一个永久的教育学讲座课程,该讲座课程建立在师范学校建筑的基础上,目的是为高级学校培养教师。5年后爱荷华大学建立了师范教学学院(College of Normal Instruction)。1879年,密歇根大学建立文理教学系(Department of the Science and Art of Teaching)。1881年,威斯康星大学授权建立了自己的教学系。1884年,北卡罗来纳大学、约翰斯·霍普金斯大学、印第安纳大学以及康奈尔大学都建立了教学系。很多的教育学讲座教授与哲学讲座、修辞学讲座以及其他领域的学科相连。1890年,全美400所大学和学院中有114所学院和大学开设了教育学讲座课程,1897年增加到220个,1910年250个③。

3. 教育学院成立的意义

教育学院的形成是美国教师教育史的转折点。教育学院的正式建立有两个长久而深刻的影响:一是课堂教师与教师教育者的分离,二是教育学院与传统文理学科的正式分离。历史、英语、科学系强调本学科领域的知识,而教育学院或教师学院教学专业的领导人则强调教育学课程的重要性以及相关测试。负责教师认证的权威机构越来越强调州政府对教师教育项目进行认证,其实质是越来越强调完成教师教育项目的教育学知识及其技能的要求,通过规范的州政府法律和法规控制进入教育行业的入口,提升教师专业化形象和教育学尊严④。

---

① John S. Brubacher. A History of the Problems of Education[M]., New York:McGraw-Hill Book Company,1966:485.

② Christopher J. Lucas. Teacher Education in America:Reform Agendas for the Twenty-first Century [M]. New York:St. Martin's Press,1997:56.

③ Christopher J. Lucas. Teacher Education in America:Reform Agendas for the Twenty-first Century [M]. New York:St. Martin's Press,1997:39.

④ 美国教育部中学后教育办公室.美国教师质量报告:如何培养高质量的教师[M].朱旭东,等译.北京:人民教育出版社,2014:18.

（四）大学教育学院发展

教育学院自成立以来一直为促进教育学学科在大学的合法地位而努力,同时着力构建了教师教育专业化发展,为提升教师专业地位,模仿医学院的教学医院建立了专业发展学校,推动了教学艺术专业硕士学位的发展。同时继续推动教育学的学科研究和发展。

1.专业发展学校

1983年,为推动教育专业地位的发展,霍尔姆斯小组发布《明日之教师》(Tomorrow's Teachers)报告,模仿医学教育建立教学医院的形式,建议大学教育学院建立专业发展学校,并提出5个目标:一是使教师教育在理论上更加扎实;二是创造专业阶梯;三是创造进入标准;四是建立高等教育机构与中小学的联系;五是使学校成为一个更好工作的地方。为建立专业发展学校与大学的联系,设计了六个基本原则:理解教学和学习,创造学习社区,理解所有儿童的教学和学习,教师、教师教育者、行政管理者持续学习,长期探究教学和学习的思考,创立新机构。在报告的建议下,大学教育学院普遍建立了专业发展学校,让新手教师在中小学模范教师的指导下学习教学,更好地把大学学习的科学方法和理论应用到课堂教学实践中。到1990年,全美46%的教师教育项目与超过600所专业发展学校建立了合作关系[①]。

2.建立教学艺术硕士学位项目

教师专业化发展除了建立专业发展学校之外,推动教师学历提升至研究生层次、建立五年制教学艺术硕士学位成为大学教育学院发展的另一个战略。最早建立教学艺术硕士学位的是福特基金会,它在1950年资助建立教学艺术硕士学位,推动建立第五年或五年制的教师项目。教学艺术硕士学位资助不仅是教育学主修专业途径,也是文理科主修专业学生进入教师专业的一个主要途径。西北大学(Northwestern University)要求完成一学年或两个夏季学期的课程后可以获得教学艺术硕士学位,在此期间,学生在第一学期学习任教学科课程、高强度教学法课程,还可以通过教学实习拿到兼职教师工资,第二年夏季获得教师资格证书,同时获得教学艺术硕士学位。弗吉尼亚大学也建设了一个五年制教师教育项目,即完成所有课程学习可获得两个学位:一个是文理艺术学士学位,另一个是教学硕士学位。马里兰大学采取的"4+1"模式的教师培养模式,要求学生必须完成文理学士学位之后,才能进入研究生阶段进行教师培训获得教学艺术硕士学位。1985年,该州建立马里兰州硕士资格证书项目,师范生夏季学期开始入学,在秋季学期,学生

---

① Bryan Wehrli, Locus and Praxis in the Denver Teacher Residensidency [D]. The University of New Mexico, 2014:19.

需要在学校注册三小时实践工作,学习专业核心课程,在春季学期,注册12周的实习生和两周的工作坊。学生通过综合考试获得硕士学位证书。还有大学建立六年制项目即"4+2"模式,建立在四年制的文理艺术教育和两年的教育学准备基础上,包括两个学期的正式课程和临床观察。余下的时间称为临床讨论课和实验教室或现场工作。不论是五年制还是六年制的教育学硕士课程,都是增加任教科目课程、教育学专业课程以及延长临床实践课程①。

(五)教育学院质疑批判

大学教育学院无论是从师范学校转变而来还是从教育学讲座教授转变而来,主要的推动力是满足公立中学对教师的需求,同时提升教师专业地位,促进教师专业发展,获得教师专业在大学的合法性。因美国公立学校教师政治、社会待遇较低,教师薪水与其他职业相比也普遍较低。罗格斯大学(Rutgers University)政治学教授本杰明·巴伯(Benjamin Barber)认为教师职业是美国所有职业中是最不受尊重的和获得报酬最少的职业②。因此,招生进教育学院的学生学术成绩一般低于其他专业。同时,随着20世纪80年代以来新自由主义推动的公共事业市场化的发展,加之美国贫困地区中小学教师流失率过高,美国社会开始反思大学教育学院教师培养问题,出现了多种不同形式的质疑。

1. 大学化的代价

教师教育大学化的主要代价是出卖专业发展的灵魂获得大学的专业地位③。这种交易在师范学校的早期历史中便已经存在。一方面,师范学校维持其高品质专业项目不断发展,并增加学术项目。另一方面,师范学校为尽快满足公立小学教师需求,应对来自市场的压力,适应消费者需求,满足学生拿到证书的需求,而这个证书要比一个简单的教学学位更能为更为广阔的学生打开一扇进入教学职业的大门,因此,师范学校不得不扩大项目规模,转为学院并最终成为大学。然而在这个过程中,师范学校不得不抛弃其关注教师专业准备的传统。

在学院和大学不断扩张的背景下,教师培养被日益边缘化。师范生在大学的其他院系学习,掌握在中学任教的科目知识,教育学院的责任仅在于提供教学法课程——教他们如何准备教学、管理课堂、指导实习教师。因此,教师教育进入大学意味着教师教育失去了其专业使命和对教师教育的控制权。在大学的地位等级中重学术轻技能、重理论轻

① Christopher J. Lucas. Teacher Education in America: Reform Agendas for the Twenty-first Century [M]. New York: St. Martin's Press, 1997: 268.

② Christopher J. Lucas. Teacher Education in America: Reform Agendas for the Twenty-first Century [M]. New York: St. Martin's Press, 1997: preface.

③ [美]玛丽莲·斯密斯,沙伦·费曼-尼姆塞尔,约翰·麦金泰尔.教师教育研究手册:变革世界中的永恒问题(上卷、下卷)[M].范国睿等译.上海:华东师范大学出版社,2017:304.

实践的价值取向的影响下,教育学院处于较低的地位。

2. 预算削减

20 世纪 80 年代以来,各州政府实施教师教育市场化政策,公立大学教育学院面临持续的预算下降和资源短缺。不论是联邦政府,还是基金会,都认为传统教师教育项目不值得投资,却把大量资金投入实践取向的教师教育项目,缺乏投资和政府拨款,严重影响大学教师教育项目发展,深刻影响了这些教师教育项目创新改革。

3. 错误教师观

"教学是女人的事情"①使得新成立的教育学院地位受到大学其他院系的排挤。哥伦比亚大学就是一个典型的例子,该大学董事会愿意接受师范学院作为大学的一个附属机构,却拒绝接受师范学院是哥伦比亚大学的一个正常学院。"教学是女人的事情"同时也造成教育研究长期以来受到轻视与蔑视。

4. 学术标准低

教师教育招生标准较低,美国教育统计中心(The National Center for Education Statistics)学术性向测试分数显示,教育主修专业的学生语言成绩低于全美平均 27 个百分点,数学成绩低于全美平均 32 个百分点。在美国学院考试(American College Test)中,大一新生的教育主修专业的学生在 19 个主修专业中排名倒数第二;在数学分数和英语分数上排名十四。学院入学考试董事会发现不仅是教育专业的招生分数低于其他专业,而且分数之间的差距进一步扩大。数学平均分低于全美平均 31 个百分点,落后其他专业 15 个百分点,反映出攻读教育学专业的学生学术水平较低的事实②。在北中部大学和学院联合会认证的高校中,以及获得全美教师教育认证联合会认证的大学教师教育项目的高校中,90% 的学生都可以注册入学。

5. 教育成本高

大学传统本科教师教育专业要求学生必须完成几个学期的课程,希望将来成为教师的学生需要较早下定决心学习相关课程,如果他们在大三或大四才认识到想从事教学工作,通常不得不注册 1—2 年的研究生课程,并且在学费、书籍及其他开销上需再多花费几千甚至上万美元③。他们还必须牺牲工作机会来上课,用额外的时间进行教学实习,而且只有一点点报酬或者根本没有。如果他们要到所在州之外的地方任教,必须忍受额外的认证要求,增加了教师教育专业学生的机会成本。

---

① [美]埃伦·康德利夫·拉格曼.一门捉摸不定的科学:困扰不断的教育研究的历史[M].花海燕,梁小茵,许笛,等译.北京:教育科学出版社,2006:16.

② Christopher J. Lucas. Teacher Education in America: Reform Agendas for the Twenty-first Century [M]. New York: St. Martin's Press, 1997:106.

③ 美国教育部中学后教育办公室.美国教师质量报告:如何培养高质量的教师[M].朱旭东,等译.北京:人民教育出版社,2014:21.

教师的工资体系也让很多师范生感到泄气。教师工资主要依据资历和所持有教师证书数量决定。在每一个行业,新手雇员通常比有经验的同事薪水少,而且奖金依据工作表现来发放。通过努力工作和出色表现,雇员通常有更多机会晋升或加薪。但不幸的是,教师在业绩、革新或创造性等方面却没有任何回报;美国公立学校教师只有通过任职年限和提升学位来加薪,而不管他们在课堂上的表现。

6. 质疑合法性

质疑谁应该教学、教师应该掌握哪些知识技能、谁应该决定这些问题已经持续了一个世纪了,毫无疑问的是这些质疑将会继续[①]。

首先,1957 年美国开启新一轮改革,教育成为那个时代的替罪羊,美国公立学校在一段时间内成为社会公众谴责的对象。教师教育是培养文理学者还是教育家成为新的争议的焦点,也必然会成为一个重要的批判目标。俄亥俄州立大学教育学院院长唐纳德·科特雷尔(Donald Cottrell),认为教师培训建立在经验基础上存在危险,缺乏研究证据证明教师在大学的四年学习与以后他们作为教师的绩效表现之间存在相关关系。詹姆斯·科纳(James Koerner)在《错误教育的美国教师》(*The Miseducation of American Teachers*)中认为教育学还没有发展出一个拥有足够技术和相应学术地位的知识体系。长期的教育理论把经验基础作为真正的学科,教育学者被引诱到科学主义的陷阱中,形成了教学可以建立在精确或科学基础上的错误信念。教育家应该放弃人们可以通过正统的培训项目成为有能力的教师的观点[②]。而且所有教师教育狭隘地关注保护正统的专业垄断权力,掌握垄断权力的包括州教育厅、认证组织、专业利益群体、教育学教授,所有这些组织互相补充互相加强,组成一个垄断的学会,而很少听到教育学者和非教育学者的声音。

1963 年,前哈佛大学校长詹姆斯·科南特(James Conant)在卡耐基基金会的支持下发布《美国教师教育》(*The Education of American Teachers*)报告,公开讨论了教师教育中两个敌对的阵营:一个阵营是教育学教授联合公立学校教师和行政管理者建立的联盟;另一个阵营是艺术教授、科学教授以及人文学科教授。传统的学者倾向于认为教育学教授提供的课程没有价值,教育学学士学位没有价值。大学教育学院长期成为州政府教师证书要求的受益人,成为进入教学职业的垄断机构。如果不是州政府要求教育学教学,大学和学院从来就不会有义务提供教育学教授岗位,当然学术性教授对公立学校教学不感兴趣,也没有证据显示出任何的对公立学校教师培养承担责任的兴趣。教育学者认为唯一对教师有用的知识体系与其他受过良好教育的人分开是提供专业教育课程。在专

---

① Marilyn Cochran-Smith. Policy, practice and politics in teacher education [M]. California: Corwin Press, A SAGE Publications Company, 2006. Xx.

② Christopher J. Lucas. Teacher Education in America: Reform Agendas for the Twenty-first Century [M]. New York: St. Martin's Press, 1997: 74—75.

业教育中唯一没有争议的必要成分是实践教学。同时另一方面也有部分人拒绝承认在一定条件下的实践可以促进教学艺术的发展①。因此教育学教授们会激烈战斗,保留州政府要求的课程或者作为州政府批准教师培养的一部分。

其次,在1980年早期,关于赞颂教师自由艺术教育的观点再次流行。杜克大学的彼得·卡波尼(Peter Carbone)认为强有力的自由艺术教育背景是未来教师必不可少的部分。自由学习是那些能够发展学生的理性能力、认知技能以及他们在工作中的精神质量。自由学习能够使心灵从错误和幻想中解放出来,突破由教条主义和偏见带来的智力限制,促进接受者积极反思活动、有效思维、清晰准确地交流,做出判断,辨别价值。

再次,密歇根州立大学的大卫·拉巴雷(David Labaree)评论说,每一个人都可以对我们国家的教师培养说上几句不中听的话。认为美国教育的错误都可以追踪到教师的失败,我们被告知学生不是在学习,生产率并没有提高,经济竞争力在下降,所有的这一切都是因为教师不知道怎样教学。对教师教育改革的"药方"也是各种各样。一些人建议完全解散专业教师培训项目,例如,任何受过很好教育的学院毕业生都能够通过简单的师徒关系和在职实践经验学习成为合格的班级教师,其他人则希望改造现存的本科教师教育项目。还有一些人建议直接完全绕过传统的教师培训项目采用所谓的选择性教师证书路径。学区不断减少教师培训,通过大学与中小学合作,使教师培训变得时间更短、更少理论和更多实践。反对者认为需要把教师教育消解为实践取向的师徒模式,他们想要的是某种技能培训。另一个相反的方向就是增加教师培训时间。这两种形式的教师教育改革都经常受到公立学校的社会效率和社会流动目的的影响。前者代表着自上而下的教育提供者视角,后者反映了自下而上的教育消费者视角。从社会效率的角度看,学校目的是在等级的职业结构中把学生转变为一个未来工人,学校的任务是提供熟练的工人,使用成本—效率模式,这样的工作插入到不同等级的职业中拥有有能力的工人,社会的功能就更加有效率。社会流动教育的另一个目标,反映了学生的家长希望他们的孩子获得必要的教育证书,进而获得期望的社会经济地位。证书作为社会竞争的通货,都与劳动力市场有关。

最后,鼓励实践取向的教师项目放弃传统大学教师教育项目。华盛顿的教育卓越网络主任切斯特·芬恩(Chester Finn)认为大部分的教师教育和教师资格证书变革不是发生在大学和学院里而是发生在其他地方:以学校为基础的项目、选择性证书路径、学徒制安排让新手教师在有经验的课堂辅导教师的辅导下发展。在南部立法会议(The Southern Legislative Conference)上,美国教育委员会主任威廉·博纳特(William Bennett)督促立法者考虑取消要求完成大学教师教育专业项目,获得教师证书的立法要求。他认为:我们需要吸引最优秀的人从事教学,而不考虑他们是不是专业教育者。取消毫无脑子的纸质

① Christopher J. Lucas. Teacher Education in America:Reform Agendas for the Twenty-first Century [M]. New York:St. Martin's Press,1997:80.

证书,他建议未来教师只要展示他们拥有任教学科知识、好的性格以及与年轻人交流的能力即可。

总之,师范生在工作之前获得最有效的工作培训,有助于从学生到教师的转变。作为一个公共政策,把大量的没有经验的、不经过培训的新手教师招募到学校中去,既不明智,也不慎重。将这些年轻的、没有做好准备的师范生交付给学校服务非常不合理。从大街上随便找个人进入国家的课堂将严重影响公立中小学教育教学质量。

7. 少数民族教师少

有学者认为,所有的公立学校应该包容收入、种族和民族,为每一位美国孩子提供平等的教育机会。这将有助于加强美国民主、促进经济发展、提升社会公正和巩固通识教育成果。布朗诉董事会之后的 60 多年后,美国公立教育仍然保持着隔离但不平等(Separate and Unequal)。2011 年美国全美 37% 的人口是少数民族,44.1% 的中小学生是少数民族,但仅有 17.3% 的教师是少数民族教师[1]。少数民族学生在过去 25 年里并没有随着教师比例增长,面临最主要的挑战就是无法招聘和雇佣少数民族教师。

三、教师资格证书发展

(一)教师资格发展

1. 教师资格发展

美国公众对教师资格的兴趣比对教师培训的兴趣早很多。[2] 早在殖民地时期,学校委员会一般负责对公立学校教师候选人进行考察,当时主要就是检查教师候选人是否有正统的宗教信仰和温顺的性格。除此之外,对教师任教科目知识掌握情况、掌管学校能力的考察也是委员会关注的焦点。通过考察的签署教师聘用合同,期限通常不超过 1 年。对教师颁发教师资格证书是社区对教师任教满意的表现,但缺点显而易见。最明显的缺点是不同社区的资格是不一样的,当教师从一个社区到另一个社区、从一个县到另一个县任教的时候都需要重复考试。教师们希望获得能够在州内自由从事教育事业的证书。另外州政府还可以通过颁发教师证书代替批准州立师范学校考试获得教师证书的方式。地方政府不久就知道教师证书不仅可以预防性地保护社会公共利益,还可以以此作为标准不断提高教师质量。亨利·巴纳德是提出根据教师接受培训时间的长短授

---

① Leo E. Casey, et al. The State of Teacher Diversity in American Education [R]. Albert Shanker Institute,2015:14.

② John Loughran and Tom Russell edited. Improving Teacher Education Practices Through Self-study [M]. London and New York:Routledge Falmer,2002,492-494.

予不同教师证书建议的人①,最高的奖励证书是终身有效的教师证书,这样的教师证书可以在本州内的任何地方,永久从事教师职业。这种措施立即在 19 世纪提高了教师质量。

20 世纪,教师证书转向另一个发展方向,从根据教学时间长短转向特定领域颁发教师证书,如幼儿园或小学或高中的某一个学科领域。专业化的教师证书严格根据科学的任教技术标准颁发教师资格证书。这对两个方面都提出了较高要求:一是掌握特定学科内容知识;二是要求申请者至少学习过教育心理学、中等教育或初等教育教学原则和一定时间的教学实践。在 1929 年的大萧条之前,美国一直经历着教师供应充足时代。一些州趁这个时期提高了教师证书要求。第二次世界大战之后美国教育联合会(The National Education Association)持续不断地提高教师质量,建立全美教师教育和专业标准委员会(The National Commission on Theacher Education and Professional Standards),制定和认证教师教育项目,以此提升教师培养质量。

在美国,颁发教师证书的控制权在州政府而不是各种教育专业协会,州政府制定标准,但是并不描述每一个课程培训标准。为使教师培训真正满足专业要求,促进教师教育项目发展,教师教育项目需要向认证组织,如全美教师教育认证联合会等专业协会递交认证申请获得认证。州政府根据专业协会认证结果,授予教师资格证书。当时的认证申请还有一些不足,特别是定量评价学习课程数量和学分数量方面。为此,卡耐基公司邀请哈佛大学校长詹姆斯·科南特对美国教师教育进行深入研究,建议最大限度降低州政府和专业协会机构的影响,给地方的教师培训机构的教师颁发教师证书,有意保留了 19 世纪松散的地方标准②。尽管这一标准值得怀疑,但纽约州等准备在一部分教师证书中实施这些建议。

至此,形成了美国教师教育资格证书以州政府为主要颁发机构,结合教师教育认证的专业委员会提供咨询建议,采用以州为单位的具有明显地方性特色的教师资格证书体系。

2. 教师资格类型

美国大部分州建立了具有一定等级类型和层次的教学证书。南卡莱罗纳州教师资格分成三种不同类型、多个层次的教师资格,包括三级专业人员、二级专业人员、一级专业人员、一级专家专业人员(Class I-Specialist Professional)、一级高级专业人员(Class I-Advanced Professional)。宾夕法尼亚州提供实习证书,随后是临时的教学证书Ⅰ和教学证书Ⅱ。新罕布什尔州提出初任教育者证书和经验教育者证书。内布拉斯加州系统包括初任教师证书、标准教学证书和专业证书。马里兰州提供标准专业人员地位和高级专

---

① John Loughran and Tom Russell edited. Improving Teacher Education Practices Through Self-study [M]. London and New York:Routledge Falmer,2002,493.

② John Loughran and Tom Russell edited. Improving Teacher Education Practices Through Self-study [M]. London and New York:Routledge Falmer,2002,495.

业人员地位。

实践上,所有这些不同层次的教学执照或证书与教师晋升秩序相连,形成教师资格的连续性和可更新性,促进教师专业发展。目前可以使用的永久终身的教师资格很少,很多州即使是高级教师证书也需要根据课堂教学绩效评级和持续的在职培训,每隔一段时间更新一次①。

3. 实践取向的教师资格证书

从1980年开始,在私立基金会、州政府、联邦教育部积极鼓励开发的实践取向的教师教育证书项目中,申请者通过短暂的培训后,可以在公立学校教学,获得初任教师资格证书。现在实践取向的教师资格证书已经在全美50个州和哥伦比亚特区全面铺开,不同的州要求不一,形式多样,比较知名的有"为美国而教"、纽约教师队伍、芝加哥驻校教师和波士顿驻校教师以及加州实习教师培养项目。美国卓越教学证书委员会(The American Board for the Certification of Teaching Excellence)为个人提供测试证书,申请者通过两次纸笔测验之后可以获得教师证书。

一些对大学为主教师教育项目批判者走得更远,甚至号召州政府取消教师资格证书,让地方学区完全有权决定雇佣任何他们希望雇佣的人。

(二)教师教育认证

美国建国之后,开始对教师教育机构进行认证。早在1787年,纽约州就立法要求对教师教育机构进行认证,之后一些知名的院校开始制定标准以便其他高校可以复制他们教师教育的课程,教学、评价、甄别和筛查高质量教师。随后政府和各种教师教育专业协会开始制定教师教育项目认证标准。在1927年之前,对教师教育项目认证仅限于大学和师范学校,自由艺术学院的教师教育项目通常不进行认证。后来成立了美国教师学院联合会(The American Association of Teacher Colleges)和美国教师教育学院联合会(The A-merican Association of Colleges for Teacher Education),教师教育的大门才开始向其他大学和学院敞开。

1. 美国教师教育认证联合会认证

1954年7月1日,美国教师教育认证联合会成立,有284个会员单位,是唯一被美国教育部中等教育认证委员会(The Council on Postsecondary Accreditation of the U. S. Department of Education)批准的负责教师教育认证的机构。

美国教师教育认证联合会的成员包括专业人员和学术联合会,主要有四个领域的群

---

① Christopher J. Lucas. Teacher Education in America: Reform Agendas for the Twenty-first Century [M]. New York:St. Martin's Press,1997:183-184.

体,包括教师教育者、班级教师、州政府和地方政府政策制定者和特殊领域专业人员。1957 年,美国教师教育认证联合会组建了一个由 17 名代表组成的理事会,对 284 所成员高校中的 275 所进行教师教育认证,到 1961 年又吸收 150 所高校加入,其中 82 所高校或拒绝认证或重新认证,68 所接受了认证,仅 6 年时间,经过该组织认证的高校就多达343 所①。

项目认证和批准过程主要取决于是否一所高校在全美、州政府或地方层面上寻求项目认证和批准。联合会经常与其他美国教育部中等教育认证中心的批准机构或州教育厅进行联合访问和联合认证,避免多次重复认证给认证项目带来的不便。

计划是一个关键的项目认证和批准环节。认证机构和州教育厅开发制定认证标准手册和批准计划。按照这些文件要求进行教师教育项目认证或批准。一个完整的教师教育项目计划会有一个自我研究过程。在自我研究完成之后,一个由外部专家组成的评审小组会访问校园和评价自我研究报告。访问结束后,评审小组会给有关高校提出认证报告,做出批准或提出认证项目整改建议。若认证报告,没有被批准认证申请单位会再次接受认证机构核心成员或访问或指导委员会的评价。然后给出最终认证或批准教师教育项目的建议和报告,并递交给申请高校。

在认证或批准项目的过程中,教师教育项目招生标准、实验室或临床经验、项目师范生在全美教师测试(The National Teacher Examinations)中的表现以及问卷调查或课堂观察毕业生教学方式收集认证数据。1994 年,有 1290 所大学和学院的教师教育项目属于全美教师教育认证委员会成员,占全美 40%,2004 年增加 26 所高校,年增长率在4.7%②。

2. 教育者培养认证委员会

2013 年 7 月 1 日,美国教师教育认证联合会与另一个教师教育认证组织教师教育认证委员会(Teacher Education Accreditation Council)(1997 年成立)合并成为教育者培养认证委员会(The Council for The Accreditation of Educator Preparation)。

2022 年新的基础认证标准主要有以下 7 个。

(1)任教科目和教育学知识,理解任教科目的关键原则和核心概念,促进师范生对学生平等、多样性和包容性的理解和反思,包括学习者与学习、内容、教学实践、专业责任四个方面。

(2)临床伙伴关系与实践,确保师范生建立有效的伙伴关系和经历高质量的临床教学经历,有助于师范生形成专业知识、技能和展示对多样性学生学习和发展的态度,高质

---

① Dale D. Johnson, et al., Trivializing teacher education: the accreditation squeeze [M]. New York: Rowman &Littlefield Publishers, Inc, 2005:61.

② Christopher J. Lucas. Teacher Education in America: Reform Agendas for the Twenty-first Century [M]. New York: St. Martin's Press, 1997:199.

量的实践能提供不同环境和模式的教学实践;合作伙伴要承担师范生在中小学教学实践的责任,主要包括三个方面:师范生临床实践的合作伙伴关系、临床教育者、临床经验。

(3)师范生的招生、进步和支持主要依赖师范生选拔高质量生源,展示完成了培养目标和支持服务,主要包括招生、监督和支持师范生进步、培养毕业生的能力。

(4)项目毕业生展示对中小学生学习和发展的影响,雇主和毕业生对项目相关性和满意度较高,主要包括毕业生效果、雇主满意度、毕业生满意度,具体包括 8 个方面的指标。

1)对中小学的学习和发展影响。主要是指项目毕业生特别是毕业一年的师范生对中小学学生学习和发展的影响。

2)教学效果指标包括两个方面:一个是中小学临床教师和大学辅导教师对实习教师的最终评价。另一个是专业评价者对教师表现评价,通过教学视频和教学资料进行评价,主要包括儿童发展的理解、学习者差异、激励学生和管理学习环境、任教科目知识、任教科目应用、评价、教学计划、专业学习与伦理实践、领导和合作。

3)雇主满意度。主要是调查校长对第一年毕业生的满意度,包括对有效满足每一名学生需求的持续专业发展、确保学习者成长的合作、对学生俱乐部合适的领导、课程开发、专业发展、运动会的指导、学校和学区委员会服务以及专业伦理。

4)毕业生的满意度。师范生对学习者成长和发展的理解,对学习者共性和个性的理解,对任教学科的核心概念、探究工具和学科的结构的理解,创造能够让学习者接近和对学习者有意义的、确保学习者能够掌握的学习经验,建立不同学科概念和视角的联系以及真实世界问题的跨学科主题,根据合适的学习目标使用、设计或接受多种评价方法,监督和指导学习者进步,使用符合伦理规范和最小歧视的评价方法促进学习者完全展示他们的学习。在形成性和终结性评价信息以及其他资源信息基础上制订教学计划,每一名学习者能进行计划的制度化调整、理解和使用各种各样的教学策略,使所有学习者能够更好地学习,鼓励学习者深入理解科目内容,建立跨学科联系,有意义地应用相关知识,有意义地持续评价教师决策对其他人的影响,适应让专业发展更好满足学习者需求,用一种符合伦理规范的方式进行专业实践等。

5)毕业率。

6)毕业生符合教师资格证书上的要求和任何州政府对额外能力的要求。

7)毕业生在主修专业领域教育岗位雇佣的能力。

8)学生贷款违约率和其他消费者信息。这一标准每 7 年进行一次重新评估,以便更符合时代发展,促进教师教育质量提升。

(5)质量保障制度和持续提升。用有效的数据提供可持续的和以证据为基础的多种评价方法和支持措施,持续提升项目质量。负责来自内部和外部的利益相关者保障制度开发和执行。项目提供者使用研究结果和数据收集建立优先权、提升项目和进行创新,主要包括质量保障制度、数学质量、利益相关者参与和持续提升。

（6）财务和行政管理能力。为满足专业发展、州政府、联邦和大学教师培养标准，教师教育项目需要拥有财务和行政管理能力、教师和基础设施以及其他资源满足项目运行需求，如果项目所在单位被教育部认证，那么这一标准将根据教育部标准进行认证，如果没有被认证那么学院需要提供证据证明有足够的资源满足项目运行需求，主要包括财务资源、行政管理能力、教师资源以及基础设施资源。

（7）如果项目接受高等教育法拨款，需要符合高等教育法第四条规定的情形。

3. 区域认证组织认证

区域认证组织从 1890 年建立的北中部学院和学校联合会（The North Central Association of Colleges and Schools）开始，到 1930 年，美国共建立了 6 个地区高校和高中认证组织：中部州学院和学校联合会（Middle State Association of Colleges and Schools）、新英格兰学校和学院联合会（New England Assocition of Schools and Colleges）、北中部学院和学校联合会、西北部学校和学院联合会、西部学院和学校联合会（Western Association of School and Colleges）、南部学院和学校联合会（Southern Association of Colleges and School）。区域认证组织负责对所管辖的区域的整所高校进行认证，而不是对某一个教师教育项目进行认证，然而每一个教师教育项目在一个给定的学校必须满足所有的区域认证机构标准，否则这所高校的认证将处于危险之中。认证需要按照区域认证组织颁布的标准、手册、指导纲要准备认证过程①。

4. 教师教育认证组织管理

美国教师执照和证书具体被美国 50 个州各自掌握②。各州教育厅按照立法部门设计各不相同的认证标准，承担教师最低标准的法律责任。现在所有州的法律制度都建立了教师教育项目必须遵守的基本标准。但不同的州在教师教育项目组织、运行、资助、毕业标准等方面的要求差别相当大。

首先，对教师教育认证组织和区域认证组织的管理。这些教师教育认证组织和区域认证组织都必须通过美国教育部的认证和批准，由教育部对其运行进行监督和指导。

其次，有 2/3 的州采用一种批准项目的方法授予教师证书，这样任何成功地完成州政府教师培养项目的毕业生，满足项目内部毕业要求，就会被授予教师资格证书。印第安纳等 20 多个州要求申请教师资格必须毕业于经过州政府认可的认证的高校。另外亚利桑那等 8 个州要求符合双认证，既要求认证的高校，又要求州政府批准的教师教育项目。

再次，肯塔基等设计了本州的以绩效为基础的教师资格标准，要求教师资格申请者

---

① Jerry B. Ayers, Mary F. Berney, edited. A Practical Guide to Teacher Education Evaluation [M]. Boston: Kluwer Academic Publishers, 1989: 9.

② Christopher J. Lucas. Teacher Education in America: Reform Agendas for the Twenty-first Century [M]. New York: St. Martin's Press, 1997: 185-186

必须满足资格标准才能获得教师资格。师范生必须展示证据证明已经学习了一定数量和类型的所需要的课程，或罗列申请者必须展示具备的特定绩效或能力。有 18 个州详细描述了教学候选人掌握的通识教育课程作为获得教师证书的前提条件，尽管在细节方面可能存在不同，如阿拉巴马等 10 个州都要求最低的获得 46～71 不等的学分。至少有30 个州要求申请教师培养项目的候选人需要完成设计好的考试，以便能够提供基本的学术成就和学术技能熟练水平①。

最后，一些州要求经过教育者培养认证委员会或者符合全美教师教育和证书州政府主任联合会（The National Association of State Directors of Teacher Education and Certification）标准，如阿拉斯加州。全美教师教育认证委员会与 35 个州签署了伙伴协议，在项目标准与州政府项目评估标准或过程中一定程度的衔接。一些州传统上会考虑区域认证组织认证高校提供的教师教育项目足以满足州政府批准要求，如北中部学院和学校联合会学校委员会仅仅要求学士学位毕业和很少的教育学课程，依赖申请者申请的教师资格证书等级。

5. 统一教师招生标准

美国一直努力统一教师教育招生标准。第一个进行尝试的是建立于 1858 年的美国师范学校联合会（The American Normal School Association）。1885 年，美国师范学校联合会委员会发布了一个师范学校教学标准的报告②提出了师范生招生标准。1923 年，美国教师学院联合会（The American Association of Teacher Colleges）也就是美国教师教育学院联合会（The American Association of Colleges for Teacher Education）的前身，颁布 9 个方面的师范学校和教师学院最低度招生标准。1946 年，全美教育联合会（The National Education Association）采取更进一步的行动，建立了全美教师教育和专业人员标准委员会（National Commission on Teacher Education and Professional Standards），针对大学教育学院制定了全国性教师教育标准。1954 年，成立的全美教师教育认证联合会逐渐成为全美教师认证规则的指导者，推动教师教育招生标准的一体化，2013 年成立了教育者培养认证委员会代替全美教师教育认证联合会，进行教师教育认证和招生标准的制定。

四、美国教师教育改革议程发展

美国教师教育改革议程主要以公立学校在民主社会的价值以及学校的政治、经济、文化功能为依据改革教师教育，提升教师教育质量，形成了多种形式的改革议程。上述

① Christopher J. Lucas. Teacher Education in America: Reform Agendas for the Twenty-first Century [M]. New York: St. Martin's Press, 1997: 190.
② Christopher J. Lucas. Teacher Education in America: Reform Agendas for the Twenty-first Century [M]. New York: St. Martin's Press, 1997: 197.

不同形式的教师教育改革议程,主要源于对教师专业知识、技能、能力缺乏统一的认识。主要的教师教育改革议程包括专业化议程、解制取向议程、常识取向议程、社会重建取向议程以及规制议程等,推动了美国教师教育多元化发展。

(一)专业化议程

1. 专业化议程

专业化议程认为教师教育需要不断延长师范生的受教育年限,增加文理科知识和专业实践技能,与法学院、医学院等专业学院一样实施研究生教育①。在促进教师专业化改革方面最有名的是福特基金会,该基金会建立了高级教育项目——资助建立各种形式的研究生教师教育——授予教学艺术硕士学位(Master of Arts in Teaching),代替四年制本科师范教育。基金会资助 7 000 万美元进行这种五年制的教师教育实验项目②,招收艺术专业本科毕业生进入教师教育项目,为中等教育培养教师,完成项目要求获得教学艺术硕士学位。伴随着全美国对教师教育的持续的批判报告,越来越多的改革者接受了延长教师教育项目师范生受教育年限,建立了五年制、六年制教师教育项目。

(1)教学艺术硕士学位 辛辛那提大学教育学系主任亨德里克·吉迪翁斯(Hendrik Gideonse)是少数提出研究生教师培养项目的人之一。在 1982 年,他在全美教师教育学院联合会年会上发言,认为需要为师范生提供广泛的、实质的自由教育、完全的教学专业知识以及高强度全职的教学实践,全部这些事情很难在四年内完成,建议建立六年制硕士学位项目,提升教师教育质量③。

推动教师教育硕士化的还有卡耐基未来教学小组(The Carnegie Task Force on the Future of Teaching)④发布了《国家培养:21 世纪的教师》(A Nation Prepared:Teachers for the 21ˢᵗ Century),呼吁重建低级教育学院,把教学作为专业,延长教师教育项目达到硕士层次,建立教育研究生院,取消传统的 4 年制教师学院,创建严格的教学硕士(Master in Teaching)作为初任教师资格的条件。

霍尔姆斯小组(Holmes Group)在 1986 年发表了《明日之教师》报告,四年后霍尔姆斯小组又发表了《明日之学校:专业发展学校设计原则》(Tomorrow's Schools:Principles for

---

① Suzanne Wegener Soled, edited. Assessment, testing, and Evaluation in teacher Education[M]. New Jersey:Ablex publishing corporation,1995:12.

② Daniel P. Liston and Kenneth M. Zeichner. teacher education and the social conditions of schooling [M]. New York:Routledge,1990:13.

③ Christopher J. Lucas. Teacher Education in America:Reform Agendas for the Twenty-first Century [M]. New York:St. Martin's Press,1997:141.

④ Linda Darling-Hammond, et al. Variation in Teacher Preparation:How Well Do Different Pathways Prepare Teachers to Teache[J]. Journal of Teacher Education,2002,53(4):286-302.

the Design of Professional Development Schools），1995 年发布了《明日之教育学院》（*Tomorrow's School of Education*）。霍尔姆斯小组坚持教师需获得两年制硕士学位。此外，美国教师教育认证联合会（NCATE）和全美教学专业标准理事会（The National Board for Professional Teaching Standards）、跨州新教师评价和支持联盟（The Interstate New Teacher Assessment and Support Consortium）等专业组织的具体实施下，推动了教师教育专业化发展。其中美国教师教育认证联合会发布《什么最重要：为美国未来而教》（*What Matters Most：Teaching for America Future*），提出使教学和教师教育成为一个研究为基础的和正式的教师知识体系，使得教师专业人员与外行人有明显的区别，按照一致的标准进行专业实践，保证所有教师都接受完全的培养和具有教师资格证书[①]。强调研究生水平的教师教育项目授予教学艺术硕士学位吸引优秀的大学和学院毕业生进入教学领域，专业化议程的教师教育模式，见图 2-1。

（2）教学专业

一般专业通常有四个专业活动。一是拥有通过培训和经验获得的专业知识体系，包括理论知识和实践知识，实践知识被认为是重要的知识；二是知识应用，是与客户相关目标取向的知识；三是专业人员应用他们的专业知识，分析和解释复杂的和模糊不清的问题，做出判断和决策，然后做出一系列行动使学生获益；四是专业行动，是适应背景的熟练行动，通过反复的专业实践可以成长为各种专家，获取知识技能[②]。

教学作为专业意味着教学不仅需要发展一个技术体系，而且还需要个人判断，例如何时和怎样使用教学策略。这种看法承认课堂环境的复杂性，认为教学不仅于用一系列策略传播处方性知识，而且还涉及与不同学生和背景变化的动力关系。因此教师在课堂上的所作所为受到很多成分互动影响，如课程、语境以及学生在任何特定时间对教学的影响。教学的本质是在一个特定课堂中教什么、何时教和如何教的整体判断。开发教学策略仍然重要，但更需要思考何时和怎样使用这些策略，以及考虑改变策略的理由。[③] 从专业的角度看，任何一节课都期望教师能够同时处理很多种影响，包括课程、儿童数量、儿童兴趣范围、先前知识基础，可以使用的资源、怎样使这一节课与先前课程建立联系、不同的评价策略、不同的儿童学习方式、任何儿童特定需求、课堂结构的理论基础、行为管理策略、儿童社会文化背景考虑等。这种相互影响互动创造了一个互相联系影响的动

———————————

①　Marilyn Cochran-Smith. Policy，Practice and Politics in Teacher Education［M］. California：Corwin Press，A SAGE Publications Company，2006：23.

②　Ann Katherine Schulte. Seeking Integrity in Teacher Education：Transforming Student Teachers，Transforming My Self［J］. Springer Science+Business Media B. V. 2009：27-28.

③　James Raths edited. Teacher Beliefs and Classroom Performance：the Impact of Teacher Education［M］. Connecicut：Information Age Publishing Inc，2003：4.

力学习环境①。

专业化议程的教师教育模式

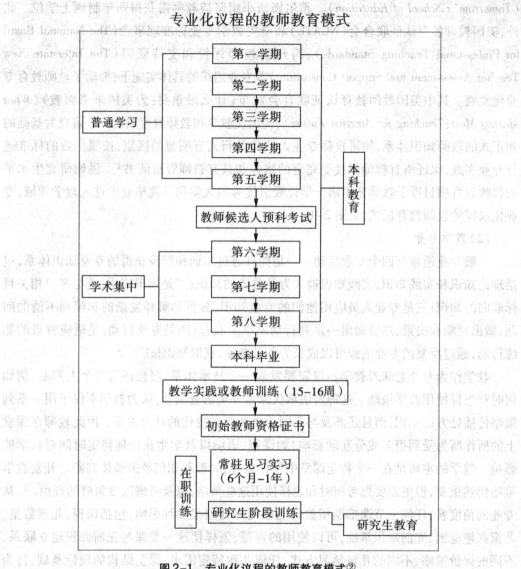

图2-1 专业化议程的教师教育模式②

① Garry F. Hoban, edited. The Missing Links in Teacher Education Design: Developing a Multi-linked Conceptual Framework[M]. The Netherlands: Springer, 2005: 9.

② Marilyn Cochran-Smith. Policy, Practice and Politics in Teacher Education[M]. California: Corwin Press, A SAGE Publications Company, 2006: 23.

2．专业取向的教师教育评价

专业取向的教师教育评价至少由三个组成部分①。首先决定教师教育评价的内容和方法必须与专业教育者协商决定。其次评价的内容必须是专业基础知识。对专业主义的定义最核心的内容就是专业实践者知道学生不知道的技术,他们知道运用专业技能帮助学生变得更好、学习更有效,而且在为学生利益最大化伦理角度下开展工作。最后必须在专业知识基础、专业方法和有效的专业实践之间建立联系。专业教师教育评价的目标就是按照专家的观点,教师运用教师专业知识、技能、伦理以及辨别所使用的知识技能伦理的合适性,包括两个方面:一是是否根据现行的理论学者和专业实践智慧判断专业知识的有效性;二是是否评价方法使用了有效的指标以及如何应用这些指标的知识。

3．建立教师专业标准

专业化议程发起了以标准为基础的专业主义运动,由教育心理学家特别是琳达·达林-哈蒙德以及一系列的教师教育联盟,如全美教学和美国未来委员会、美国教师教育认证联合会、跨州新教师评价和支持联盟开发教师教育专业标准,以绩效指标为基础,评价任职前教师和在职教师。其中全美教学专业标准理事会对教学颁布了 5 个核心标准:教师要对学生和学生的学习负责;教师知道任教学科内容,并且把这些知识教授给多元化的学习者;教师对学生的管理和指导负责;教师要系统地思考自己的实践,并从经验中不断学习;教师是学习社区的成员。

4．专业化议程的批判

州立学院和大学教师教育委员会(The Teacher Education Council of State Colleges and Universities)赞扬霍尔姆斯小组提升了大学教师教育质量,但该委员会建议所有的教师教育项目延伸到学士学位之后是不明智的,短期的教师教育将仍然有用,没有证据证明研究生资格的教师比本科教师教育项目毕业生更有能力,做了更好准备。同时,文理学院教师教育项目,反对大的研究型大学完全控制教师教育项目②。另外,传统的教育硕士学位(Master of Education Degree)或者教学艺术硕士之间的区别不是很清晰。其他的批判还包括来自常识取向的、解制取向的等教师教育改革议程。

（二）解制取向的议程

在提升教师教育质量改革中形成了与专业化议程针锋相对的解制的改革议程,通过开放教师教育市场允许任何机构参与教师培训,让决定教师质量的权力留给中小学,通

---

① Suzanne Wegener Soled. Assessment,Testing,and Evaluation in Teacher Education[M]. New Jersey: Ablex Publishing Corporation,1995:17.

② Christopher J. Lucas. Teacher Education in America:Reform Agendas for the Twenty-first Century [M]. New York:St. Martin's Press,1997:150.

过来自替代者的竞争压力,促使传统的教师教育项目进行创新和承担损失客户的风险,寻找打破大学教师教育证书垄断,取消州政府教师资格证书要求①的主张。

1. 对专业取向教师教育批判

最早对教师专业化批判的是 20 世纪 30 年代美国医学教育专业化的领导者亚伯拉罕·弗莱克斯纳(Abraham Flexner),但具有讽刺意味的是,提倡医学专业化的弗莱克斯纳却批判教师教育专业化②,认为教师最重要的知识是任教学科知识,认为教师教育课程智力上浅薄、知识上贫瘠、教师教育学者无关紧要③。他用 26 页列举了哥伦比亚大学师范学院教师的名字,用 200 页列举了教师教育课程,认为这些课程是琐碎的、无关紧要的,安全可以留给具有受过良好教育的人尝试。他还批判了教育哲学博士论文没有物理学、化学有意义和价值。所有教师需要学习的课程,除了合理的自由艺术课程之外,还需要中小学的学徒制的良好经验。

自此以后,不断有学者对教师教育专业化议程进行攻击,如美国企业研究所(The American Enterprise Institute)的弗雷德里克·赫斯(Fredrick Hess)《教育荒地》(*Educational Wastelands*),以及詹姆斯·科纳(James Koerner)的《错误教育的美国教师》(*Miseducation of American Teachers*)、利特·克莱默(Rita kramer)的《教育学院的荒唐事》(*Ed School Follies*)。拉克·莱蒙(Lac Remin)的《公立学校的庸医》(*Quackery in Public Schools*)、威斯康星州州长斯科特·沃克(Scott Walker)等认为应取消大学教师资格证书,建议任何获得大学学位、通过任教学科内容考试、没有犯罪记录的人都可以进入公立中小学任教。美国教育部部长罗德德里克·佩奇(Roderick Rod Paige)向国会递交的第一个报告《崩溃的制度》(*A Broken System*)④指出教育学院和正式的教师培训系统不能培养符合法案要求的高素质教师,大学教师项目阻碍了具有很高素质的人进入教学行业成为教师。2011 年,美国国会通过《培养卓越学术成绩的学术教师和校长》法案,⑤法案批判了传统教师教育的官僚主义和繁文缛节,建议在高等教育之外完全培养具有硕士学位的教师。法案进一步支持使用学术数据展示大学教师培养的有效性。

---

① Garry F. Hoban, edited. The Missing Links in Teacher Education Design: Developing a Multi-linked Conceptual Framework[M]. The Netherlands: Springer, 2005: 4-5.

② Kenneth M Zeichner. Teacher Education and the Struggle for Social Justice[M]. New York: Routledge Taylor & Francis Group, 2009: 14.

③ Daniel P. Liston and Kenneth M. Zeichner. Teacher Education and the Social Conditions of Schooling [M]. New York: Routledge, 1990: 5-6.

④ Sharind Nadra Adine Sookhoo. Practices in Alernativer Teacher Preparation Programs in California [D]. University of the Pacific Stockton, 2014: 80.

⑤ Jori S. Beck. Changing the Narrative of Teacher Preparation: A Case Study of Faculty Methods at an Urban Teacher Residency[D]. George Mason University, 2014: 3.

2. 私立基金会支持

解制的议程由福特汉姆基金会(Fordham foundation)、阿贝尔基金会(The Abell Foundation)、太平洋研究所(The Pacific Research Institute)、进步政策研究所(The Progressive Policy Institute)、遗产基金会(Heritage Foundation)、比尔和梅琳达·盖茨基金会、米歇尔和苏珊·戴尔基金会、新学校风险基金(The New Schools Venture Fund)等基金会和保守主义智库推动,主张消除大学对教师教育的垄断,反对教师教育专业化议程,按照新自由主义和新保守主义议程,提倡教师教育市场化、私有化,放松对美国中小学的管制,普遍设立特许学校,允许特许管理组织管理公立学校①。

3. 解制教师措施

解制的教师教育把家庭和学生看作是消费者,根据教师怎样有效地传递商业化知识给这些消费者进行评价,把教师角色从关爱职业中转移出去,变成赤裸裸的商品交易关系。把教师理解为灵活的技术员,教师执行通过制定好的指令性课程,来满足州政府学习目标要求。要求教师教育项目增加自由艺术、任教学科课程,降低教师专业课程学分②。得克萨斯州甚至立法在教师教育项目中限制最低数量的专业教育课程。

(三)常识取向的议程

1. 常识议程的内涵

常识取向的教师教育改革议程是一种非专业化甚至反专业化的改革议程③。常识取向的代表人员是美国企业机构教育政策研究主任、教育未来执行编辑弗雷德里克·赫斯,他在2004年出版了《常识学校改革》一书,系统阐述了常识学校改革思想以及常识取向的教师教育改革④。常识取向的教学理念认为教师教学所需要的技能与人类日常生活并没有太大区别,将教学看成是一种仅凭常识就可以胜任的活动⑤。这一运动反映出在美国有700所没有经过认证的文理学院教师教育项目的利益诉求⑥。他们认为任教学科知识和教师的语言技能是决定教学成功的最重要因素,宣称课堂教学成功与教育学培训

① Kenneth M Zeichner. Teacher Education and the Struggle for Social Justice[M]. New York:Routledge Taylor & Francis Group,2009:14.

② Tom o. Donoghue, Clive Whitehead. Teacher Education in the English-speaking World:Past,Present, and Future. Charlotte:Information Age Publishing,2008:14.

③ 洪明.教师教育的理论与实践[M].福州:福建教育出版社,2007:46-47.

④ 洪明.美国教师质量保障体系历史演进研究[M].北京:北京师范大学出版社集团,2010:235-236.

⑤ 刘静.20世纪美国教师教育思想的历史分析[M].北京:北京师范大学出版社,2009:281.

⑥ Garry F. Hoban, edited. the Missing Links in Teacher Education Design:Developing a Multi-linked Conceptual Framework[M]. The Netherlands:Springer,2005:4-5.

没有直接相关性,号召取消州政府对教师资格证书的要求和许可,获得学士学位的毕业生,只要通过任教学科科目测试、没有犯罪记录就可以从事教学。

2. 保守主义推动

当前常识取向的教师教育改革主要是保守主义推动改革,曼哈顿机构研究员、福特汉姆基金会研究部主任马西·坎斯特罗姆(Marci Kanstoroom)博士早在美国1999年举行的众议院教育与劳动力委员会高等教育分委会的听证报告会上,就提出《提高教师质量:一种常识的建议》①,报告的签名包括2名州长、5名州的最高行政长官,以及州的学校董事会成员、著名教育思想家、资深顾问,还包括前美国教育部长比尔·贝内特(Bill Bennett)以及前三名教育部长助理,充分说明这是带有美国政府背景的势力集团推动的一种改革议程②。

(四)社会重建取向的议程

社会重建主义的教师教育认为学校和教师教育对社会迈向一个更加公平和人性的社会至关重要③,坚持教师教育必须为建立一个更加人性化和更加公平的社会做出贡献④。但是学校作为社会机构却再生产了社会不公正的阶层、种族和性别关系,当这些成为永久制度安排的时候,教师有道德义务反思和改变他们的教学实践和学校结构,用教学行动降低社会的不平等。⑤

1. 社会重建的改革措施

首先,从20世纪初开始,作为社会重建或社会公正价值取向基础上的教师职前项目关注教师作为社会改革的代理人地位。新学院(New College)在1932—1939年建立了综合社会基础的教师教育项目,该项目设计主要有两个目的:一是培养一流的小学和中学教师;二是作为教师教育实验室,培养国家的员工。新学院认为可以把教师培养成社会重建的领导者。新学院老师教育项目最重要的构成是综合性讨论班——问题课程和第一手经验的各种社区生活。新学院的教师宣布教师的工作是社区范围内的专业培养,扩

---

① 埃伦·康德利夫·拉格曼. 一门捉摸不定的科学:困扰不断的教育研究的历史[M]. 花海燕,等译. 北京:教育科学出版社,2006:234.

② 埃伦·康德利夫·拉格曼. 一门捉摸不定的科学:困扰不断的教育研究的历史[M]. 花海燕,等译. 北京:教育科学出版社,2006:233.

③ B. Robert Tabachnick and Kenneth M. Zeichner. Issues and Practices in Inquiry-oriented Teacher Education[M]. London:the Falmer Press,1991,8.

④ Daniel P. Liston and Kenneth M. Zeichner. Teacher Education and the Social Conditions of Schooling[M]. New York:Routledge,1990,35.

⑤ David Lee Keiser. Learners not Widget:Teacher Education for Social Justice During Transformational Times[J]. ResearchGate,2005:80.

大师范生的兴趣,增强师范生对人类生活问题洞察力,看到在广泛社会需求中的具体工作,给师范生提供各种各样与社会接触的机会,培养他们对社会的正确看法。所有的学生都需要掌握发展一种社区计划技能,邀请师范生至少在北卡罗来纳州学生农场工作和生活一个夏季学期。还要求他们在工厂里工作一个学期,在国外旅行和研究至少一个夏季学期,在纽约市参与各种各样的文化和商业旅行活动,要求教师教育者持续培养师范生的政治活动能力。

其次,哥伦比亚大学师范学院运用社会重建主义思想,把教育的社会基础作为教师培养方案的组成部分。在教师教育项目中开设了2个学期的教育的社会基础课程,教育的社会基础课程关注学校、社会和文化的基本问题,帮助师范生形成一种社会教育的哲学,使他们能够在未来的教育政策决定中扮演领导角色,做出明智决策。

最后,教育的社会基础课程由伊利诺伊大学的威廉·斯坦利(William Stanley)等[1]人组建的教育的社会基础核心小组积极推动,进而影响了整个美国的社会重建主义教师教育课程。教育的社会基础打破了学科边界,建立了跨学科的教育通识课程。尽管有很多知名的社会重建主义教育学家,但社会重建主义教育理论在美国教师教育项目中仍然处于边缘地位。

现在社会重建的取向教师教育改革项目主要采取两种措施:一是为以美国白人为主、英文为主的公立学校以及不断增加的少数民族学生的公立学校提供教师,强调社会文化意识和跨文化教学能力。二是努力招募更多的有色人种教师进入公立学校,以及建立特殊的项目为特定少数民族学生提供教师[2]。

2. 社会重建取向的反思教学

在社会重建取向的反思教学中,教师的目光集中在他们内部实践和他们实践的外部社会环境条件上。教师行动怎样维持或打断社会和学校现状至关重要。约翰·埃利奥特(John Elliott)认为制度的和社会的批判自然地就是反思过程的一部分。反思性实践意味着反思性自我意识。但是这种自我意识产生的洞察力受制于制度结构。教学反思实践意味着自我批判和制度批判。

反思教学的第二个特点是民主的和解放的冲动,教师需要审议不断上升的学校和社会中不平等和不公正问题,确认所有学校基本的政治特点。教师反思的中心是学校和教师工作本质产生的不公正问题。一方面认识到种族和社会阶层的不平等关系,另一方面是让师范生接近学校知识和学校成就以及课程生产过程的外部利益。解决这些问题需要教师在班级背景中进行。为让师范生理解美国社会的不平等,学校的教师教育项目的

---

① Daniel P. Liston and Kenneth M. Zeichner. Teacher Education and the Social Conditions of Schooling [M]. New York: Routledge, 1990, 31.

② Tom o. Donoghue, Clive Whitehead. Teacher Education in the English-speaking World: Past, Present, and Future[M]. Charlotte: Information Age Publishing, 2008: 16-17.

师范生要参加不少于 25 小时的社区志愿服务,帮助处于社会不利处境的人们。

除此之外,学生还需要阅读学校与社会相关问题的著作,如米歇尔·阿普尔(Michael Apple)和路易斯·韦斯(Lois Weis)的著作《学校中的意识形态与实践》(*Ideology and Practice in Schooling*),乔治·康茨(George Counts)的《学校敢于建立一种新社会秩序吗》(*Dare the School Build a New Social Order*),彼得·麦克莱恩的(Peter McLaren)《学校生活》(*Life in Schools*),大卫·纳索(David Nasaw)的《秩序训练》(*Schooled to Order*),卡罗琳·珀塞尔(Caroline Hodges Persell)的《教育与不平等》(*Education and Inequality*),莉莲·鲁宾(Lillian Breslow Rubin)的《世界之痛:工人阶级家庭生活》(*Worlds of Pain:Life in the Working - class Family*),让学生理解社会不平等问题对美国公立学校历史发展的影响,对当代学校的课程内容和形式的影响,对家庭和教育政策的影响;进一步讨论教育的角色和其他机构在改变社会不平等中的动力等。这些实践活动必须在真实的环境中进行①。

社会重建主义的第三个反思教学的特点是反思在社区活动中进行。社会重建取向教师教育者寻找创造一个社区学习,教师能够互相支持、共同发展。这种合作学习模式承诺教师教育者寻找双重价值,一方面在道德方面的公正和平等,另一方面互相关怀和热情帮助,让师范生思考改变不公平和不人性的社会和制度结构。该观点认为赋权教师个人采取行动还不够充分,如果教师与同事联合起来改变制度和社会将更有价值和意义。

(五)规制议程

1. 规制议程内涵

规制议程主要表现为不断增加的联邦和州政府对教师教育项目的微观管理,加强对教师教育入口和教师教育出口管理,严格招生标准,通过指定教师和教师教育者工作范围,约束他们做出专业决定、建构教师教育课程和项目,如文理主修专业,教育课程的数量、内容、任教学科准备的质量和类型,现场教学经验的类型和范围,等等。现在有 42 个州要求全州范围内的师范生参加测试评价,32 个州要求测试一门或更多的任教科目知识。所有的州必须向联邦教育部按年度提供教师教育质量报告,主要涵盖以下信息:各州对完成传统和实践取向的教师培养项目的学生的证书和执照要求;各州参与教师培养项目的毕业生评价通过率,各高等教育机构的通过率,以及各高等教育机构通过率排名;未完全认证或是持紧急和临时资格证的教师数量;确认质量较差的教育学院标准。最

---

① B. Robert Tabachnick and Kenneth M. Zeichner. Issues and Practices in Inquiry-oriented Teacher Education[M]. London:the Falmer Press,1991:123.

后,教育部长将全国教师教育情况及时报告给美国国会。[①]

2. 规制议程与解制议程的矛盾

美国教师教育规制与解制议程同时出现在政府的政策中,一方面对传统大学教育学院教师教育项目提出更高的标准和要求;另一方面鼓励实践取向的最低限度教师教育项目毕业生进入教师队伍。2003 年,美国教育部部长罗德·佩奇(Rod Paige)强调布什政府承诺提升教师学术标准,同时降低让很多天才的人们进入教学职业的障碍。这种反应是双重的,一方面制定更多的规则限制专业化议程教师教育项目,如提升大学教育学院责任,提升教师教育专业毕业标准、项目认证标准、资格证书颁发标准,甚至明确要求主修专业课程的数量、内容、主题。同时法律要求教育学院毕业生承担更多的提升中小学学生成绩的责任,而不考虑毕业生的工作条件。如果一名中小学校长抱怨某个教育学院的毕业生,那么这个教育学院就需要为此承担责任,大学教育学院需要因此整改。另一方面,很多公立学校面临教师短缺,建立实践取向的教师教育项目允许人们进入教师队伍。实践取向的教师教育项目的师范生只要获得学士学位并愿意从事教学工作,仅接受很少的教学实践培训,就可以获得教师资格证。当出现传统教师教育机构正在对他们的师范毕业生负责的时候,实践取向的教师教育项目的人则可以不需要任何教学培训就被鼓励成为教师的奇特现象。

美国教师教育学院联合会(The American Association of College of Teacher Education)主席大卫·依米格(David Imig)把这种现象解释为提升未来教师教育内容知识,同时降低教育学知识或教师教育知识要求。[②] 政府可以对实践取向的教师教育项目投资数百万美元,却对传统大学教师教育项目削减经费拨款。如表 2-2 所示。

————————

① Kenneth M. Zeichner. Teacher Education and the Struggle for Social Justice[M]. New York:Routledge Taylor & Francis Group,2009:16.

② Tony Townsend,Richard Bates. Handbook of Teacher Education[M]. The Netherlands:Springer, 2007:6.

表2-2 教师教育改革议程①

改革议程	教师教育评价方式
专业化教师教育改革议程	**教师教育成果**
	长期影响
	全州教师测试
	绩效评价
解制教师教育改革议程	**教师教育项目**
	任教学科培养
	教育学基础培养
规制教师教育改革议程	现场工作经验

（六）技术取向的议程

技术取向的改革议程认为教师是技术人员，强调教学的知识和技能，教师培养主要是保证教师能够熟练完成教学任务，目的是为各级学校造就大量熟练劳动力。② 教师自身没有个性化和创造性发展空间，强调教师绩效责任和指令性课程。

1. 技术取向的内涵

技术取向的改革议程认为教学具有某种程度的功能性技术角色，其目的是培养有效执行教学任务的人。教学是经过一段时间积累的一系列技能和能力体系。学习教学来源于对教学的科学研究。由专家人员根据科学实验设计好一整套的技术知识运用原则，指导新手教师何时使用和怎样使用这些技术知识，教师成为随时可以被替代的技术工人和劳动力。技术取向的教师教育评价采用行为主义方式，强调可观测和可测量的结果，对标准化测试倍加推崇。③

2. 技术取向的不足

技术取向的教师教育损害了教师专业人员的努力，而且无法解决教师专业实践的复杂性要求，消解了教师教育的合理性。极端的技术导向的教学观，则将教师训练看成是不可能的，因为教学是一种天赋。④

---

① Tom o. Donoghue, Clive Whitehead. Teacher Education in the English-speaking World: Past, Present, and Future[M]. Charlotte: Information Age Publishing, 2008:8.
② 洪明. 教师教育的理论与实践[M]. 福州: 福建教育出版社, 2007:53.
③ 周钧. 美国教师教育理论与实践[M]. 北京: 北京师范大学出版社, 2015:88.
④ 周钧. 美国教师教育认可标准的变革与发展: 全美教师教育认可委员会案例研究[M]. 北京: 北京师范大学出版社, 2009:283.

(七)发展主义议程

1. 发展主义的三个隐喻

发展主义的教师教育有三个隐喻：教师是自然主义者、教师是艺术家、教师是研究者①。教师作为自然主义者强调观察儿童技能的重要性，建立与儿童发展模式和儿童兴趣相一致的课程和班级环境。课堂实践建立在自然环境下密切观察和研究儿童或文献研究基础上。培养未来教师的观察行为，制定建立在观察基础上的儿童活动计划，从儿童活动中学习教学，是发展主义重要的教师教育改革建议。

教师作为艺术家的发展主义者主要包括有两个方面：一方面，作为艺术家的教师需要对儿童心理发展有深刻理解，通过为儿童提供丰富的和富有激励性的学习环境引导儿童活动，激发他们的学习兴趣。另一方面，为实现这一目的，教师需要成长为具备广泛意识和多种能力的人，为师范生提供各种各样的经验如舞蹈、创造性戏剧、写作、绘画、讲故事的经验，以便他们能够向学生展示一个开放性的、探究性的、创造性的态度。

教师作为研究者，要求教师具有教育科学研究能力，掌握教育科学研究的方式和方法。

2. 按照儿童发展设计教师教育课程

教师教育发展主义议程，根植于以 G. 斯坦利·霍尔等为代表的发展心理学家在 20 世纪初开展的儿童研究运动②，认为学习者发展的自然秩序是决定学生学什么和教师教什么的依据。儿童发展的自然秩序可以通过认真观察研究和描述不同发展阶段儿童行为的方式决定。在实践方面，银河街教育学院(Bank Street College of Education)建立者露西·米歇尔(Lucy Sprague Mitchell)用科学研究儿童行为，并在儿童成长研究基础上设计学校环境和课程。

3. 按照儿童中心设计教师教育课程

发展主义的教师教育批判常规的教师教育机构不能提供创造性的和富有想象力的教师，他们感觉到机械的方法培养出来的教师只会导致机械的和被动的儿童教学。只有教师清晰理解发展主义哲学和儿童成长和发展方式，才能真正地从事儿童教学工作。他们运用儿童中心理论培养教师，主要体现在进步教育学校中，营造支持性的和激励性的环境，培养支持儿童的教师。

---

① Daniel P. Liston and Kenneth M. Zeichner. Teacher Education and The Social Conditions of Schooling [M]. New York：Routledge，1990：22.

② Daniel P. Liston and Kenneth M. Zeichner. Teacher Education and The Social Conditions of Schooling [M]. New York：Routledge，1990：2.

4.发展主义教师教育项目案例

在 20 世纪 30 年代进步主义的教师教育项目主要有师范生合作学校、银行街教育学院以及密尔沃基州立教师学院(Milwaukee State Teachers College)。

20 世纪 60—70 年代,知名的发展主义的儿童中心项目有四个:①北达科他大学的教学和学习中心、②弗蒙特大学的美国小学实验项目、③俄亥俄州的非正式课堂教育项目、④马萨诸塞大学的综合日项目①。它们的主要特点是承诺教师参与个人学习,运用直接经验,鼓励儿童交流。在交流中,使用观察、阅读、会话与写作技能,根据皮亚杰著作理解儿童发展。明尼苏达大学心理学教育项目让教师教育者运用认知发展阶段理论,设计项目内容,根据个人高级阶段特点理论,设置师范生教育目标,有助于师范生进入更高的发展阶段。

最知名的发展主义教师教育项目是加州大学伯克利分校的发展教师教育项目,认为教师作为自然主义者是最好的教学培养方法。学生需要学习认知心理学理论、社会学理论、伦理学理论、语言发展理论,然后把各种各样的发展原则应用到数学教学、科学教学、文学教学中,项目毕业获得硕士学位。毕业后安排在 5 所不同的学校,完成项目最初设计的发展和教育目标。

(八)能力取向

1.能力取向的发展

美国出现能力或表现基础的教师教育是由于应用行为主义心理学方法在产业界培训工人和在"二战"中培训士兵得到启发。美国教育部开发了以 9 个能力为基础的小学教师教育项目,运用系统分析和工作分析确定教师教育课程,后来的教师队伍全部是以能力为基础的教师教育项目。全部采用能力模式的教师教育仅有 13%,最有名是休斯敦大学和托莱多大学(The University of Toledo),强调师范生获得具体可以观察的与学生学习相关的教学技能,是师范生的行为表现而不是完成具体的课程工作,被认为是最有效的评价教学能力的方式。有些能力模式的教师教育项目设计了几百个甚至上千个能力。

能力模式开发的教学的、管理的和评价系统,监督师范生能力掌握情况。斯坦福大学开发了微格教学(Microteching),这是一种系统地传授给学生教学技能的方法。首先把复杂的综合的教学策略分割成不连续的技能,其次由师范生与一小群学生用摄像机在较短的时间记录教学练习,教学之后,师范生会收到指导者有关教学技能的细节反馈,最后找出教学的优势和不足。如果师范生的教学技能没有达到最低限度的教学标准,那么他

---

① Daniel P. Liston and Kenneth M. Zeichner. Teacher Education and The Social Conditions of Schooling [M]. New York:Routledge,1990:25.

们将会再次选择小组学生再次教学。

微格教学后来被旧金山的远西实验室(The Far West Laboratory)转变为微课程(Mini-course),一部分微课程转变为阅读和电影。这些课程能使师范生掌握重要的教学技能,包括有效提问、辅导数学、组织幼儿园独立学习和小组讨论,并设计开发与之相关的协议材料和模拟材料。后来开发了系统的课堂观察系统,评价各种各样的教学行为,技能培训模式,如模范教学方法。能力取向的教师教育强调教师评价,提供一个吸引实践取向的教师项目代替传统的教师评价方式,依赖师范生在工作场所完成一系列任务表现进行可验证测试[①]。要求师范生参加标准化的纸笔基本技能测试,包括阅读、写作和数学或者其他学术技能,包括普通文化科学知识和任教学科知识等,显示师范生已经具备了必备的最低水平知识。

2.能力取向的不足

首先,对能力模式教师教育进行批判的是人文主义教育者佛罗里达大学的阿特·库姆斯(Art Combs),主要集中在对行为心理学的批判,认为能力取向侵蚀了教师成长的意义。

其次,能力取向的批判者认为能力取向教学理念要求师范生完成最低标准,实际上是鼓励平庸而不是追求卓越。批判集中在评估的信度方面,能力取向的教学理念许多评估最终都转换为了在工作环境中实践者的评估,是实践者在自己的局域的环境中进行的,这被指责为削弱了标准的可信度。

最后,能力标准分类的认识论逻辑分类存在问题。功能分析和任务分析把职业或工作分成若干个关键的要素,将这些小的要素分成若干个目标,再根据这些目标分解出行为,产生具体的行为标准,于是就形成了关于教师职业标准的树状结构图。问题在于概念层次的能力分解逻辑,并不一定符合实际工作中职业活动分解的逻辑,在概念上这是两种不同层次的问题。各种职业活动可以被理解为具有层级关系,而在实际工作中则不能。在专业工作中,一个人做什么和如何做两者之间的关系极为复杂,不能简单地以层级关系来界定[②]。

(九)社会效率取向

1.社会效率取向内涵

社会效率取向的教师教育项目认为对教学的科学研究,决定了教师教育课程设计的

---

① Ruth Heilbronn. Teacher Education and the Development of Practical Judgement [M]. Norfolk: Continuum International Publishing Group,2008:22.

② 美国教育部中学后教育办公室.美国教师质量报告:如何培养高质量的教师[M].朱旭东,等译.北京:人民教育出版社,2016:61.

基础,其战略是培养教育家,并在大学内部获得合法性。社会效率坚持用科学的方法无数次打破和分析教学任务到很小的部分,围绕教学任务分析,建立教师教育项目。

2.社会效率实践

最著名的社会效率取向的科学课程项目是联邦教师培训研究,项目批判当时的教师教育项目缺乏清晰的目标和逻辑程序计划。1925年,查特斯(W. W. Charters)等人用联邦教师培训提供的4.2万美元资助深入研究了教师的责任和特点,为师范生传授的知识和技能提供必要的科学基础。他通过邮件调查了42个州有经验的教师,列举了1001个教学行动,并将他们分成7个主要领域,如课堂教学、学校和班级管理等。表现出上述教学行为和掌握了83个教师特点的就是好教师①。

尽管采取社会效率的教师教育项目有较低的比例,但是现在社会效率模式仍然以研究基础的教师教育标签的改革继续存在。费曼-内慕瑟(Feiman-Nemser)确认用两种不同的方式解释社会效率。一是,她描述一个技术视角,目的是展示师范生促进学生学习成果相关的技能和能力。这种狭义地解释社会效率的观点强调教学实践符合教学标准。第二,美国教师教育把教学研究的发现用于更广泛的决策过程和问题解决过程。使用教学研究的核心是培养教师使用研究建议和资源做出独立判断的能力。这种教学并不完全忽视学校的社会背景、平等和社会公正问题、学生理解和性格发展或科目内容,强调清晰使用普通教学技能和策略的智力。

还有一个佛罗里达大学的专业教学项目通过研究发现的方式建立教师教育项目,包括项目课程内容、分配课堂时间、小组实践、质疑和班级管理。现在的社会效率模式采取的描述课堂、研究教师思维等建立在因果关系基础上的人类学习和行为之间的研究。尽管传统的微格教学已经慢慢在文献中消失,新的认知取向的、反思性教学研究等用电脑模拟的方式培训项目和技能训练开始不断出现。

五、实践取向的教师教育发展

在师范学校诞生之前,美国的教师教育主要是经典的自由艺术教育作为教学的唯一准备。殖民地时期哈佛大学的毕业生在正式就业前客串一段时间的中小学教师,无疑是当时用人单位求之不得的高质量的教师教育②。1844年,马萨诸塞州教育委员会秘书赫拉·斯曼(Horace Mann)并不赞同导师制教师培养模式。他从欧洲考察后写道:我在英格兰、苏格兰和爱尔兰看见很多兰卡斯特(Lancasterian)或导生制教师培养形式,法国也

---

① Daniel P. Liston and Kenneth M. Zeichner. Teacher Education and The Social Conditions of Schooling [M]. New York:Routledge,1990:14.

② 埃伦·康德利夫·拉格曼.一门捉摸不定的科学:困扰不断的教育研究的历史[M].花海燕,等译.北京:教育科学出版社,2006:241.

有一些,其残留部分的痕迹也能在普鲁士的贫穷学校看到,但是却没有出现在荷兰和德国的很多州,在这些国家中公民要求取消这种教师培养制度①。

在教师教育制度化以后,中小学再次成为教师培养的主要组成部分,并逐渐产生一种以实践为主的教师教育模式。二战之后,美国推动军转教师项目,主要是在中小学的课堂里进行的教师培训,达到既可以解决军人就业问题,又能补充中小学教师的目的。20世纪80年代以来,实践取向的教师教育逐渐因教师短缺问题、新自由主义市场化改革,人们对传统教师教育质量不高,以及保守的智库、慈善基金会、政府推动的一次绕过大学进行教师培养的教师教育模式,有的以大学为主,有的以学区为主,有的是私人企业为主,也有混合的项目,且规模不断扩大,影响日甚,已经成为与传统大学教师教育分庭抗礼的教师教育模式,成为传统教师教育之外重要的教师教育资格路径②。现在全美50个州和哥伦比亚特区都有某种形式的实践取向的教师教育模式,在新泽西、得克萨斯州实践取向的选择性教师资格证书获得者进入教师队伍的已经达到了50%,形成了全国性的专业协会组织——全美选择性教师培养中心(National Center for Alternative Preparation of Teachers)和选择性教师证书联合会(The Texas Alternative Certification Association)以及其他类似的组织③。

然而大部分实践取向的教师项目主要源于关键地区教师短缺时代增加教师供应的临时性权宜之计,其最大特点是简化教师培养,招收学士学位获得者,制定灵活培养方案,辅之以课堂教学实践指导,成为职业转换者、非白人教师在经济下行时代不错的选择,同时又能弥补贫困地区和个别学科教师短缺。

(一)早期实践取向的教师教育

当前美国实践取向的教师教育早在20世纪60年代就已经出现,1965年约翰逊总统时期建立了一个和平队伍(Peace Corps)志愿者项目,培养年轻人在贫困的都市地区服务,志愿者通常毕业于自由艺术专业,吸引了众多不同背景的具有公共服务精神的年轻人到都市地区提供社会服务,其中有3500名志愿者在接受完基础培训后,获得临时教师资格,然后走向贫困地区中小学课堂任教2年。全美的军转教师项目,是支持退伍军人

---

① Anne Edwards, Peter Gilroy, and David Hartley. Rethinking Teacher Education: Collaborative Responses to Uncertainty[M]. London: RoutledgeFalmer, 2002:67.

② 埃伦·康德利夫·拉格曼.一门捉摸不定的科学:困扰不断的教育研究的历史[M].花海燕,等译.北京:教育科学出版社,2006:241.

③ Christopher J. Lucas. Teacher Education in America: Reform Agendas for the Twenty-first Century [M]. New York: St. Martin's Press, 1997:164.

经过培训后进入中小学课堂的项目,从 1965 年到 1981 年花费了大约 5 亿美元的联邦资金①。

(二)20 世纪 80 年代实践取向的教师教育

1978 年,新泽西开始酝酿实践取向的教师教育项目,1983 年 12 月,新泽西学院(New Jersey Colleges)的教师培养研究委员会主席托马斯·基恩(Thomas Kean)宣布即将实施实践取向的教师教育培养方案。新泽西学校理事会联合会(The New Jersey School Boards Association)、新泽西校长和督学联合会(The New Jersey Principals and Supervisors Association)、州高等教育董事会(The state's Board of Higher Education)、新泽西商业学院官员联合会(The New Jersey Association of School Business Officials)普遍同意这一方案。

新泽西教育联合会(New Jersey EducationAssociation)、新泽西联邦教师(The New Jersey Federation of Teachers)、在新泽西教师教育学院联合会(The New Jersey Association of Colleges for Teacher Education)等教师工会和教育学院反对这一变革,经过 3 个月的讨论,实践取向的教师路径终于落地成为法律,新泽西州建立了美国第一个实践取向的教师教育项目。1982 年,弗吉尼亚州执行了第一个全州范围内的实践取向的教师资格证书项目。由于实践取向的教师教育项目采取灵活多样的教育教学活动,能够满足大学毕业生或中途转变职业者的需要,吸引着很多的教师候选人参与此项目。因此,在就业不景气的时代,对中途改变职业者来说具有很强的吸引力②。至此,美国教师教育进入一个实践取向的教师教育影响不断扩大的时代,逐步成为教师培养的新路径。

(三)20 世纪 90 年代以后的教师教育

如果说 20 世纪 80 年代的初衷是解决教师短缺,那么 20 世纪 90 年代的实践取向的教师教育则主要是为了寻找比传统学院培训更好更高质量的教师。越来越多的政府官员、立法者、教育部门领导、学校和社会公众接受了实践取向的教师教育理念和实践。除了项目的数量和质量不断得到提高之外,实践取向教师教育的定义在学术界也逐渐获得较为一致的界定。在传统大学为主的教师中,有 87% 为白人,13% 为少数民族。而在实践取向的教师教育中有 79% 的教师是白人和 21% 的教师属于美国的少数民族,促进了美国教师来源的多元化,为美国急需教师的学校培养了大量合格的教师。而且实践取向的

① Michael Usdan,et al. Leadership for Student Learning:Redefining the Teacher as Leader[R]. School Leadership for the 21st Century,2001:16.

② Pauline Musset. Initial Teacher Education and Continuing Training Policies in a Comparative Perspective:Current Practices in OECD Countries and A Literature Review on Potential Effects[EB/OL]. www. oecd. org/edu/calidadeducativa,2009-10-22.

教师教育培养的教师比传统教师更愿意从事数学和科学的教学工作。

六、结论

美国实践取向的教师教育发展具有悠久的传统,从传统上来讲,美国教师教育经历了殖民地时期、建国后时期、专门教师教育机构时期,形成了教师资格证书和教师教育认证等制度体系,规范了教师教育招生、运行、毕业等制度,提升教师质量。在发展的过程中涌现了专业化取向、解制取向、常识取向、能力取向、人格取向、技术取向、社会效率取向、进步的新自由主义取向等教师教育改革理念和思想,为最终形成今天的实践取向的教师教育项目奠定了理论和思想基础,提出了发展思路。

美国实践取向的教师教育起源于20世纪60年代的政府建立的和平队伍项目,号召青年才俊到贫困地区公立中小学服务2年,获得教师资格证书的尝试。经过20世纪80年代的缓慢发展,到21世纪初才形成了种类繁多、运行体制机制成熟、质量标准较为统一、影响范围较广的教师教育项目,逐步成为与传统教师教育互相补充、互相竞争的新型混合型教师教育模式。

第三章
迎接挑战型模式——驻校教师项目

迎接挑战型实践取向的教师教育模式主要是为了解决都市学区质量低下、教师流失率高居不下、教师工会经常组织罢工、正常的教学秩序难以得到维持的严重问题,采用市长控制公立学校系统治理结构,用市场化方式推动发展薄弱者转变为特许学校,所需师资主要从当地驻校教师项目培养中得以解决,芝加哥驻校教师项目是这一模式的典范。驻校教师的另一个典范是波士顿驻校教师项目,主要解决学区内多种族学生所需的任教科目短缺和特殊教育教师资格短缺的挑战,项目毕业生主要获得任教科目教师资格证书和特殊教育教师资格证书。二者在项目的使命、运行机制、资金来源、毕业生安置等方面存在相同点和不同点。

驻校教师在模仿住院医师的基础上,以中小学课堂实践为主要教育教学实践基地,紧密结合教学理论与教学实践,以小队形式在辅导教师支持下,经过 1 年时间的教学实习,获得教师资格证书和教学艺术硕士学位的项目。驻校教师项目一般都有很好的经费保障基础,经费主要来自非盈利的私立组织,辅导教师最高可以获得占他们薪水 20% 的津贴,驻校教师也可以在 1 年的驻校学习生活中获得第一年薪水的 30% ~ 50% 的生活津贴[1],这一财务安排允许驻校教师专心致志地学习如何教学,同时换取他们承诺在学区高需求学校或高需求学科任教 3 ~ 4 年。

驻校教师在驻校期间,虽然承担学区教学服务获得薪水,然而他们并不被认为是通常意义上的职员。不像其他实践取向的教学证书模式,驻校教师只有临时身份,不能作为全职课堂记录教师提供服务。他们的管理属于地方学区,代表了教师教育的第三条道路[2]。

---

① Bryan Wehrli. Locus and Praxis in the Denver Teacher Residency[D]. The University of New Mexico, 2014:11.

② Bryan Wehrli. Locus and Praxis in the Denver Teacher Residency[D]. The University of New Mexico, 2014:12

一、驻校教师概念

美国联邦政府界定的驻校教师是指学校基础的教师教育项目,包含以下几个要素:一是驻校教师在辅导教师辅导下一起工作1个学年;二是驻校教师同时接受来自学区或驻校辅导教师辅导,获得任教科目内容和教育教学方法辅导;三是获得计划、内容、教学法、学生学习、评价、课堂环境管理、专业责任、家长和同事互动的知识和能力;四是在项目结束的时候获得硕士学位和教师资格证书;五是作为记录教师,接受不少于两年的结构化入职辅导支持①。

美国教育联合会对1年期驻校教师提供以下建议。

一是教师和教学。所有的教师应该为他们第一天承担教学责任时做好准备;师范生应该展示有效课堂实践需要的技能、知识和倾向;在成为记录教师之前,每一名教师都应该参与驻校教师项目。

二是驻校教师指导原则:①驻校教师开发的目标应该不仅为了培养未来的教师,而且作为一种服务机制,推动学校更新和学生成绩提高;驻校教师项目应该通过地方伙伴关系开发,把教师培养提供者、学区和其他利益相关者召集在一起。②驻校教师合作伙伴应该一起决定学习什么经验——需要多少时间、哪些资源以及临床经验的质量——师范生需要为成为专业人员做好准备。③驻校教师合作伙伴需要一起工作,确保下列签名文件落到实处,包括一个选拔、培训、反馈的临床教育者计划——这些学校基础的和提供者基础的教师将被用来培训师范生;培养的课程,连贯地整合了所有临床经验和课程;为师范生提供教学计划和临床实践机会,与临床教育者和同伴一起分析和反思他们的教学实践;经常评价和反馈师范生教学实践,提升他们的技能;项目结束要求驻校教师展示能够成功完成课堂教学知识和技能绩效评价。④驻校教师伙伴需要开发数据系统,持续支持和评价师范生和教师培养项目,允许学区和教师教育项目举办者互相交换信息②。

总之,驻校教师是在住院医师模式的基础上,面向都市或乡村学区培养学士后教师的项目。在这种模式中大学退居二线,不承担项目运行费用③。驻校教师需要1年的课堂学徒经验,跟随辅导教师学习教学知识和技能,并逐渐承担课堂教学责任。项目强调关注教师培养的背景、内容,以便能够在高需求课堂中成功任教,与此同时学习研究生层次的课程。在成为独立的课堂教师之前,驻校教师必须通过课堂基础的表现评价,证明

① Leah Wasburn-Moses. A National Descriptive Survey of Teacher Residency Programs School[J]. University Partnerships,2017,10(2):33-42.

② Ann Nutter Coffman,et al. Teacher Residencies:Redefining Preparation Through Partnerships[R]. NEA Center for Great Public Schools Teacher Quality Department,2014:6-7.

③ Bryan Wehrli. Locus and Praxis in the Denver Teacher Residency[D]. The University of New Mexico, 2014:10.

做好了任教科目准备,拥有教学需要的知识和技能,通过相关评价之后,获得教师资格证书和教学艺术硕士学位。驻校教师在职前需要承诺在都市公立学校服务 3～4 年①,而且公立中小学在雇佣教师之前,就能够观察和评价驻校教师教育教学能力,降低雇佣不合格教师的风险。

二、驻校教师探索——卡多佐项目

(一)卡多佐项目建立

驻校教师最早出现在 1963 年的华盛顿特区的卡多佐项目(The Washington, D. C. Cardoza Project in 1963),建立者是斯坦福大学教育学教授拉瑞·库班(Larry Cuban)②。他认为聪明的和有能力的大学毕业生已经拥有了都市教学的智力技能,可以通过师徒模式学习教育学技能。

(二)卡多佐项目运行

卡多佐项目第一年有 3 名职员和 10 名驻校教师,由少年越轨行为总统委员会提供资金和经费。1966 年,卡多佐项目转移至哥伦比亚公立学区,该学区每年给卡多佐项目拨款 90.9 万美元,为该学区培训 114 名教师。

项目招聘那些没有接受过正式教育培训、没有教师资格证书,但希望在华盛顿特区城市中心教学的人。项目采用学徒制,申请者在辅导教师的指导下学习教育教学技能。卡多佐项目主要从黑人大学和学院招聘黑人驻校教师和黑人辅导教师,使项目主要为黑人高中学生服务。1969—1971 年,项目领导和驻校实习教师参与过联邦政府卫生、教育和福利部的工作坊和讨论班,随着专业发展经验的不断增加,项目开始关注教师问责和能力基础的培训,同时确保参与社区活动作为项目的必要组成部分。

卡多佐项目从为卡多佐高中培养教师发展到为该学区的 19 所高中培养教师。后来项目转变为华盛顿都市教师队伍(The Urban Teacher Corps),项目周期 14 个月,驻校实习教师夏季在安提克学院(Antioch College)、天主教大学(Catholic University)、霍华德大学(Howard University)、三一学院(Trinity College)学习学术科目,在此期间毕业生获得研究

---

① Jori S. Beck. Changing the Narrative of Teacher Preparation: A Case Study of Faculty Methods at an Urban Teacher Residency[D]. George Mason University, 2014:5

② Sophia Ra, Preservice Teachers' Entering Beliefs and Preconceptions About Teaching for Social Justice[D]. George Mason University, 2017:9-10.

生教育学分,强调把教育学和课程结合在一起,适应处境不利儿童的学习,完成全部科目后获得教学艺术硕士学位和教师资格证书。

(三)卡多佐项目组成

项目包括三个部分:强调有指导的驻校实习教师制度;专业发展的研讨班;社区参与。驻校实习教师沉浸在都市课堂,在指导教师指导下,采用做中学的方式学习教学,鼓励采用新方法和课程激励都市处于不利处境学生的兴趣和提升他们的学习成绩。驻校实习教师与辅导教师在课堂上互动交流,营造了一种有经验教师与新手教师在职讨论和发现问题的氛围,促进新手教师在这种经验实验室不断成长。

卡多佐项目小学驻校实习教师从事半天教学,在高中或中等教育学校每天上午从事2小时教学,下午或放学后,驻校实习教师参加教学讨论班。团队领导会观察驻校实习教师的教学,驻校实习教师也会观察辅导教师教学,以便学习怎样参与学生学习,管理班级程序和行为,有效使用教学日历,解决纪律问题,完成每日学习目标。

因为项目运行太过昂贵,新的哥伦比亚学区督学上任后,于1971年被华盛顿市哥伦比亚学区取消。

三、驻校教师产生原因分析

驻校教师项目建立者认为都市学生成绩差距过大的原因是很高的新教师流失率、较低的教师质量及法律要求缩小都市地区学生成绩差距的强制性要求(图3-1)。由于传统的大学教师教育培养的教师很难在这里留下来,实践取向的教师教育项目培养的教师又缺乏课堂实践锻炼,地方学区开始在政府的支持下培养都市驻校教师,在县教育办公室支持下举办乡村驻校教师项目,培养留得住、教得好的高素质教师。

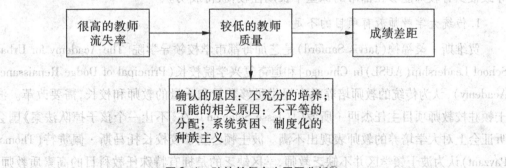

图3-1　驻校教师产生原因分析①

---

① Laurence B. Boggess. Home Growing Teacher Quality: District Partnerships With Urban Teacher, Residencies[D]. The Pennsylvania State University, 2008: 8.

（一）教师短缺的原因

一是都市中心和偏远农村地区的公立学校，由于低薪水、较差的工作条件导致很难招聘和留住教师，结果很多学校特别是最脆弱学校经常面临"旋转门式"的教师，学生成绩每况愈下。高流失率又导致新教师不能做好充分的任教准备，进而导致其流失率达到传统教师流失率的2倍。

二是教师工会合同要求裁员，按资历倒挂的顺序解雇教师，这种方法就是"第一个雇佣，最后一个解雇（First Hired，Last Fired）"，这很难确定一个最公平的方式确定谁应该离开，什么时候离开。同时工会雇佣合同要求学区保证调离的教师有新岗位，结果各地中小学校长隐瞒教师空缺岗位，避免出现超编教师。另外，学区很难与教师工会在集体谈判协议中废除给资深教师优先的课堂和教学任务的权利，导致在整个学区内不平等的分配高质量的、有效的和富有经验的教师，也会导致薄弱公立学校教师流失率居高不下。

三是在线申请过程不能随时更新，申请者很难发现准确的岗位空缺信息。

四是市中心学区和州政府经费拨款公式、城市中心降低的税收基础，以及较低的绩效表现形成的担心学校关闭的文化等也影响都市中心学区教师的留职率。

五是教师辞职或退休通常不会出现在学区的离职计划中，一直等到暑假即将结束，给学区的时间太少而不能雇佣到合适的代课教师①。

六是滞后的学校系统预算和不充分的学生人数预测，都会影响都市学区雇佣实践，进一步加剧了教师短缺。

（二）传统教师和实践取向的教师不足

不论是传统的教师教育项目还是一般实践取向的教师教育项目，都有各自的不足，导致很少有教师能够在都市的课堂中长期任教，获得成功。

1. 传统大学教师教育项目的不足

贾维斯·桑福德（Jarvis Sanford）是芝加哥都市学校领导学院[The Academy for Urban School Leadership（AUSL）in Chicago]和道奇复兴学院校长（Principal of Dodge Renaissance Academy），认为传统的教师培养没有提供足够数量和质量的教师和校长，需要改革。波士顿驻校教师项目主任杰西·所罗门（Jesse Solomon），在《不让一个孩子掉队法案》国会听证会上对大学培养的教师表现出不满。波士顿公立学校校长托马斯·佩赞特（Thomas Payzant）认为波士顿学区并不缺乏教师，学区缺乏的是拥有特殊任教科目的高素质教师、

---

① Emily Cohen，et al. Human Capital in Boston Public Schools：Rethinking How to Attract，Develop and Retain Effective Teachers[D]. The National Council on Teacher Quality，2010：5.

拥有波士顿学区课堂特殊技能的教师以及承诺长期在该学区任教的教师。地方高等教育机构却不能为本学区高需求学校培养这些急需的教师。因此,波士顿学区将直接与高等教育机构竞争培养教师。

(1)师范生学术成绩差　由于各方面原因,传统大学教师教育项目很难连续一致地吸引高学术成就者进入大学教师教育项目。从 20 世纪 50 年代到 2000 年,美国进入教学职业的教师学术成绩是下降的,不论是 SAT 测试分数还是大学的选拔性来说。另外,高中班级成绩靠前 10% 的学生进入教学职业的比例也在下降,已从 1964 年的前 20% 下降到 1992 年前 4%[①]。

(2)传统项目制度存在问题　一是大学教育学院教师教育课程方案安排存在问题。很多教育者认为教师培养各个部分包括以学科为基础的科目知识培养、以教育学院为基础的教育课程、以教学实践为基础的中小学安排,使得课程与教学实践分离,专业技能与课程分离,文理科目教师与教育学教授分离,导致师范生学习的知识和技能支离破碎,需要师范生自己综合这些知识和技能。

二是不充分的时间。四年的本科学习很难学习科目内容、儿童发展、学习理论、有效教学策略。小学教师培养弱化学科内容知识,中学教师培养弱化学习者知识和学习知识[②]。

三是没有激励的教学方法。未来教师需要积极的学习、手脑结合的教学,他们必须自己经历这些,但是传统的讲座和背诵仍然主导了大学教师教育课程,而且仅要求完成 100 个小时有指导的临床教学实践,不能满足师范生在复杂教学环境中任教的需求。大学教师教育项目的毕业生从事教学后,没有想着在都市地区任教,同时缺乏资源和结构为大学教师教育项目毕业生提供系统的入职辅导支持。

四是肤浅的课程。传统的项目关注学科内容方法和一知半解的教育心理学,师范生不能深入学习儿童如何学习、怎样理解和控制真实的教学实践问题,缺乏班级管理、与英语学习者和多样性学生交流理解的特殊技能,不能满足都市地区教学面临的挑战和期望。

五是缺乏对大学项目的有效问责。虽然大学教师教育项目为解决这些问题建立了大学与中小学合作的专业发展学校。但合作主要是大学推动的合作,专业发展学校没有州政府预算拨款支持,并不能完全执行这种合作,另外,问责系统不能保证统一的质量和专业发展学校的可持续发展。

---

①　Sean Kelly,Laura Northrop. Early Career Outcomes for the "Best and the Brightest":Selectivity,Satisfaction,and Attrition in the Beginning Teacher Longitudinal Survey [J]. American Educational Research Journal,2015,52(4):624 – 656.

②　Linda Darling-Hammond,Jeannette LaFors and Jon Snyder. Educating Teachers for California's Future [J]. Teacher Education Quarterly,2001,28(1):9-55.

2. 实践取向的教师教育项目不足

一般实践取向的教师教育项目大多属于应急教师项目,师范生仅接受几周的夏季学期培训,就被安置在中小学课堂里全职从事教学工作,其主要不足有以下几点。

第一,应急教师资格授予那些没有接受正式培养,甚至没有大学学位的人。

第二,州政府要求从各种背景中选拔候选人,要求学科测试,而不是任教科目和相关经验测试,这一要求产生学非所教问题,这个问题在中学更加突出。如工程师从事数学教学。

第三,在新教师进入课堂之前,仅有几天到几个月短暂培训,而且在培训的学习中缺乏建构性的反馈。新教师很少有机会学习怎样从事多样性学习者的教学。在一个有限的和指定性的课程中,过于强调在特定背景中培养教师,导致缺乏专家教师的教学实践指导和教育教学基本理论学习①。

第四,缺乏问责。学区实践取向的教师教育项目一般缺乏辅导教师或者督导教师,而且他们很难认真细致地观察新手教师课堂教学表现,仅通过学生成绩判断师范生是否是一位合格的教师。

3. 政府支持

大部分的驻校教师项目是美国国会 2008 年通过的高等教育机会(The Higher Education Opportunity Act of 2008)拨款法案之后建立的,美国教育部拨款 1.43 亿美元建立或扩展 28 个驻校教师项目②。还准备在下一个中小学教育法授权的时候,继续支持驻校教师项目③。法案的拨款要求地方政府或州政府给出相应的配套资金。纽约市总审计长斯科特·斯特林格(Scott M. Stringer)认为在纽约市拨款 4 000 万美元建立一个驻校教师项目,每年安置 1 000 名教师到纽约市的公立中小学,将能够显著地提升教学质量和教学队伍的稳定性,在这样一个存在巨大不平等地城市公立学校中,有一个一致的高质量和经过良好培训的教师将会帮助全美最大的学校教育系统带来更多平等。此后,纽约市建立了以纽瓦克驻校教师为代表的驻校教师项目。

四、教师教育三个空间理论

教师教育三个空间理论认为教师教育主要以三个空间为主进行教师教育,实践取向

---

① Barnett Berry and Diana Montgomery. Urban Teacher Residency Models and Institutes of Higher Education:Implications for Teacher Preparation[R]. Center for Teaching Quality,2008:1-31.

② Emily J. Klein,et al. Finding a third space in teacher education:creating an urban teacher residency [J]. Teaching Education,2013,24(1):27-57.

③ John P. Papay, et al. Does an Urban Teacher Residency Increase Student Achievement? Early Evidence From Boston[J]. Educational Evaluation and Policy Analysis,2012,34(4):413 - 434.

的教师教育属于第一空间,传统大学教师教育属于第二空间,驻校教师项目属于第三空间或第三条道路。

(一)第一空间教师教育

第一空间的教师教育是指一部分学区举办的实践取向的教师教育项目,使用临时教师从事课程教学。项目主要在学校现场进行教育教学实践,忽视教育理论和教育研究的价值,大学教师仅是一个辅助性角色,教师教育者缺乏或者仅用于外围工作,项目强调学校实践的工作人员,没有提及大学教师。最重要的是社区知识没有包括到这些项目中。

(二)第二空间教师教育

第二空间项目是大学教师教育项目,教育理论与教育实践松散地联系在一起。师范生在大学学习理论和进行教育研究,然后让师范生在临床经验中建立理论与实践的联系。博士生和临时教师成为教师教育项目的教学人员,大学教授主要从事学术工作,而不是在中小学帮助师范生学习教学。大学的学术奖励结构给大学教师从事学术研究的优先权,然而合作的中小学教师私下并不认同大学教师教育项目的目标和价值。进而产生临床经验的中小学与高等教育机构伙伴关系长期处于隔离状态。大学与中小学缺乏交流,导致师范生并不能为教学工作做好准备,辅导教师也没有与师范生一起工作并做好临床教学的培养。

(三)第三空间教师教育

第三空间来自文化研究、后殖民主义理论和地理学概念,是指一个坐落于两个空间之间的空间,通过互相对话,建构一个完全不同于任何一个单独领域的全新领域。霍尼·巴布哈(Homi Bhabha)认为第三空间是一个政治和价值中立的空间,是一个可以避免政治极化的空间[1]。

在教师教育中,第三空间理论主要解决以下问题。如大家对传统教师教育项目理论的认识与实践脱节,学术知识与实践教师、教师与学习者知识的不平等地位,以及大学与中小学伙伴关系的不平等本质[2]。在第三空间中,教师培养项目比传统的大学模式更加

---

[1]　Jori S. Beck. The Complexities of a Third-Space Partnership in an Urban Teacher Residency[J]. Teacher Education Quarterly,2016,43(1):51-70.

[2]　Emily J. Klein, et al. Finding a Third Space in Teacher Education: Creating an Urban Teacher Residency[J]. Teaching Education,2013,24(1):27-57.

民主,把中小学实践者、大学知识、社区知识放在优先位置。这是一个合作的空间,所有的利益相关者都可能受益,中小学教师可以进入大学课堂,大学教师也可以进入中小学课堂,创造一个多元的教师教育者。第三空间综合了中小学的优势和高等教育机构的优势,重新界定中小学教师和大学教师的角色,创造了一种新的可持续的伙伴关系,重新思考教师教育的知识基础,重新界定了教师教育中的权力关系,重新确认了传统的学区和高等教育机构之间的消费者—生产者关系。

在这种背景中传统的大学教师教育的等级性得到消解,大学教师不再拥有大部分的决策权力。

驻校教师项目综合传统的教师教育项目与选择性教师教育项目创立了大学、中小学、候任教师和社区的综合的第三空间,试图把这些分割的主体,通过多层次的互相对话,形成一个全新的独特的领域。驻校教师项目既不是大学主导也不是学校领导的项目,而是通过永久协商建立的第三空间,驻校教师项目更像是一个混合项目,包括二者必要的组成部分,同时创造一个新的特点、实践和工具的空间①。

(四)第三空间理论不足

在第三空间模式中仍然存在一定的挑战,如怎样获得大学人员的支持,持续的驻校教师拨款,改革工作的地方智力工具,鼓励驻校教师关注科学、技术、工程、数学科目。第三空间在感知上是即兴的,没有履行预先设定的意义、角色和责任,在实践中会遇到一定的困难。

五、驻校教师课程组成

(一)学区背景课程

1.学校背景课程

驻校期间驻校教师需要接受为期 1 周的监督和参与 1 周的小组监督会议。主要是深刻理解当地公立学校,了解大学和课程环境,帮助新手教师理解背景化学习内容与临床经验。背景化的临床经验存在的一个不足就是驻校教师虽然可以很好地了解安置地区的教学背景,但是可能会限制他们在学区内其他背景中的经验迁移。

---

① Monica Taylor,Emily J. Klein,et al. A Year in the Life of a Third Space Urban Teacher Residency [M]. Boston:Sense Publishers,2015:2.

为此,多采取教学巡查模式帮助驻校教师观看一系列教学实践和环境。通过巡查,驻校教师跨越学区背景,访问不同年级的课堂、学校、邻里关系。一部分巡查还可以看到特殊的教育学实践,如复杂教学或项目基础的学习。其他的教学巡查能够使驻校教师更深刻理解学区系统本身,如驻校教师访问一所学区内的青少年监狱,了解生活在学区或城市边缘地区人们的生活,思考服务学生的方式。

了解驻校教师任教的学校和班级背景课程,特别是在数据驱动的低绩效学校运用所学知识技能的挑战,与教师、行政管理者面谈,了解他们对学校的倡议,参与学校内部和学区内的圆桌会议。通过参与学校生活的每一个方面,了解学校专业发展方向。

2.学区背景和社区政策课程

驻校教师需要探索城市的人口和社会经济发展趋势,以及学区形成的历史、教师留职率、学生毕业率、学区战略规划,驻校教师还需深入了解将要安置学校的教学学术数据,从学区的学生成绩、人口、流失率、留级率、学生安全和健康得到他们不能从数据中看到的情况,如每一所学校的教育教学氛围。

关注在学区内开设的特定课程和政策倡议以及年轻人和家庭面临的问题。如驻校教师进入学区需要适应旨在提升学生社会和情感技能的教育学实践,如为社会公正和平等而教的主题,包括信仰、种族、阶层、性别、城市性产业问题对话,旨在提升驻校教师信心,帮助他们深刻理解在公立学校教书的承诺和存在的问题。

3.联邦和州政府政策课程

驻校教师需要学习联邦和州政府公共教育政策背景,通过阅读相关文本,参与实践,检验学校目的、公立学校系统存在的张力,深刻了解各种互相冲突的目标。阅读卡尔·卡斯特(Carl Kaestle)的《共和的支柱(*Pillars of the Republic*)》[①],反思现在的学校系统,思考学校怎样结构性地培养受过教育的选民或者再生产社会阶层规范。他们还需要检验联邦和州政府的倡议,如《不让一个孩子掉队》法案,州政府共同核心标准,思考不同学校如何执行这些法律和政策。

在对学校历史发展理解的基础上,驻校教师深入理解学校的核心问题,最主要的是在全美层面思考怎样才能使学校成功。驻校教师需要研究教育拨款政策,在都市、乡村、郊区怎样分配资源及其影响。调查各种不同的缩小成绩差距的观点,学会怎样确定机会差距和教育债务。

在课程"课程潮流与争议"(*Curriculum Currents and Controversies*)中,驻校教师学习学校改革的各种争议,观看各种各样的教学历史视频和文献,理解多元文化和伦理研究。阅读《学校私有化和公司化危险》,思考这些改革怎样影响公立学校,进而影响学校的稳

---

① Peter Williamson1,et al. Context as Content in Urban Teacher Education:Learning to Teach in and for San Francisco[J]. Urban Education,2016,51(10):1170 - 1197.

定性和学校系统的可信性。如纽约和新奥尔良的特许学校及其有关影响的讨论。

(二)任教科目指导

驻校教师采用任教科目指导周期,与辅导教师一起制订教学工作计划,驻校教师与辅导教师一对一工作,丰富驻校教师的教学经验,密切理论与实践的联系。一个任教科目指导周期(A Content Coaching Cycle)包括预备会议、教学事件视频观察记录、教学视频的个性化视频编码课程、会后反思。

(三)学习时间安排

驻校教师驻校时间一般为 1 年,上半年平均为 18 周,下半年平均为 20 周;其中有 2 个项目超过 1 学年,一个持续 3 个学期,项目在两个夏季学期之间结束。驻校期间平均学习 450 个课时,大约相当于 10 门大学课程,课程要求与地方学区教学临床经验紧密结合,采用有指导的教学学徒制,在辅导教师指导下观察、学习,同时完成硕士研究生课程,1 年驻校结束获得初任教师资格和教学艺术硕士学位。

驻校教师并不要求每天都与辅导教师在一起。事实上,驻校教师不会每周 5 天都在辅导教师的课堂上学习,一般还要求驻校教师在其他的地方学习。一般来讲,上半年驻校教师每周 4 天时间在辅导教师课堂上,占 54%,仅有 14% 的报告会用每周 5 天时间在学校辅导教师课堂上学习,55% 的驻校教师会离开一天,43% 的每周会有 1~2 天在辅导教师课堂之外活动。下半年每周在辅导教师的课堂里会更多,但差别很小,一般平均多出 1/10 天。不在辅导教师课堂上的那一天的共同活动是观摩其他教师上课。

(四)教师评价标准

驻校教师毕业后的学习成果评价标准包括[①]以下几点。

1. 承诺学习的渴望:与学生交流,热爱学习。

2. 反思性实践,哲学愿景,有目的的社交,清晰的观察、灵活的感知、反思性过程。

3. 问责,学会准确、公平、深刻、真实地评价,为学生参与外部测试做好准备,使用评价进行教育和评估。

4. 面向全体学生教学,教学的背景、教学的责任、理解教学。

5. 即兴表演,深入浅出,广泛使用,承担风险。

---

① Sabrina L. Wesley-Nero. A Study of the Effectiveness of an Alternative Licensure Program for Urban Elementary Teachers of English Language Learners[D]. George Mason University, 2007:15.

6. 教育领导,传递令人信服的愿景,参与学校变革,引领改革。

六、驻校教师模式

驻校教师项目不同于传统的教师教育项目,历史上教师教育项目把师范生作为他们的服务对象,然而驻校教师项目把驻校教师所在的公立学区及其学生作为自己的服务对象①。最为知名的驻校教师模式就是芝加哥驻校教师项目和波士顿驻校教师项目。

(一)芝加哥驻校教师项目概况

1. 芝加哥市情

芝加哥是美国第三大城市和中西部最大城市。这个城市的非白人人口占 68%,其中非裔美国人 37%,拉丁裔美国人 26%,4% 亚裔和其他种族。芝加哥公立学校有 655 所,1/3 公立学校连续 5 年不能达到《不让一个孩子掉队》法案要求的充分的年度进步目标。公立学校系统在校学生 40.8 万名,其中 85% 学生是非裔或拉丁裔②。美国教育部长威廉·贝内特(William Bennett)曾正式宣布芝加哥公立学校是全美最差的学校系统。《芝加哥论坛报》(*The Chicago Tribune*)描述:芝加哥公立学校只不过是差生日间仓库,由大失所望的和准备不足的教师任教,由臃肿的无领导能力的官僚领导,并且经常被一个自私的、一心一意的教师工会削弱了③。为此,伊利诺伊州立法会通过立法,把芝加哥市的公立学校控制权由地方学校董事会转移至芝加哥市长,市长有权任命芝加哥公立学校的董事会董事和首席执行官,完成公立学校系统由分权到集权的改革,为即将到来的公立学校市场化改革奠定治理基础。

2. 芝加哥学校管理改革

1995 年,民主党人理查德·达理(Richard Daley)当选为市长,通过《芝加哥学校改革法》(*The Chicago School Reform Amendatory Act*),法案要求从 6 个方面进行改革:一是扭转学校经营权力下放趋势;二是把学校的控制权转移到市长;三是授权市长任命学校改革董事会董事;四是创建一个公司化的管理策略,由首席执行官代替学区校长,首席执行官有权管理学校包括对学校校长和教师问责;五是通过市长任命芝加哥公立学校董事会、

① Jori S. Beck. Changing the Narrative of Teacher Preparation: A Case Study of Faculty Methods at an Urban Teacher Residency[D]. George Mason University,2014:54.

② Laurence B. Boggess. Home Growing Teacher Quality: District Partnerships With Urban Teacher, Residencies[D]. The Pennsylvania State University,2008:76.

③ Burney,Nona M, et al. A Tale of Two Cities: Reality Check on Mayoral Control of Urban School Districts[J]. International Journal of Educational Policy,Research,& Practice,2004,5(1):79-98.

学区行政管理机构成员,建立与市政厅的正式联系;六是避免管理部门之间互相竞争。

达理随后任命芝加哥市预算主任鲍尔·维拉斯(Paul Vallas)为芝加哥学区的首席执行官。维拉斯对学区进行了几个较大的变革。

首先,他开始执行集权化的学区治理改革,努力收回地方学区董事会的权力,颁布学校复兴计划,强调一旦学校因为低绩效被关闭,地方学区董事会也将被解散。其次,维拉斯控制芝加哥公立学校的财务,削减学校预算,保证担保贷款能够负担学区1年的运行,在经济上恢复了学区的正常运行。最后,维拉斯还与芝加哥教师工会达成协议,停止了几年的骚乱、罢课,保证薪水的增长和每日学校工作最短时间5小时45分,以及最短学年时间174天。

维拉斯退休之后,阿尼·邓肯(Arne Duncan)被任命为公立学校首席执行官,后来邓肯成为美国教育部长,他认为在市长控制下可以更好地解决芝加哥公立学校停滞、官僚主义、财务问题以及低绩效水平的方式。他采用关闭低绩效学校、推进重建学校、增加特许学校成为芝加哥改革的主要战略。

2005年,达理市长提出在21世纪最初10年分三类建设100所新学校:一是特许学校。独立运行,没有义务执行学区政策或教师工会集体谈判协议,运行芝加哥公立学校的组织称为教育管理组织,芝加哥驻校教师项目的创始者都市学校领导学院就是其中之一;二是合同学校。芝加哥公立学校与之签署一个5年期可更新的合同,由营利性或非营利性组织独立运行合同学校,学校所有雇员都属于这一组织;三是绩效学校,拥有不断上升的自主权和灵活的学校运行项目,同时遵守教师工会集体谈判协议。

从上述改革方案看来,芝加哥市长控制背后的支持者是公司联盟。他们认为很差的公立学校教育使芝加哥市的工商业健康发展处于危险中,并积极参与影响和监督芝加哥公立学校改革的政策。他们开发和拨款给职业教育项目,支持公立学校总校校长和中小学单个学校校长管理培训,执行工商业界对学校满意度调查,私下为芝加哥市长提供学校董事会董事人选建议。

3.芝加哥驻校教师项目

在公司影响芝加哥公立学校改革的运动中,马丁·科尔代克(Martin Koldyke)就是其中知名的一位。他是金苹果基金(The Golden Apple Foundation)创始人,每年为芝加哥学区提供10名教师奖学金和传统大学生转为师范生奖学金[①]。金苹果项目的成功让科尔代克意识到大学教师教育项目不能为芝加哥学区40.8万名学生提供高素质教师,充分理解招收非传统的、中期改变职业者的成人进入教学职业,同时利用退休教师的专业知识服务于芝加哥公立学校的重要性,于2001年建立了都市学校领导学院(The Academy for Urban School Leadership)。都市学校领导学院与国家路易斯大学(National-Louis

---

① Laurence B. Boggess. Home Growing Teacher Quality: District Partnerships With Urban Teacher, Residencies[D]. The Pennsylvania State University, 2008:87.

University)合作建立芝加哥驻校教师项目为芝加哥转换学校培养教师,根据项目要求,国家路易斯大学重新设计了教学艺术硕士学位,项目毕业后,驻校教师获得教学艺术硕士学位和教师资格证书。

4.芝加哥驻校教师项目使命和目的

2001年,都市学校领导学院建立美国第一个都市驻校教师项目——芝加哥驻校教师(Chicago Teacher Residency),他们坚持从课堂改变开始,希望转变失败学校,培养21世纪的学习者,通过手把手师徒培训模式,培养高素质教师[①]。

(二)芝加哥驻校教师项目运行

1.项目招生

芝加哥驻校教师项目招聘获得经过认证高校的学士学位,本科平均绩点3.0,渴望在高需求地区任教,具有很强的写作、语言和社团技能的美国公民或永久居民,通过各种伊利诺伊州教师资格考试,完成面试就可以入学。一般要经过以下四个步骤。

第一步,在线申请,申请者仅需要几分钟就能完成个人简历,回答两个小问题,每一个问题250个字,同时提供一个非官方大学成绩单。

第二步,在线面试,一旦被接受,申请者将被邀请参加在线面试,展示课堂教学。

第三步,资格测试,申请者要求通过伊利诺伊州资格测试,有三种方式可以完成这种测试,学术能力测试、合格的SAT测试成绩、合格的ACT成绩测试,如果合格可以直接申请,不合格要参加上述三个测试。

第四步,大学入学,如国家路易斯大学等,可选择实践取向的教师教育相关的硕士学位项目。

第五步,接受条件。在面试结束的2周内,申请者会在公告中知道自己是否被录取为芝加哥驻校教师。在驻校培训期间,申请人不能选择培训地点。每一个培训地点的辅导教师都是根据任教年级和任教科目选派的,并为驻校教师提供合适的辅导教师。

2.项目培训

芝加哥都市学校领导学院与国家路易斯大学根据驻校教师项目要求设计教师教育课程的结构和程序,并重新设计了该校的教学艺术硕士学位,以便驻校教师能够学习在都市学校任教的知识和技能,同时获得初任教师资格证书和教学艺术硕士学位。

(1)驻校教师培训 驻校教师学习在暑期开始。在暑期学习期间,都市学校领导学院的职员、芝加哥公立学校的教师、行政管理者会在课堂讲授教学方法。国家路易斯大

---

① American Federation of Teachers. Carefully Selected Expert Mentor Teachers Who Coteach with Residents[EB/OL]. AFL-CIO http://www.aft.org/newspubs/periodicals/index.cfmAt AUSL,2017-11-28.

学全职课程开课时间一般安排在 7 月底到 8 月初,其中一半的硕士学位课程安排在夏季学期,要求驻校教师周一到周五的上午 9:00 到下午 4:00 上课,在此期间等待芝加哥公立学校辅导教师分配。

芝加哥公立中小学新学期开学后,驻校教师每周 4 天在学校教学,放学后还有教学临床教师辅导。驻校教师在周五参加国家路易斯大学的课堂教学和讨论会,学习大学教育基本理论课程,以及都市学校领导学院的职员任教科目内容和人类发展课程。

在驻校 1 年期间,驻校教师有将近 800 个小时的课堂教学经验,并随着时间推移逐步承担教学责任。项目要求 1 名辅导教师带领 1~2 名驻校教师,辅导教师每周需要与驻校教师一起工作 2 个小时,对其采取一对一的指导,接受辅导教师正常的、结构化的反馈。同时,在公立学校环境中最大化驻校教师对学校文化的影响,支持对所有学生提出高期望要求,进行高质量教学,创造一个追求卓越的课堂教学和学校文化氛围。

关注平等的培训。由教育领导者负责,主要帮助驻校教师学习如何遵守各种规章制度,创造一个安全的、包容性的和平等的学习环境,获得多样性的观点,成为一名文化回应性教师。

驻校教师的责任是从帮助辅导教师制订课堂教学计划,到最终在辅导教师的课堂里独立承担全部的教学责任。同一学校的驻校教师组成教学小队可以经常交流,形成一个学习社区,把临床实践和课程工作紧密地结合在一起。除了辅导教师之外,还有项目现场经理、临床教练和驻校职员为驻校教师提供辅导支持。第二年 7 月中旬,驻校学习结束,获得硕士学位。接下来,驻校教师将在公立学校开始专业发展和为第一天的课堂教学做好准备。

都市驻校教师毕业后全部被学区雇佣为记录教师,承诺在芝加哥学区工作 5 年。项目将继续为他们提供辅导、专业发展机会,包括在第二年提供个人化的辅导、入门支持,第三年和第四年也会提供额外的专业发展支持。

(2)辅导教师专业发展 为保证辅导教师质量,辅导教师通常要求至少有 5 年的都市中心区教学经验,获得硕士学位,严格践行"以学生为中心"的理念辅导教师。任教科目领域主要有科学、数学和社会研究。辅导教师可以获得任教任务减少和 20% 的薪水增加的福利待遇。

辅导教师的专业发展培训也开始于夏季,跨越 1 个学年,主要培养辅导教师合作、数据收集和分析技能、掌握批判性和分析性话语以及教学行为反思能力。一般是在中小学开学前,设计一个为期 5 天的专业发展会议,帮助辅导教师和驻校教师开发一系列数据收集战略。用这些收集到的数据资料进行教学反思和分析,确定下一步的行动目标。除此之外,辅导教师还参与每月一次的与都市学校领导学院的关键人员的会议。最后,辅导教师还会收到一本指导手册,列举项目的期望目标,按照时间顺序逐渐提高驻校教师在课堂内外责任的时间表。

3. 奖励措施

驻校教师获得项目提供的生活津贴和其他的财务激励措施。其功能有两个:一个是吸引足够多的人申请和留在芝加哥学区任教承诺;另一个是吸引驻校教师成为高质量的教师,提升人才培养质量。

芝加哥驻校教师驻校 1 年中的金钱激励包括 2 万美元现金生活津贴、驻校期间获得硕士学位的贷款免除、联邦政府拨款支持等。除此之外还可以申请各种奖学金和贷款,包括教师拨款、额外奖学金。如伊利诺伊少数民族教师奖学金项目,合格的驻校教师最多还可以获得 5 000 美元奖学金,在数学、科学、特殊教育或外语等高需求科目任教的驻校教师还有资格获得额外的 4 000 美元拨款。非金钱激励包括驻校教师成为全职记录教师之后 2～3 年的专业发展支持,与其他小组成员一起分配到学校,提供成为学校领导的机会。

4. 项目安置

驻校项目学习结束,驻校教师获得教学硕士学位、伊利诺伊教学资格证书以及《不让一个孩子掉队》法案要求的高素质教师地位,芝加哥市教师工会会员资格,保证全职在都市学校领导学院运行的转换学校任教。2018—2019 年,芝加哥学区硕士学位教师初始薪水是 54 161 美元,加上退休金和其他福利每周 41.6 美元,这样的薪水比没有硕士学位的教师高 3 500 美元。

芝加哥驻校教师项目不提供住宿。芝加哥公立学校要求全职教师居住在芝加哥市内。提出这样的要求有几个原因:一是保持城市的财政收入;二是获得对公共雇员的税收和债券发行的支持;三是把中产阶级家庭留在城市里;四是促进公共雇员理解社区和他们的生活方式。城市官员认为驻校要求作为一个机制可以阻止白人和中产阶级家庭离开,提升不断受到侵蚀的都市地区文化和经济地位。

5. 项目管理

芝加哥驻校教师项目隶属于都市学校领导学院,该组织是一个非盈利学校管理组织也是芝加哥市最大的卓越学校网络,有会员学校 31 所,服务 16 000 名学生[①]。芝加哥驻校教师项目与芝加哥公立学校合作开展 1 年期的驻校教师培训,由都市领导学院全面负责管理运行芝加哥低绩效学校,驻校教师也在这些学校中完成培养,毕业后保证被这些运行的学校雇佣。

6. 项目效果

(1)教师留职率 都市驻校教师项目在提升教师留职率方面取得巨大成功,全美的教师在前 5 年的流失率高达 30%～50%,在贫困地区和一定的学科如数学、科学和特殊

---

① American Federation of Teachers. Carefully Selected Expert Mentor Teachers Who Coteach with Residents[EB/OL]. AFL-CIO http://www.aft.org/newspubs/periodicals/index.cfmAt AUSL,2017-11-28.

教育的教师流失率会更高。5 年后,90% 的芝加哥驻校教师持续在芝加哥公立学校任教[1],远高于全美都市教师平均任教年限。

(2)建立全美性驻校教师组织 不断增加的驻校教师项目最终在 2007 年成立以芝加哥为基础的都市驻校教师联合会,后来成为全美驻校教师中心,中心项目主任克里斯汀·戴维斯(Christine Brennan Davis)认为成功的驻校教师由 5 个关键的组成部分:对驻校教师和辅导教师的严格的招聘和选拔过程;为驻校教师和辅导教师提供的相关课程并关注课堂和学生的需求;项目的辅导教师和反馈制度促进驻校教师发展和参与;驻校地点的评价制度帮助驻校教师、辅导教师和驻校教师项目的成长;学校和大学共享的价值观。全美驻校教师中心将在三个方面提供帮助。

一是伙伴关系和项目的可持续发展。包括清晰的界定每一个伙伴角色和责任,帮助他们制度化伙伴关系,通过创立理解备忘录,提供财政模式,帮助绘出驻校教师变革理论地图。

二是招聘和选拔。包括重新改变学校培训地点和辅导教师招聘和选拔,全美驻校教师中心帮助芝加哥公立学校创建一个申请过程的地点,包括访问咨询这些学校地点,观察未来辅导教师和访谈学校校长。

三是整合大学课程与临床经验。通过路易斯大学和芝加哥公立学校合作保证提供的课程与驻校教师在课堂的经验一致,包括帮助芝加哥公立学校和路易斯大学描绘出合作教学模式地图,允许不断增加驻校教师教学责任,并在年中和年终分别进行调查提供反馈。

(3)提升学生成绩 所有都市学校领导学院托管的薄弱学校都稳步达到了州政府评价的标准。都市学校领导学院是唯一一个最大化的驻校教师培训模式,把经过最好培训的教师带到表现最差的学校中。转换之前,这些学校平均比周围学校低 8%,在第二年末,在伊利诺伊标准评价绩效上比周围学校高出 10%。

都市学校领导加速学生的数学和阅读成绩提升。在数学方面提升 5%,在阅读方面提升 3%。2017 年斯坦福大学教授西恩·拉顿(Sean Reardon)研究指出芝加哥市的学生在全美的某些方面是最有进步的学校。芝加哥学生的绩效比全美 96% 的学区学生进步都快;在全美 100 个学区的对比中,芝加哥学区的学生在 3 年级和 8 年级成长最快。

(4)实现教师种族多样性 驻校教师增加教师的种族多样性。他们招聘的少数民族教师更多,57% 的都市学校领导学院是少数民族教师。所有这些驻校教师在高需求地区或学科任教,57% 的驻校教师承担着中学的数学或科学教学。

(5)锻炼了一批辅导教师 驻校教师的选拔、培养和支持锻炼了一批辅导教师,他们一起与驻校教师工作,促进辅导教师的专业发展。这些新角色导致有经验教师的产生新

---

① Barnett Berry and Diana Montgomery. Creating and Sustaining Urban Teacher Residencies:A New Way to Recruit,Prepare,and Retain Effective Teachers in High-Needs Districts [R]. The Aspen Institute, 2008:21.

的热情和动机,鼓舞一部分想离开课堂或学区的教师留下来。驻校教师项目创造一些由辅导教师担任的领导岗位,管理和开发学校基础的或者跨学校的辅导教师群体。

(三)波士顿驻校教师项目概况

1. 波士顿市情

波士顿市有 50 万人,随着有色人种的不断涌入,波士顿白人成为市中心的少数民族,伴随着白人的郊区化,拉丁裔将很快成为该市最大人口种群,80% 的公立学校学生来自低收入家庭,其中 90% 的是有色人种,拉丁裔占其中的 87%。

波士顿公立学区有 144 所,全美排名 67 位,服务学生 5.65 万名,86% 的学生是黑人和拉丁裔,他们来自 116 个国家,语言超过 60 种,其中超过一半的学生在家不说英语,1/5 的人需要特殊教育服务,3/4 的学生有资格获得免费午餐[1],但有色人种教师仅占所有教师的 39%,白人教师占 61%,生师比在种族方面存在较大差异。

为执行《不让一个孩子掉队》法案要求的缩小成绩差距,马萨诸塞州州长德瓦尔·帕特里克(Deval Patrick)签署降低成绩差距法案,授权中小学教育厅与学区干预长期低绩效学校,确保学校取得最低限度的进步。在马萨诸塞确认的低绩效学校中有 12 所在波士顿地区,其中 6 所是重新开始学校(Fresh Start School),这些学校的教师必须重新申请他们的岗位,解决这些学校师资问题成为急迫的问题。

波士顿市长托马斯·梅尼诺(Thomas Menino)提出波士顿公立学校关注儿童二(Focus on Children II,)计划,建立 6 个基本的学校提升目标,8 个有效的教学方面。这 8 个方面包括展示卓越、平等和对所有学生高期望、反思和实践与同事合作;专业行为模式;教学计划和有效使用教学策略;监督学生进步;参与家庭和社区;知道任教内容;建立安全;受人尊重的和文化敏锐性的学习型社区。

波士顿公立学校校长汤姆·佩赞特(Tom Payzant)面临需要更多的数学、科学和特殊教育、有色人种和没有受过培训的教师的问题,依靠地方大学、学区官僚制和学区不能解决这些问题,波士顿公立学校系统必须用自己的方法招募和培养教师。2001 年,他与其他学区领导波士顿卓越计划执行主任(The Executive Director of the Boston Plan for Excellence)埃伦·吉尼(Ellen Guiney)合作筹建波士顿驻校教师项目,为波士顿学区招聘和培养高素质教师,同时展开与大学教师教育项目在波士顿学区的竞争。汤姆·佩赞特想使波士顿驻校教师在学区系统之外,以便驻校教师项目不会受制于学区的官僚系统,这一官僚系统压制创新,同时受困于学区的年度预算削减过程,需要驻校教师项目保持独立的非营利地位,采取"一只脚向内,一只脚向外"的结构("One-foot-in, One-foot-

---

① Boston Teacher Residency Investing in Innovation Fund [R]. https://www2. ed. gov/programs/innovation/2010/narratives/u396c101038. pdf,2021-8-29.

out"Structure),使项目独立有效地开展教师培养活动。在波士顿学区确认 12 所需要改变的学校中,波士顿驻校教师项目计划通过每年与 3 所转换学校建立合作关系,连续 4 年在这些学校工作,最终完成 12 所需要改变的学校教师全部更新。

因波士顿驻校教师项目的成功,波士顿公立学校教育质量不断提升,2006 年波士顿公立学校赢得布劳德都市教育奖[①],波士顿学区获得几百万美元奖励,表彰波士顿公立学校在提升学生成绩和最有效降低成绩差距方面做出的贡献。

2. 波士顿驻校教师项目目的和使命

(1)波士顿驻校教师项目目的 波士顿驻校教师项目目的是解决波士顿学区 3 个具有挑战性的新教师招募问题:一是学区正在经历吸引一定数量的学科领域的教师如数学、科学和特殊教育,包括英语语言学习者问题;二是学区寻找多样性的教师更好地与占大部分的少数民族学生匹配;三是学区寻找策略降低新教师的流失率[②],培养长期稳定地在波士顿学区任教的教师。

具体目标是波士顿驻校教师第一年将与 3 所转换学校建立伙伴关系,每一年增加 3 所,项目在转换学校中,将招聘、培养、安置和支持新教师,确保达到以下目标:

第一,培养 130 名驻校教师,安置在波士顿公立学区内记录在案的转换学校(Turnaround School),第一年 25 名,第二年 30 名,第三年 35 名,第四年 40 名。

第二,安置在转换学校的驻校教师三年后仍然在教学岗位的达到 82%,他们将有一个中间的留职率,分别是第一年 93%,第二年 87%,第三年 82%。

第三,驻校教师在转换学校教学一年的学术成长要达到至少 80%成长。

第四,80%的波士顿驻校教师将能够使学生达到熟练水平,通过课堂观察评价教师的有效性。

第五,波士顿驻校教师在 1 年内需要帮助每一名学生至少达到 1 年的学术成长;波士顿驻校教师使用波士顿公立学校形成性评价制度评价转换学校学生的学术成长[③]。

(2)波士顿驻校教师项目使命 波士顿驻校教师主任杰西·所罗门(Jesse Solomon)认为项目的使命是培训更多的有色人种教师和高需求科目教师,如数学、科学和特殊教育科目教师(图3-2)。希望驻校教师能够承诺长期在波士顿公立学校任教。波士顿学校校长卡洛尔·约翰逊(Carol Johnson)认为项目为该学区最需要的学校提供多样性的教师劳动力。

---

① Laurence B. Boggess, Home Growing Teacher Quality: District Partnerships With Urban Teacher, Residencies[D]. The Pennsylvania State University,2008:106.

② John P. Papay, et al. Does an Urban Teacher Residency Increase Student Achievement? Early Evidence From Boston[J]. Educational Evaluation and Policy Analysis,2012,34(4):413 - 434.

③ Boston Teacher Residency Investing in Innovation Fund[R]. https://www2. ed. gov/programs/ innovation/2010/narratives/u396c101038. pdf,2021-8-29,20.

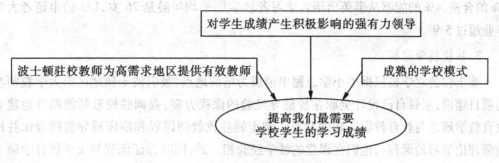

对学生成绩产生积极影响的强有力领导

波士顿驻校教师为高需求地区提供有效教师

成熟的学校模式

提高我们最需要
学校学生的学习成绩

图3-2 波士顿驻校教师建立四个研究领域①

（四）波士顿驻校教师项目运行

1. 波士顿驻校教师项目核心运行原则

波士顿驻校教师服务于波士顿公立学校，包括项目的招聘、录取和安置；在驻校1年时间内坚持理论与实践结合；课程围绕平等、探究和社区建设；每一名驻校教师安置在1名辅导教师课堂内；通过在职支持的入职辅导项目和专业发展项目支持驻校教师发展；学生成绩是波士顿驻校教师的底线。

2. 驻校教师招生

招生官员主要招收能在高需求科目任教的出色候任教师，包括数学、科学、特殊教育、英语作为第二语言学习者等学科领域的教师，建立来自各种地方实体的利益相关者以及波士顿公立学校和波士顿驻校教师职员组成的招生委员会。

驻校教师招生分成三个类型：一是希望在波士顿公立学校任教的优秀大学毕业生、中途改变职业者；二是寻找把都市课堂任教作为下一个职业、与波士顿相关的社区工作者；三是拥有与青少年一起工作经验者。要求所有驻校教师必须具备为社会公正而教的态度。

主要审核驻校教师学术优势、与儿童建立融洽关系的能力、招生类别的代表性、在多大程度上满足了波士顿学区对女教师的需求以及承诺在学区任教3年，作为回报，学区支付被录取人员每人1万多美元的生活津贴。

波士顿驻校教师项目坚持高度选拔和严格的招生过程，仅录取10%～13%的申请者。录取的人中有一半的驻校教师是有色人种，最关注数学和科学领域的以及英语语言学习者和特殊教育领域的教师候选人，其中1/3的岗位是为特殊教育者保留，但是仅有

① Boston Teacher Residency Investing in Innovation Fund [R]. https://www2. ed. gov/programs/innovation/2010/narratives/u396c101038. pdf,2021-8-29,3.

7%的合格,4%的能够从事英语语言学习者教学[1],平均年龄是 26 岁,1/3 的申请者大学毕业超过 5 年。

3. 驻校教师培训

波士顿公立学校根据中小学志愿申请成为培训地点,吸引波士顿地区的大学教师参与项目建设,项目自己设计全职在校辅导经验的课程方案,强调驻校教师能熟练地建立教育教学理论与教育教学实践的联系。波士顿驻校教师课程和临床辅导教师确保驻校教师理论学习的课程与他们在课堂的教学经验相一致,同时保证课程与大学教育学硕士学位课程项目要求一致。

波士顿驻校教师需要驻校 13 个月,从第一年的 7 月到第二年的 7 月,从 7 月开始进行为期 2 个月的学术研究。在学校期间,波士顿驻校教师从周一到周四全学年都在辅导教师课堂里从事教学学习,然后逐步增加教学责任,通常在第二学期与辅导教师进行联合教学,同时参加在马萨诸塞大学波士顿校区晚间课程和周五课程,最终获得教学硕士学位和教师资格证书。

每周一到周四驻校教师 6:30 进校,上午在课堂里与辅导教师一起工作 3 个时间段,然后有一个时间段在特殊教育课堂学习。每天结束之后,辅导教师与驻校教师一起讨论总结一天的教学。周五上午,驻校教师在马萨诸塞大学波士顿校区参加研讨班课程。在讨论会上,他们讨论一周的课堂教学经验,驻校教师先是小组讨论,然后单独讨论,接受辅导教师反馈。随着驻校时间的逐步增加,驻校教师承担的教学责任逐渐增加,到春季学期已经达到正常教学工作量了。大学提供研究生课堂教学空间,为驻校教师提供教学服务的教师有驻校教师职员、波士顿公立学校在职教师、行政管理者、大学教师以及其他的与波士顿驻校教师项目签署合作协议的组织和个人。

根据将来任教科目,驻校教师还需要学习教学法课程和任教科目课程。教学法学习包括班级管理、计划、评价、儿童心理和人类发展;任教科目学习包括数学、社会研究、科学、语言艺术、阅读、特殊教育培训;还需要关注平等、种族、权力、课堂民主等反映社会公正现象的问题,成为一名有理想的教育者,提升所有学生的成绩。驻校教师还应学习波士顿历史,特别是关注波士顿学校的解除种族隔离和强迫经营的历史,以及对班级内多元文化的理解。

4. 奖励措施

(1)对驻校教师的奖励措施 驻校教师培训期间,会有各种激励措施,包括驻校 1 年的 11 400 美元生活津贴,或者 25%的初任教师薪水,成为记录教师之后会获得全职薪水,承诺在波士顿公立学校任教 3 年可免除在马萨诸塞大学硕士学位项目的贷款,获得免费硕士学位证书。

---

① Laurence B. Boggess. Home Growing Teacher Quality: District Partnerships With Urban Teacher Residencies[D]. The Pennsylvania State University, 2008:119.

非金钱激励措施,驻校教师在培训期间获得在职辅导,在成为记录教师之后有一个2~3年入职项目,提供课堂、研讨会和临床教练辅导。

(2)对驻校学校相关人员的奖励措施　波士顿驻校教师项目所在地学校的地点主任会收到一半教师薪水和给辅导教师每年3 000美元津贴,同时为辅导教师提供岗前培训,提升他们的教育教学技能和能力。

5.驻校教师安置

驻校教师完成所有项目要求都会获得特殊教育教师资格和任教科目教师资格双重教师资格证书,同时获得教学艺术硕士学位。波士顿驻校教师项目并不能确保驻校教师都能获得某个学校的教学岗位甚至学区的教学岗位,项目毕业生必须与其他教师资格证获得者竞争有限的波士顿公立学校的教学岗位,但是通过非正式网络和积极的安置策略,波士顿驻校教师有90%的能够安置到学区任教。因此,波士顿驻校教师有机会选择在高绩效的学校,而不仅是重新开始学校任教。

波士顿学区在冬季或早春把预算编制分配给各学校校长,学区要求退休和离职教师在4月1日前告知学校,让校长们4月1日确定学校的空缺教师岗位数量和类型。在学年期间不准调离教师,除非出现特殊情况。申请下一年转教的教师将在本学年结束或初夏前完成任务。即使这样仍然有部分学校校长延迟申报教师空缺和转教的数量和类型。主要有两个原因:一是校长隐瞒空缺岗位以便等待烦琐和适得其反的招聘协议签署;二是教师递交辞职或退休的通知较晚。波士顿教师工会集体谈判合同中没有确定辞职或退休教师必须通知学区的最后期限,但是确实存在鼓励辞职或退休教师早一些告知学区。如果退休教师在12月中旬告知学区将在学年结束的时候离开,那么学区将为退休教师提供1500美元的奖金。

波士顿退休金制度允许教师在任何时间退休,甚至是学期中间。因为退休是根据服务时间和年龄计算的,如果一名教师的生日在学年学期中间,退休将会在当月被批准而不是等到学年结束。2008—2009年有超过1/4的退休教师,其中14%的教师在学年的前2个月退休,67.5%的在6月27日到8月31日,32.5%在9月1日到6月26日[①]。

从2006年起,波士顿学区建立入职辅导项目,对项目毕业生进行为期3年在职入职辅导。除此之外,还有其他人职支持方式包括关键朋友群体,建立在全美学校改革教师模式基础上的任教内容学习社区模式,提供专业发展、教学巡查等。教学巡查是一系列的用于观察、分析、讨论的程序和协议,能提升学生学习成绩。波士顿驻校教师还为毕业生提供额外的支持机构,帮助利用数据建立教学团队,获得必要的领导技能,提供为成为学校领导的机会。

---

① Emily Cohen,et al. Human Capital in Boston Public Schools:Rethinking How to Attract,Develop and Retain Effective Teachers[R]. The National Council on Teacher Quality,2010,14.

6.项目管理

第一,波士顿驻校教师项目主任杰西·所罗门(Jesse Solomon)是一位波士顿公立学校教师,在波士顿驻校教师之前建立过试点教师培训项目,2003年,被任命为波士顿驻校教师主任。波士顿驻校教师项目仅有很少的行政管理人员负责设计和执行驻校教师项目的招生、课程、辅导、新教师入职辅导等工作。并且与波士顿卓越计划共用一个办公室,课程主任负责监督驻校教师课程,保持与学区的教育议程一致,满足州政府教师资格要求和授予硕士学位的要求。波士顿驻校教师项目确认一名行政管理者作为项目的协调者,与驻校教师、辅导教师、学校校长以及驻校教师职员一起工作。

第二,驻校项目至少有两个合作伙伴:一个是公立学区,一个是高等教育机构。波士顿驻校教师与马萨诸塞州立大学波士顿校区合作授予硕士学位,但是作为高等教育机构对波士顿驻校教师很少能提供干预。

第三,波士顿驻校教师项目由波士顿卓越计划管理,他与波士顿公立学校密切合作,推动教师和校长的专业发展。项目的创始资金来源于战略拨款伙伴(Strategic Grant Partners)的200万美元的风险投资资金,用于地方学区支付项目创立和运行的前两年费用。

第四,波士顿驻校教师项目与波士顿公立学校签署正式谅解备忘录,详细描述了波士顿公立学校对波士顿驻校教师项目承诺,包括大量的财政金融支持承诺,现在为项目提供运行经费的20%,5年后达到40%。在2003年战略伙伴提供了波士顿驻校教师启动资金200万美元,到2008年学区给项目的拨款已经按照协议达到200万美元。

除了波士顿公立学校的支持之外,波士顿驻校教师还吸引多元化的资金来源,这些资金也提供了多年度的拨款承诺,包括公共机构和私立机构,如福特基金会(The Ford Foundation)已经提供资金支持项目的评价工作,卡耐基基金会(The Carnegie Foundation)与波士顿卓越计划合作提供了大量资金建立校本探究项目,项目还接收了来自斯密斯家族基金(the Smith Family Foundation)、哈罗德·怀特沃斯·皮尔斯慈善信托基金(The Harold Whitworth Pierce Charitable Trust)、克莱蒙特·斯通和杰西·斯通基金会(W. Clement Stone and Jessie V. Stone Foundation)、巴尔基金会(The Barr Foundation)、战略拨款合作伙伴(Strategic Grant Partners)、摩托罗拉基金会(The Motorola Foundation)、卡博特家族慈善信托基金(Cabot Family Charitable Trust)等的捐赠支持。

波士顿驻校教师项目在第二个三年计划中被列入美国和平队伍(An Americorps Program)支持,美国和平队伍支持波士顿驻校教师成为一个负担起的驻校教师项目,驻校教师每年会收到生活津贴、健康保险、儿童看护补偿以及美国和平队伍教育奖学金,用于攻读硕士学位的学费。波士顿驻校教师主任杰西·所罗门公布的招生成本每名驻校教师是3 000美元,培养成本是30 000美元,还包括驻校1年的生活津贴、健康保险、学费11 000美元。

具体预算如下[①]。

(1)创造和执行转变具体教师培养结构(共计 675 834 美元)

一是技术辅助,由都市学校领导学院提供技术支持,他们提供辅导教师,访问驻校地点,印刷材料。预算包括第一年 2.5 万美元,第二年、第三年分别为 1 万美元。

二是春季转换工作,波士顿驻校教师每年春季将运行 4 个周六会议,包括已经在转换学校雇佣的教师,以及这些学校关键的行政管理者、教师领导者。波士顿驻校教师职员将组织这些会议。驻校教师每人每日生活津贴 200 美元,9 名职员每人每日 400 美元,连续 4 天。

三是转变协调者,代表波士顿驻校教师项目监督项目运行,负责安置和培养驻校教师,协调所有的入职支持和合作关系,协调者每年 8.5 万美元,每年增加 4%,其中薪水 30%。

(2)创造和执行转变具体教师发展和留职结构(共计 2 257 846 美元)

一是入职教练,负责对驻校教师提供一对一辅导,提供教师团队以及专业发展支持。前两年需要密集的辅导练习,每所学校 2 名,共计 6 名,第二年减少 2 名,第三年再减少 2 名。辅导教师薪水平均是 80 615 美元,每年增加 4%。

二是开发维护内部网络平台,建立综合的在线平台,让驻校教师和职员能在虚拟空间互动,包括共享最好的实践、材料和举办论坛。预算 10 000 美元,每年维护经费 1 000 美元。

三是评价服务,项目确保每一所转换学校经常接触评价数据,评价标准与学区和州政府评价标准一致,辅导教师用这些数据提升教学质量和学生成绩。某些情况下这些服务需要外部组织,提供服务如成绩网络,现在的价格是每年 3 万美元。

四是专业发展学校基金,驻校教师可以申请这些资金用于拓展学习,支持专业发展,解决转换学校和个人专业发展目标需求。在项目运行的前 2 年为每一所学校提供每年 1.5 万美元。

(3)有效评价波士顿驻校教师毕业生对学生成绩影响(共计 1 552 662 美元)

一是学生成绩数据。收集所有学生和驻校教师形成性评价数据。

二是学生成绩价值增加研究。每年支付哈佛大学教育政策研究中心 2.5 万美元。

三是波士顿驻校教师有效性主任,监督评价驻校教师有效性,建立各种变量与项目成果的联系,确保项目学习获得这些反馈。起始薪水 10.5 万美元,每年增长 4%。福利按 30% 算。

四是波士顿驻校教师研究助理,负责所有数据收集和分析,与驻校教师有效性主任密切合作,初始薪水 5 万美元,每年增加 4%。福利按 30% 算。

---

① Boston Teacher Residency Investing in Innovation Fund[EB/OL]. https://www2. ed. gov/programs/innovation/2010/narratives/u396c101038. pdf,2021-8-29,45.

五是教师课堂观察研究,包括研究主任负责监督执行和收集课堂观察的;评分员培训,要求培训 10 名评分员,每名 2 100 美元;评分员培训期间福利每人每日 400 美元,连续 3 天;观察和积分,每年 90 名驻校教师需要评分,每人每天 400 美元,连续 5 天。

六是定量转换学校研究每年 5 万美元。

(4)会议费用,共计 9 600 美元。

(5)人员经费,波士顿驻校教师项目来自私人基金特别是斯密斯家族基金,第一年 20 万美元,第二年 15 万美元,第三年 20 万美元。其他经费包括房租、设施、财务服务、一般行政管理 12.1 万美元。全部匹配资金,20% 的匹配资金是 1 035 000 美元。

第五,驻校主任。波士顿驻校教师项目 84% 的驻校教师安置在 14 所项目主持学校的课堂里,每一间教室都有一名辅导教师;在每一所项目主持学校中,驻校主任的一半时间从事协调学校内部的辅导活动以及与波士顿驻校教师职员的联系活动。主任负责协调驻校教师安置到波士顿公立学校的辅导教师的课堂里,协调辅导教师与驻校教师的关系,解决驻校教师、辅导教学、学校经理、校长等之间的组织协调关系。

第六,项目评价。

一是项目教师和工作人员评价。项目招聘任教科目领域的专家教师与项目职员合作,职员们已经对驻校教师、学校、内容背景有深刻理解。教学人员每年都对驻校教师进行评价,评价的数据作为更新与教学人员合同的依据。教学人员还被要求在课堂录制课堂教学,以便他们能够反思和重新精细化他们的教育教学技术。实践与入职辅导教师经常评价辅导教师和入职辅导教练绩效。

二是驻校教师评价。驻校教师接受经常性评价,如果驻校教师没能实现期望的进步,可能会在年中离开驻校教师项目。基本标准是使学生成绩达到一年时间内应该获得的年度学术成长。驻校教师项目投资数据收集、分析、评价管理项目运行,展示项目的有效性。每一个驻校教师都要求提供一个教学档案,包括与项目和学区标准一致的绩效评价。驻校主任与辅导教师在一所学校负责评价驻校教师在课堂的表现,入职辅导教师负责评价项目的毕业生教学效果。评价数据的收集和管理通过"绩效成果努力管理数据库"采集,分析所有驻校教师的产出,包括辅导者、毕业生,包括年度招聘、安置、留职率、统计率以及校长、驻校教师和毕业生调查反应。然后重新界定招生、留职过程。

7.项目效果

波士顿督学汤姆·佩赞特(Tom Payzant)认为 2003 年之前波士顿 53% 的学区新教师在 3 年内离开。代替这些新教师每年花费达到 300 万美元,学区还面临数学、科学、特殊教育、英语语言学习者等急需学科。自从 2003 年建立以来,波士顿驻校教师项目已经为高需求地区培养了 250 名高素质教师,分布在波士顿学区 75 所学校,服务超过 16 000 名学生。波士顿驻校教师有超过一半的教师任教数学或科学,其中提供62%的数学教师[①],所有的驻校教师都需要为残疾人和英语语言学习者提供培训,满足特殊儿童教育的需要。在教师多样性方面,驻校教师少数民族教师从占比73.6%增加到83%。

波士顿驻校教师在影响学生成绩方面,如在数学上,第一年教学过程中,驻校教师低于传统教师的5%~7%,然而在第4、5年,波士顿驻校教师比非驻校教师绩效表现好。

在留职率方面,80%的驻校教师能够在教学岗位上工作3年,75%的能够在教学岗位上任教5年,其他类型的教师分别是63%和51%。波士顿驻校教师很高的教师留职率极大转变了波士顿公立学校的预算优先权,这些节省下来的资源用于代替离职或退休教师,重新分配给招聘和开发高需求地区的教师。波士顿驻校教师为波士顿公立学校带来金融和学术回报,很高的留职率进一步提升了学生的学习成绩(表3-1)。

表3-1　波士顿驻校教师与非驻校教师留职率[②]

年份 名称	波士顿驻校教师	非驻校教师
第2年	88%	73%
第3年	80%	63%
第4年	75%	56%
第5年	75%	51%

波士顿公立学校校长佩赞特的长期任职和成功的学区改革努力,以及长期与波士顿卓越计划的良好关系都促进了波士顿驻校教师的健康可持续发展。波士顿卓越计划是全美国最有效的地方教育基金。波士顿驻校教师项目创始人知道他们不能永久依赖外部资金,所以项目建立的前提条件是波士顿公立学校将逐年承担更多的财政责任,采用再分配学区专业发展基金(来自联邦政府、州政府和地方政府)的办法为波士顿驻校教师提供资金,一直到成为项目的最大资金提供者。更重要的是佩赞特有8年的波士顿公立学校校长任期,他建立了一个清晰的教学策略,在这么长的时间里,驻校教师项目完全能够被建立和组织起来。

---

① Jori S. Beck. Changing the Narrative of Teacher Preparation:A Case Study of Faculty Methods at an Urban Teacher Residency[D]. George Mason University,2014:54.

② John P. Papay, et al. Does an Urban Teacher Residency Increase Student Achievement? Early Evidence From Boston[J]. Educational Evaluation and Policy Analysis,2012,34(4):413 - 434.

七、芝加哥驻校教师与波士顿驻校教师项目比较

芝加哥驻校教师与波士顿驻校教师有类似的教师质量概念、项目设计、内容、招生录取过程以及绕过大学教师教育项目的哲学,同时它们在项目使命、资金来源、都市学区等方面面临的问题不同,因而呈现不同的特点。

(一)项目的不同点

1. 期望不同

很多驻校教师都将很高的期望作为低收入地区、处境不利学生教学的必要组成部分,芝加哥驻校教师强调个人问责和毅力,这些倾向包括独立、鼓励、资源、个人忠诚、耐力以及责任。相反,波士顿驻校教师多为社会进步积极分子,特别是种族意识明显,为社会公正而教,这些意识根植于波士顿驻校教师心中,是因为他们必须面对建立在种族和阶层基础上的歧视和不公正,结合每天的批判性视角和文化回应性课程以及教学实践作为社会变革的一部分。

2. 气质不同

芝加哥驻校教师把个人责任和毅力价值作为高质量提升都市课堂内教师留职率和有效性的标准。芝加哥公立学校与都市学校领导学院的伙伴关系是想让驻校教师学习都市领导学院的管理方式,并在托管的学校里找到合适的工作。他们进入转换学校,在成绩较低、处境不利儿童地区的课堂上从事阅读和数学教学。驻校教师不仅能忍受在最贫困孩子课堂里教学面临的压力和挑战,而且也包括 3 个月前因教学失败关闭的学校,需要面临新的教师、行政管理者、新的规则和程序以及很高的成功期望,然而社会和经济问题仍然影响着他们任教的孩子。因此,芝加哥驻校教师需要靠毅力在最具挑战的工作环境中从事教育工作,并提升学生学习成绩。由于项目创始人的世界观、公司捐赠者的影响,以及缺乏连贯一致的专业教育议程,芝加哥公立学校要求教师自我创业,足够强大到可以承受转换学校事业的压力,在承诺服务期限期满后仍然留在工作岗位。

波士顿公立学校并不从事重建学校的商业事务,而是试图吸引和留住有色人种教师或白人教师在有种族问题的学区,学生的种族多样性远超教师种族多样性,他们的成绩差距一直保持到现在。驻校教师资金一大部分来源于波士顿学区,使都市学区能够控制新教师的数量和专业,并依赖波士顿驻校教师提供入职辅导。波士顿驻校教师需要行动主义者的教师,他们认识到所有需要学习的课程都包括种族、阶层、权力和公正问题。波士顿公立学校需要教师具有把教学看作是追求社会公正的一种行动,而且相信通过参与社会公正,教师将通过有效的教学、更好的师生关系积极缩小学生之间的成绩差距。波

士顿驻校教师与波士顿公立学校伙伴关系经历一个讽刺性的结果,他们的合作战略导致项目的毕业生不一定获得学区内最差学校的教学岗位。

量身定制的驻校教师可能因为能力有限而要在特定学区,芝加哥都市学校领导学院培养的最优秀教师可能不能在波士顿学区任教,同理,一位知名的波士顿驻校教师可能不能在芝加哥公立学校成功任教,因为他们的教师气质、设计的背景,不能满足彼此学区的需求或者学区工作的背景。

(二)项目的共同点

1. 共同的高素质教师

(1)共同的关注 在什么是高质量教师的问题中,两个项目都提到了课堂和行为管理;内容知识领域包括数学、科学、英语、语言艺术、历史;与学生和家庭的关系;计划和评价技术,如计划与评估准则和逆向计划;个性化,使用特殊的教学方法满足具体儿童的学习需求;资源丰富和创造性;对学生和专业的承诺。

(2)共同的质量标准 波士顿和芝加哥驻校教师项目包括7个一样的高质量驻校教师标准,即把教育理论与课堂教学实践紧密结合在一起的一年驻校模式的教师教育;关注驻校教师学习中伴随着一位有经验的、受过培训的和很好补偿的辅导教师;在一个小队中培养候任教师形成专业学习社区,促进合作和学校变革;建立有效的伙伴关系,依赖社区组织促进教师培养的第三条道路;通过参与学区教师供应问题和课程目标、教学方法问题服务学区;一旦驻校教师被雇佣,支持驻校教师多年教学;建立动机和支持差异性职业目标留住驻校教师,奖励有经验的驻校教师。

2. 共同的市长控制教育机制

(1)市长控制教育 市长控制都市学区是指在市长的控制下运行和治理一个城市的学校系统,市长负责任命学区校长和董事会成员。从20世纪早期开始,通过州政府决定的法律、实现市长控制公立学校系统成为美国一种流行的教育治理改革。

在芝加哥、波士顿、纽约、华盛顿特区等城市把学区运行的权力转移至市长办公室,创造一个综合的治理方式,把市长的政治与学区绩效综合在一起,形成更加整合的权力和责任。市长接管公立学校,制定全学校系统的标准,以此对学校和学生的绩效进行问责。通过选举,市长为学校系统的成功或失败承担责任,同时市长任命学区官员,建立来自公共问责的缓冲机制,可以自由地设计和执行激进的未经检验的教育教学改革。

在市长控制下,提升学校质量可能刺激经济发展和吸引、留住更多的中产阶级居民,同时形成一个更加紧密的城市政府和商业的联盟。市长接管解决了长期由于分裂导致的学校治理政治化产生的功能失调问题。这些都是学校董事会不能或不愿意做出回应的问题。市长控制剥夺了学校董事会代表选民的选择权。随着市长、学区校长、学校董事会成员的行动,这种改革创造了一个阻止公民需求的声音在学校治理、改革学校政策中出现的障碍。任命的学校董事会成员导致更少的民主及城市的不利处境和缺乏代表地区的代表减少。在市长控制下将执行相当多的自由裁量权和支持更激进的教育教学改革特别是公立中小学的市场化改革。

(2)驻校教师市长控制实践 芝加哥的市长理查德·达理(Richard Daley)和波士顿的市长托马斯·梅尼诺(Thomas Menino)执行市长控制,宣布教育成为最优先权,二者都支持公立和私立的行动者参与改革议程,获得稳定性和长期性的教师。都市政府会提供解决问题所需要的资源,建立公共与私立、政府与非政府组织之间的联系。芝加哥和波士顿市长通过学校、州政府、城市、公司参与者创造了接管的法案,把失败的公立学校交给私人提供商控制,与教师工会签署协议,同意学校关闭和解雇教师的政策和程序。

芝加哥和波士顿市长接管学区事务主要有以下几个原则[①]。

一是现存的政治结构如学区和教师工会不容易被替代,特别是芝加哥市经历了数十年的教师工会动乱,最终以与接管市长签署谈判和交易协议结束,如市长满足了教师工会的要求,使之成为美国都市学区工作时间最短的城市。

二是州政府和学区被授权干预失败学校。芝加哥和波士顿的接管者要求州政府通过法律允许市长的自由裁量权,解决低绩效学校问题。在《不让一个孩子掉队》法案授权下,加强市长对失败学校改革的决定,因为它们不能满足年度学术进步要求,芝加哥最终决定重建和私有化公立学校管理。波士顿学区决定建立学区目标、课程和学生学习成果之间更紧密的联系。另外,1995年波士顿也开始建设试点学校,在现有学校基础上给予更多的自治权,学区倾向于在现存学校系统内进行改革而不是重建、重新设计或重组公立学校。

三是市政厅管理冲突的利益,降低规章制度的碎片化。集权的教育治理、政策伴随着市长控制,使得相关互相竞争的改革得以执行,使传播学区的使命和价值观成为可能。芝加哥和波士顿驻校教师项目的实施并没有受到来自教师工会或地方大学的抵制,芝加哥市的决定则结合了教师培训和学校重建。

四是市长能够在系统层面综合学区的政治问责和教育绩效标准。市长和任命的学区领导驱动的教育改革,新系统的行动者需要这些改革,如驻校教师项目,通过市长办公室抵御来自问责的威胁。通过一个人负责全市的教育系统问责,把这种问责机制融入4~6年的选举周期内,市长控制创造了一个执行学区改革实验实施条件。这种组织原则的优势在于,使用选举问责,更加广泛地综合城市服务,提升了学校刺激城市经济发展、吸引和留住中产阶级居民的作用,建立了更加密切的城市政府和工商企业的联盟

---

① Laurence B. Boggess. Home Growing Teacher Quality: District Partnerships With Urban Teacher, Residencies[D]. The Pennsylvania State University,2008:29.

关系。

市长接管者解决了学区在领导和管理问题上长期的功能失调,学区董事会无力或不愿意做出回应,通过任命学区董事降低学校治理的政治性,提高决策效率。市长接管者的不足在于经常受到州议会和城市议会和社区领导者的阻碍。把学区的控制权交给市长办公室改变了选举的学区董事会,但是并没有消除学区治理的政治性。把问责通过选民产生的一个人的办公室,使之清晰地表明谁应该负责,但是创造了一个更大的障碍,那就是公民需要在学校治理中展示自己的声音,但市长控制取消了公民发表建议和意见的权力。

3. 私有化教师培养

芝加哥和波士顿都采用私有化教师培养和学校管理推动改革,芝加哥采用完全私有化的伙伴关系进行教师培养和管理失败的学校,波士顿采用半私有化的措施进行教师培养。芝加哥驻校教师项目是一个独立的、私立的、非营利组织,由项目董事会管理,与芝加哥公立学校签署合作协议,由私人基金支持其不断发展。波士顿驻校教师项目是一个半私立的伙伴关系,意味着项目由学区运行,但是财政事务由非营利组织——波士顿卓越计划管理。这种状态被称为一只脚在学区内,一只脚在学区外,设计的目的是在自由市场上与大学和学院竞争,因此波士顿驻校教师项目是一个半私立伙伴关系。

八、驻校教师运行机制

一是驻校教师建立了与大学、学区、资助机构的合作关系,提供教学艺术硕士学位课程和中小学驻校临床实践紧密结合的教师培养模式。二是招收多种族学士学位获得者,经过 1 年驻校学习,在专家辅导教师指导下学习教学,并逐渐成为学校承担全部课堂责任的教师,满足地方学区对高素质教师需求,特别是科学、数学、特殊教育等高需求科目教师。三是驻校教师以驻校小队形式学习,既可以充分发挥小队在学习、生活、情感方面的交流支持作用,也可以以小队为单位进行教学辅导,为不同学习者提供模范教学实践。四是项目为驻校教师提供财务激励措施,包括驻校期间生活津贴、硕士学位课程学费减免、国家贫困地区奖学金、全职薪水等支持,以及非金钱激励措施,包括福利待遇、健康保险、2~3 年的新教师入职辅导等,以此交换驻校教师在高需求地区、高需求科目任教 3~4 年的承诺,都市驻校教师改革假设及其暗示见表 3-2。

表3-2　都市驻校教师改革假设及其暗示①

假设	暗示
教师招聘:假设驻校教师规模不断扩大,大学毕业生和职业转换者,想从事高需求都市学校教学工作并获得教师资格证书	驻校教师的规模不断扩大,候任教师资源不断增加将保证驻校教师招聘具有一定的选拔性。如果申请驻校教师的数量没有达到一定规模,选拔性和质量将会下降
教师留职:假设一旦受过培训和具有教学经验,教师将会留在高需求的课堂多年,并坚定这一承诺	财务的激励将被专业和自然的激励——忠诚、认同归属于学校和专业的身份等所代替。如果非金钱激励不再有效,那么高需求地区的教师流失率将继续增加
招聘和留住辅导教师:充分供应的合格的和经过批准的辅导教师将愿意与驻校教师在1个学年持续共享他们的时间、精力、班级管理和课程	随着驻校教师规模不断扩大,合格的高质量的辅导教师也将不断增加。如果辅导教师的数量和质量不能保证,驻校教师培养质量将下降。
驻校教师项目形成规模的能力:驻校教师将在规模上不断增加,满足学区不断扩大的对这一特殊培养教师的需求	随着驻校教师注册规模不断扩大,驻校教师的组织能力必须得到加强,以便管理更多的数据、关系、安置地点、项目组成部分、辅导教师以及评价时间。如果驻校教师项目的能力不能随其规模增加而提升,那么教师质量和有效性将会下降
政治意愿:驻校教师接收私人和公共的资金和政治支持,通过他们与驻校教师项目相关的行动者建立联系,如学区校长、市长、公司的股东和有权势的人	政治意愿将会随着新的选举而变化,否则不希望的事件的发生将会打开或关闭政策窗口

(一)合作伙伴关系

1.建立驻校教师项目

驻校教师项目往往与政府、高等教育机构、地方教育机构合作设计教师培养方案,建立一种为高需求领域和地区招聘教师的机制,以便获得知识、财政支持和政治支持,降低教师流失率,缩小学生成绩差距。

2.政府角色

(1)州政府的角色　一部分驻校学校可能由学区运行,或教育学院运行,每一个州都

---

① Laurence B. Boggess. Home Growing Teacher Quality: District Partnerships With Urban Teacher, Residencies[D]. The Pennsylvania State University,2008:195.

可以选择自己的方法授权这些机构,希望每一个州都建立驻校学校,与州政府教学和教师资格证书委员会建立密切的联系,保证驻校学校真正培养有经验的年轻教师,以便他们能在未来的职业发展中获得成功。每一个州政府将决定挑选多少所这样的学校,满足未来中小学需求。允许驻校教师项目授予教师资格证和学位证书,确保培养有专业准备的教师。如果项目没有在允许的时间内达到标准,确定关闭项目的最后期限;评价和修改能反映专业准备教师期望的项目;在他们获得初任教师资格证书教学之前,要求所有师范生通过课堂基础的表现评价。

(2)联邦政府的角色 首先,应该允许驻校教师更加容易地接近联邦学生贷款资金,免除特殊的合规要求。联邦政策制定者能够与现存的认证者一起工作或者鼓励开发一种新的针对驻校教师的认证机构。为支持驻校教师发展,美国教育部已经拨款1.5亿美元[①]。据罗伯特·约翰逊基金会(The Robert Wood Johnson Foundation)统计,每一所驻校学校50万美元,每一名驻校教师每年需要11.5万美元,全美每年需要115亿美元,这样的拨款将涵盖驻校教师薪水、收益以及项目运行管理支出。115亿美元就能够满足所有驻校教师需求。

其次,确认驻校教师项目作为全国的高质量教师培养标准,承认教师培养是一个所有公立学校利益相关者的集体责任;持续为创新性教师培养提供资金,包括驻校教师项目。

(3)学区政府的角色 都市政府领导人为学区驻校教师项目解决问题,提供金融支持,学区的改革伙伴需要政治能力保证他们项目改革的可信性和可持续性。驻校教师项目伙伴关系从理论上来讲需要以上三种能力来解决成绩差距问题。芝加哥和波士顿学区嵌入都市政权,收到了来自市长的支持,通过任命学校董事和校长、修改地方和州政府法律支持市长接管学校,通过城市办公室提供财务管理服务,通过地方商业和慈善机构提供支持。在美国高等教育法授权下,波士顿驻校教师项目建立5年奖学金的教师质量伙伴关系项目[②]。

(二)招生

驻校教师项目招收的一般是学士后层次的驻校教师,该项目包括一个研究生和教师资格混合项目或单一教师资格证书项目。在进入项目之前,师范生需要证明他们已经掌握了任教科目知识,这些师范生将花费大部分驻校时间学习教育学知识和参与教学实

---

① Boston Teacher Residency Investing in Innovation Fund[EB/OL]. https://www2.ed.gov/programs/innovation/2010/narratives/u396c101038.pdf,2021-8-29,38.

② Ronald Thorpe. Residency:Can it transform teaching the way it did medicine[J]. The Phi Delta Kappan,2014,96(1):36-40.

践。项目不仅选拔驻校教师还需要选拔辅导教师。

1. 选拔标准

申请者需要具备解决问题的能力、坚毅、紧迫感、学术基础以及满足学生参与和发展的合适的交流能力。招聘驻校教师往往强调一定的技能、工作或生活经验。主要强调职业发展中一定的课程内容和任教科目知识或者大学学习课程，与儿童一起工作的经验或者在学校工作的经验，以及很强的学术成绩记录。最低学分绩点从 2.7 到 3.0,比一些高度选拔性的实践取向的教师教育项目稍低,学分绩点反映出学生的选拔性,"为美国而教"要求最低学分绩点为 2.5。

2. 选拔程序

一般驻校教师选拔会经历在线申请、面试、录取等环节。首先,招聘目标,驻校教师招聘数量建立在合作学区提供的需求数量和类型信息基础上。一般建立在高需求学区、高需求科目和年级以及教师的人口学目标。所以驻校教师年度招聘目标很大程度上在合作学区发布的需要多少和哪种类型教师报告的基础上,确认驻校教师数量和类型。

其次,要求驻校教师撰写书面申请,组建招生小组文件夹,对候任教师的课程、学分等复印件进行审查,然后将这些文件送交项目招生委员会评审,再反馈给招生小组他们是否适合这个项目,采取行动计划以便完成录取工作。

再次当申请者申请之后,项目招生人员会电话面试每一位申请者,每一位面试时间是 1~1.5 个小时,包括提前了解每个候选人的信息和前期工作,每人需要 3~4 个小时。然后这些档案材料会递交给项目主任审查。根据申请人电话面试表现及申请情况,他们被邀请参加选拔日的面试。申请人要讲一节示范课,包括写作评价、小组活动、问题解决部分,获得更丰富的候任教师技能和能力信息,为候任教师提供与现任驻校教师见面的机会,形成对驻校教师愿景和日常需求的深刻理解。部分州政府还要求申请者按照州政府要求每一位候任教师必须成功完成普莱克斯 I、II 测试(*PRAXIS I and II*)以及州政府读写能力测试,大学教育学院要求候任教师获得米勒类比测试(*The Miller Analogies Test*)或者研究生入学考试(*Graduate Record Examination*)。

最后,在录取日当天,候任教师撰写一篇《这是给我的吗?》,鼓励候任教师反思为期1 年的驻校教学、公立学校学生等论文,了解驻校教师未来驻校学习计划。

(三)驻校教师培养

驻校教师培养一般包括以小队形式组建教学小队,夏季暑期学校课程学习,1 年驻校学习,包括辅导教师结构化辅导和反馈,逐步承担课堂教学责任直到完全承担课堂教学责任。大部分驻校教师要接受至少 900 个小时的职前实践培养,然而大部分传统的教师项目只提供 400~600 小时职前实践培养,大部分选择性教师教育项目很少提供或者不提供师范生教学。

1.夏季学期

录取的驻校教师一般会参加驻校教师项目与合作大学开设的夏季学期课程,在大学的课堂里学习教育教学基本理论以及教学艺术硕士学位课程,同时在夏季学期里等候相关驻校安置和分配。

2.小队教学

一般驻校教师会分成若干小队,参与项目的教师可以集体进入大学课程或者被安置在一所学校,参与小队教学活动,形成一个学习的社区,创造一个强有力的学习支持网络,增加合作学习经验,促进新教师与有经验教师的合作关系。来自中小学的教师和大学的教师共同开发课程、提高教学、推动学校改革,把教学学校转变成为一个学习和反馈的地方。

一般来讲,驻校教师1年主要有9种教学活动。上半年,驻校教师很少完全负责课堂教学活动,只承担一部分教学活动或者与辅导教师共享教学责任。上半年的主要教学活动有5种,分别是与学生一对一工作、与学生小组一起工作、在整个课堂教学中执行教案、撰写教案、维持学生纪律等,其中帮助辅导教师制定教案是驻校教师的主要责任。随着时间的不断推移,教学活动的责任也相应增多,在下半年负责4个教学活动,主要是选择教学技术、课时计划、评价学生和评分以及执行课堂教学。驻校教师项目主任认为在上半年他们期望驻校教师仅接受最低限度的全部负责课堂活动平均为10.2天,在下半年的平均时间为19.2天。驻校教师认为他们在上半年全部负责班级活动平均在21天,下半年37天,在36周的活动中,上半年每周平均1.2天全部负责班级活动,下半年平均每周2.1天,[①]二者存在一定的认知差异。

3.课堂教学辅导

驻校课堂教学辅导包括备课、课堂观察阶段辅导、课后讨论、激励回忆四个阶段[②]。

在备课阶段,驻校教师与辅导教师共同讨论课堂教案,驻校教师会设计课堂目标、学区课程计划工具以及准备其他的相关材料,辅导教师帮助驻校教师开发一个好的上课教案,讨论课堂教学目标,解决教学方法,是采用小的课堂还是小组教学,一步步地设计程序,质疑教学策略,逐步释放责任,课堂教学结束后,评价和督促学生学习。同时辅导教师帮助驻校教师设计课堂,并把学生需求,作为驻校教师教学技能发展的评价数据。

在课堂观察阶段,每一位驻校教师都会录制驻校教师课堂教学观察录像,辅导教师会记录有效学生学习和课堂教学有效性的笔记,并根据以下8个标准进行教学行为表现评价:最有效的课堂提供了大量平衡的综合教学;最有效的课堂中儿童进行了很多的阅

---

① Tim Silva, et al. Teaching Residency Programs: A Multisite Look at a New Model to Prepare Teachers for High-Need Schools[R]. Institute of Education Sciences, 2014:61.

② Brian M. Flores. Pre-service Teacher Micro-hegemonic Construction of Literacy Teacher Identity [D]. University of South Florida, 2018:66.

读和写作练习;科学和社会研究应该与阅读和写作教学结合在一起;意义是核心,教学应该强调高阶思维;在阅读和写作教学过程中,明确地交给孩子们技能,并指导他们使用这些技能;教师使用多种形式的教学;广泛的教学材料;课堂管理良好,有很高水平的期望。这8个原则是有效阅读和写作的课堂实践。参与者随后上传视频课堂记录给平台,作为观察和反思的工具。在线软件将允许这些视频获得反馈和评价。这样不论是辅导教师还是驻校教师都可以给具体的教学实践录像进行评分,以便在会议阶段进行讨论。

在课后讨论阶段,驻校教师、辅导教师甚至项目主任讨论录制的课堂教学视频。项目主任等行政管理人员会被邀请但未必每次都能按时出席,驻校教师先观看自己的课堂教学视频,根据上述8个原则编辑裁剪为8个部分,或者他们感觉可以进行更加有效教学的视频片段。辅导教师使用促进反思性对话框架,鼓励他们对话,反思他们的教学过程。

激励性回忆是一个元认知策略,在激励回忆阶段,号召对课堂观察事件进行记录,随后进行一个访谈。课堂教学视频作为一个刺激物,促使驻校教师回忆当时教学的情感和思维,并用内省语言表达自己当时的认知活动想法,在访谈中,反思视频中的教学事件。激励性反思进行的内省式访谈,有助于内省专家与新手教师进行比较。激励性回忆在后回忆阶段的1~4小时内进行,参与者主要是辅导教师和驻校教师。

4.辅导教师

辅导教师是驻校教师项目的重要组成部分,全美教师教育认证联合会的蓝丝带委员会以及州政府和联邦政府的政策制定者都认为美国教师培养必须通过密集的临床实践和学校基础的经验,不断增长的临床实践意味着职前教师将花费越来越多的时间在中小学课堂,更少的时间在大学课堂[①],负责为驻校教师提供课堂教学实践反馈,70%的驻校教师项目要求他们的辅导教师一个月观察4次,并为驻校教师提供观察反馈。在选拔辅导教师的时候,要考虑到辅导教师的有效性和思维模式,例如,他们必须热心教学和具有合作性,通过辅导来改进教学,促进辅导教师本身的专业发展(表3-3)。

全美国来说,平均每个驻校教师项目有20名教学人员,最少的5名,最多的51名,平均每名驻校教师有1.1名辅导教师。超过50%的项目的教学人员是大学的全职教师或兼职教师,教学人员需要有与驻校教师一样的教学经验,81%的教学人员有小学教学经验,56%的有中学教学经验。一般来讲一个驻校教师分配1名课堂辅导教师,占70%;第二种模式是上半年和下半年分配不同的辅导教师,占17%;第三种模式是一名驻校教师分配给不同的辅导教师,占13%。驻校教师不仅与辅导教师互动,还与项目其他辅导教师或教练进行相关交流,同时驻校教师之间也有交流和互动。

① Rachel Roegman, et al. Support and Assist: Approaches to Mentoring in a Yearlong Teacher Residency [J]. International Journal of Mentoring and Coaching in Education, 2016, 5(1): 37-53.

表 3-3 辅导教师关注的话题①

话题	百分比
有效的教学法	34.2%
差异性教学	14.1%
班级管理	10.7%
动机策略	6.7%
班级社区	6.7%
评价	6.0%
学校人事问题	6.0%
学生支持	5.4%
建立人际关系	5.4%
家庭作业	4.7%

（1）辅导教师招聘 关于临床辅导教师的招聘和选拔,大部分学校主要依赖校长或其他学校行政管理人员的推荐(表 3-4)。大部分学校强调辅导的两个关键因素:一是学校行政管理人员的推荐,另一个是教师有高级资格证书或者是项目校友。选拔辅导教师的过程相当严格,因为他们必须是有经验的,而且要有成就。在 30 个驻校教师项目中发现项目中的辅导教师平均有 10 年的教学经验。

首先,一位好的辅导教师应敏锐感知新教师需求,有效传递教学策略。同时还是一位好的聆听者,能够开放地与新教师交流沟通,能理解教师可能使用多样性的有效教学风格,不要轻易做出判断。

表 3-4 辅导教师标准②

驻校学习	中小学生学习和专业承诺
建立创造性的和支持性的关系,创造一个教育性的辅导背景	在合作中发展一种互相收益的关系,提升学生的学习效果
通过有效交流和积极聆听提供指导和支持	培育对公平平等的承诺,包括帮助驻校教师成为所有学生变革和倡议的代理人
承认辅导、帮助、支持的复杂性,引导专业探究和发展	应用学习理论发展、塑造和执行创新性的课程
利用成人学习的原则促进驻校教师独立	展示对很高专业标准的承诺

---

① Marjorie Roth Leon. Distributed Mentoring:Preparing Preservice Resident Teachers for High Needs Urban High Schools [J]. Journal of Urban Learning Teaching & Research,2014:101-117.

② Rachel Roegman,et al. Support and Assist:Approaches to Mentoring in a Yearlong Teacher Residency [J]. International Journal of Mentoring and Coaching in Education,2016,5(1):37-53.

其次,辅导教师专业培训(表3-5)。辅导教师平均受培训时间32小时,内容包括辅导教师角色、责任、辅导战略和如何执行课堂观察,但很少涉及任教科目培训。担任辅导教师的时间越长,得到的培训时间越多,有5~6个学期辅导经历的教师培训时间可达到58小时,1~2学期辅导教师培训时间平均28小时。

表3-5 驻校辅导教师培训主题[①]

主题	百分比
理解辅导教师角色和责任	95%
教练策略	94%
执行课堂观察	90%
帮助驻校教师进行班级管理	75%
教案	75%
分析学生成绩,用素质教学和课程满足学生需求	71%
分析学生作业	66%
与成人学习者一起制定目标	61%
数学和语文的内容辅导	46%

最后,辅导教师招聘应经过以下程序。一是制定或重新设计教师评价系统,确认高效的辅导教师,量身定制的系统能够保证拥有在高需求学校工作的技能和知识或不利学生需要的技能和知识;二是根据教学有效性和辅导教师能力作为审查潜在辅导教师的标准;三是提供学校激励和灵活性,把驻校教师作为项目职员,允许驻校教师按照小队的形式在有效辅导教师指导下进行,并通过小队的形式从同辈中学习教学,选拔同辈辅导教师;四是为辅导教师提供可持续的生活津贴,部分地区提供2 000~3 000美元生活津贴,以及减免部分教学任务等方式,鼓励合格的教师参与辅导,提供专业培训,保证很好的驻校教师与辅导教师配对关系;五是评价辅导教师对驻校教师教学有效性和留职率的贡献。

(2)辅导教师分配 辅导教师分配主要根据高需求学校和班级分配(图3-3)。首先,从外显因素来看,一般从年级、任教科目、驻校教师居住方便性分配辅导教师。其次,从内隐因素看,主要是考虑辅导教师的个性或教学风格,尽量寻找与驻校教师互补的个性和教学风格。最后,其他的因素,包括有的驻校教师希望挑选他们希望的高需求学校和辅导教师。86%的辅导教师认为他们的驻校教师是分配的而不是挑选的。80%多的

---

① Tim Silva,et al. Teaching Residency Programs:A Multisite Look at a New Model to Prepare Teachers for High-Need Schools[R]. Institute of Education Sciences,2014:29.

驻校教师认为他们能够影响分配的学校、年级和任教科目①。

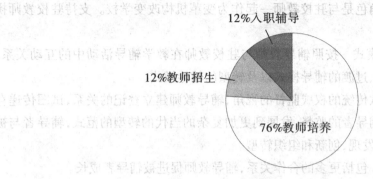

图3-3　辅导教师全职教学年限②

（3）辅导教师培训　根据政府拨款要求，驻校项目必须为辅导教师提供高质量培训，包括语文教学和课堂管理。部分教师培养项目制定了辅导教师专业发展和成长的标准或指导纲要，帮助辅导教师理解作为教师教育者应承担的责任，提供一种辅导教师培养、支持和评价的机制。

辅导教师需要承担以下工作任务：引导驻校教师参与每日的教学仪式；与驻校教师从事实质性和持续的对话；与驻校教师合作设计课堂计划和课程计划；邀请驻校教师提出观点，评价辅导教师教学；提供特殊的、有限的实践和行动反馈；尊重驻校教师项目监督指导、时间安排以及建议等；与驻校教师共享价值观；分享他们自己的专业评价；享受有关教学、学习、学习教学相关的对话；考虑怎样可以教得更好或更好地解决班级管理问题；能更好地反思他们自己的教学；他们是否是合格的教师。

（4）辅导教师辅导视角　辅导教师主要从事3个方面的辅导：人文主义视角、情境学徒视角、批判性建构主义视角。③　人文主义视角关注建立职前教师自尊和自信。辅导教师的角色提供情感支持和咨询，辅导教师还可以用非判断性语言询问上课和鼓励职前教师尝试他们自己的想法。

情境学徒视角关注教学实践知识，辅导教师作为专家或地方指导解释教学的技术方面，包括特殊的教学技能、接近资源的方式以及学校所在地的背景和文化。作为辅导教师会逐步让驻校教师承担更多责任和在课堂内独立教学。

批判性建构主义视角的依据所有知识都是在合作建构的理论基础上的。辅导教师

---

① Tim Silva, et al. Teaching Residency Programs: A Multisite Look at a New Model to Prepare Teachers for High-Need Schools[R]. Institute of Education Sciences, 2014: 56.

② Tim Silva, et al. Teaching Residency Programs: A Multisite Look at a New Model to Prepare Teachers for High-Need Schools[R]. Institute of Education Sciences, 2014: 31.

③ Rachel Roegman, et al. Support and Assist: Approaches to Mentoring in a Yearlong Teacher Residency [J]. International Journal of Mentoring and Coaching in Education, 2016, 5(1): 37-53.

主要涉及驻校教师与辅导教师一起反思、生产知识、批判现存知识和文化。学习的目标是解放的,辅导教师的角色是与驻校教师一起作为变革机构改变学校。支持驻校教师挑战流行的教学文化。

(5)辅导教师辅导模式　按照辅导教师与驻校教师在教学辅导活动中的互动关系,可以分为传统辅导模式、过渡的辅导模式以及转型的辅导模式。

首先,传统模式。从传统的权威监督的视角,辅导教师建立登记的关系,试图传递存在的价值观,保持对被辅导者的监督,发展到更加复杂的当代的转型的范式,辅导者与被辅导者之间平等地参与发现、创新和组织转型。

其次,过渡的模式。包括更多的合作关系,辅导教师促进被辅导者成长。

最后,转型的辅导模式。包括双方建立的合作学习者关系、交换想法和建议本质上是互利的。正是这种文化框架看起来超越了什么是、什么应该是的框架,更多的质疑信仰、方式和习惯,潜在地推动辅导关系中个人的转变,同时也促进了组织的转变。

(6)辅导教师与驻校教师存在的不足　一部分驻校教师认为他们的辅导教师是积极的、值得信任的、支持的和鼓励的。一部分驻校教师描述辅导经历了压抑和要求,甚至消极的辅导经历,认为他们的辅导教师是妄下判断的、批评的、虚伪的、误导的。一部分驻校教师认为辅导教师对其进行了微观管理和批评,自己经历了非常困难和压抑的一年。

5.驻校教师教学模式

根据辅导教师与驻校教师运行体制机制,二者之间的关系和采取的策略可以分为合作教学模式、分配式辅导模式、同辈辅导模式、教学巡查模式。

(1)合作教学模式　合作教学模式中,辅导教师与驻校教师进行合作教学和合作研究。合作教学至少每周 1~2 次,辅导教师与驻校教师共同制订教学计划、沟通教育哲学、内容知识和教学技能、教学方法等。驻校教师合作教学是一个自然的给予和接受过程,需要靠时间建立双方信任和实践基础。合作教学最主要的 6 个策略是一个教学,一个观察(One Teach,One Observe);一个教学,一个帮助(One Teach,One Assist);站点教学(Station Teaching);平行教学;选择性教学;团队教学。这些教学策略通常会提前规划,按顺序执行。教师选择合作教学需要建立在一个单元或一节课、学生学习特点、需求和兴趣需求的基础上。

(2)分配式教学模式　分配式教学是通过多种不同辅导教师和同辈资源获得教学知识和技能。驻校教师需要与辅导教师、大学教师、行政管理者、父母、社区互动,进行反思和内省。辅导教师通常是大学教师和中小学的经验丰富的教师,以及学校的教练和行政管理者。这些专业辅导教师能提升驻校教师教育教学实践知识,获得有效课堂管理策略,形成教师身份认同以及确认问题,影响儿童和家庭的能力,增加驻校教师留职率。

(3)同辈辅导模式　同辈辅导模式通常是具有类似水平经验和专业知识的同班同学。同辈辅导教师具有同等水平,能提供一个共同的教学目标、讨论学科内容、批判教学实践录像、分享课堂管理策略、庆祝课堂成功(表 3-6)。一部分驻校教师甚至感觉到在咨询同辈老师的时候更安全、更舒适，认为同辈辅导教师通常会提供心理支持、反馈，促进更多的批判性思维，增加都市学校师生之间的社会资本和尊重，提升教师留职率。

表3-6　同辈辅导关注的话题[①]

话题	百分比
有效的教学法	23.5%
班级管理	14.9%
差异性教学	11.1%
动机策略	8.9%
家庭作业	7.3%
出席率	7.1%
学生支持	7.1%
学校意义	6.8%
评价	6.6%
人际关系建立	6.6%

（4）教学巡查模式　全美教师教育认证联合会提出教学巡查（Instructional Rounds）、教育巡查支持临床丰富的教师培养。这个概念借鉴了医学查房，有经验的医生、住院医师、医学生一起共同评价和诊疗病人，提升医学生诊断和治疗水平。教学巡查通常会集合一部分驻校教师或在职教师一起观察一个或多个课堂教学，互换性确认教学问题，使用结构化的程序，集体分析课堂教学，以便提升他们对课堂教学的理解。

教育巡查主要有两种模式，一种教学巡查模式，把学校和学区的人召集在一起关注课堂教学中出现的实践问题。参与者可以是同一学校或学区的人，或来自不同背景的人，希望校外的访问者能学习教学实践，同时主持学校能够从教学实践中获得反馈。教学巡查模式支持不同学校地点对话，创造一个对教学问题的共同理解和话语。在巡查期间，课堂教学观察通常持续20分钟，在此期间观察者撰写与特定问题相关的描述性观察笔记，接下来是观察者讨论他们的观察，产生假设和进行下一步询问。教学巡查一般包括四个步骤：主持的驻校教师开发一个实践问题和理论问题，把它作为观察的焦点；一整节课的观察实践20~60分钟；使用一系列的程序包括分析观察、反馈、下一个主持和同辈等结构性程序进行问询；学期结束，小组反思。建立的教学巡查程序用于保证对描述和证据的关注。教学巡查期间，教师通常不能参与课堂教学产生的实践问题或询问

---

① Marjorie Roth Leon. Distributed Mentoring: Preparing Preservice Resident Teachers for High Needs Urban High Schools [J]. Journal of Urban Learning Teaching & Research, 2014: 101-117.

观察。

第二种模式是教师巡查模式,通常召集 3~6 名驻校教师、在职教师和教师教育者。这种模式中,有一名有经验的教师主持巡查,建立教学实践模式,或者驻校教师主持巡查以便提升教学实践。巡查根植于教师和学生背景信息,以及探索有关的教学实践和学生学习。小组成员观察主持教师 20~60 分钟,然后参与巡查对话。在巡查对话后,成员提出问题,讨论观察,领悟相关的探究和他们的观察。教师巡查有助于建立批判性反思和推动社区教学实践,鼓励参与者进行临床环境探究。

春季学期所有的驻校教师在他们第一次课堂观察之前都要参与教学巡查,驻校教师学习一个小时的观察实践,分析实践问题,撰写观察日记,评价询问程序。从 2 月到 5 月,每一个驻校教师参与 4 次教学巡查,1 次主持,3 次观察,每一次巡查有 3 名驻校教师和 1~2 名项目观察者,每一次巡查都要求学校管理者、辅导教师、驻校教师主持人参与,确保在相应的日期和时间能在确定的课堂和社区开展教育巡查。例如不能放在考试周或周五的讨论会。参与的小组人员进行一个小时的结构性询问,分析课堂观察结果。询问的目的是分析课堂观察者有关主持巡查的驻校教师教学实践出现的问题,产生下一步的教学实践。项目安排 2 位驻校教师项目的职员,帮助教学巡查和参与教学巡查过程。每一次巡查结束,驻校教师反思他们的巡查经验,回应什么有效,什么可以改变,等等。

所有巡查结束之后,驻校教师需要描述他们从教学巡查过程中学习了什么以及将如何在第一年的教学巡查中进行教学实践。

(四)驻校教师毕业要求

1. 驻校教师项目标准

都市驻校教师联合会为界定驻校教师质量,确定了 6 个标准:一是所有参与者有一个共同的统一的愿景和使命;二是强有力的伙伴关系和评价承诺;三是严格的和富有竞争性的选拔驻校教师;四是严格和富有竞争性的选拔辅导教师,并对辅导教师进行综合性的培训;五是 1 年期驻校教学,强化课程和密集的课堂学徒制之间的联系;六是密集的后驻校支持,包括认真安置毕业生。每一个标准都包括几个指标[①]。

2. 有效驻校教师评价标准

一般从以下几个方面评价驻校教师的有效性:

(1)比较驻校教师和非驻校教师学生学习成绩和课堂表现;

(2)学区与州政府教师有效性评价;

---

① Leah Wasburn-Moses. A National Descriptive Survey of Teacher Residency Programs[J]. School—University Partnerships,2017,10(2):33-42.

（3）对学生、学校和社区相关的有效性影响的认知调查；

（4）担任领导事务的驻校教师毕业生；

（5）辅导教师绩效评价；

（6）州政府学生认知调查。

学生绩效评价主要是标准化成绩分数、年级、学生学术进步等。教师绩效通过课堂观察、任务表现、专业主义指标和学生认知调查。

3.驻校教师绩效评价

驻校教师要经过建立在课程、评价和观察数据基础上进行严格评价。没有达到要求的驻校教师需要制订提升计划,驻校教师若最终不能实现提升,将被劝说离开项目。

驻校教师必须证明掌握了任教科目知识和教育学专业知识,具体如下。

（1）掌握学科知识　所有的驻校教师必须证明他们掌握了任教科目内容知识,依赖学习的课程或者学分并不能保证师范生已经掌握了科目知识,所以要通过考试评价他们是否掌握了这些知识。一般要求驻校教师参加州政府颁布的任教科目内容知识考试或者普莱斯 II 考试(The Praxis II)。

（2）掌握教育学内容知识　所有驻校教师都必须证明他们掌握了教育学内容知识。拥有学科知识意味着可以把知识分割成小的部分和单元,用来教育学生理解学科内容,预测学生学习科目知识的时候可能遇到的困难。另外,教育学内容知识包括教师管理课堂促进学生学习科目知识的能力,驻校教师必须通过学校基础的经验、协调学习技能,建立整合一致的理论与实践。

（3）课程基础的表现评价　课堂基础的表现评价为驻校教师提供了一个展示任教科目知识和技能的机会,设计一系列的课程,选择特殊的录像,一个外部的评价者观看录像,以及驻校教师书面的课程和课堂制品,如学生作业、讲义、幻灯片,评价他们的教学计划、教学、评价、学术语言和反思的技能。

（五）项目效果

一是驻校教师对学校的贡献方面。对校长的调查表明,89%的认为驻校教师对学校文化有积极的影响,比其他模式培养的教师更加有效,他们倾向于雇佣驻校教师作为他们的同事。驻校教师全美中心(The National Center for Teacher Residences)报告指出驻校教师比非驻校新教师更加有效。在渴望公立学校(Aspire Public Schools)驻校教师项目有44%的项目教师被评为非常有效,非驻校教师仅有6%被评为非常有效。来自布朗大学和哈佛大学的研究团队对波士顿驻校教师项目的研究显示,数学驻校教师在第一年没有其他教师有效,但是第 4 或第 5 年,驻校教师绩效表现优于同期的其他教师(表 3-7)。波士顿驻校教师种族更加多元,更喜欢任教数学和科学,更有可能在学区任教超过 5 年以上。2014 年美国教育部调查驻校教师项目新教师在 8 个教学活动方面比非驻校教师在同一学区感觉较好。

表 3-7　驻校教师与非驻校教师感知比较[①]

活动	驻校教师（百分比）	非驻校教师（百分比）
课堂教案编制	86%	74%
任教科目材料	73%	74%
各种教学方法运用	71%	53%
学生评价	70%	49%
课堂教学相关技术使用	65%	61%
与孩子家长互动	64%	54%
选择和适应课程教学材料	64%	49%
班级管理	57%	40%

二是从工作经验和人口学的角度来看,驻校教师将吸引更多的人选择教学职业,驻校教师项目更容易培养有色人种和少数民族教师,在 2015—2016 学年,有 45% 的驻校教师是有色人种教师,而全美国仅有 19%。

三是任教高需求学科。高需求学科是指数学、科学、双语、英文学习者教师以及特殊教育。在 2015—2016 学年,全美培养了 3000 名驻校教师,其中 45% 的教师在科学、工程、技术和数学科目、英语学习和特殊教育领域任教。

四是驻校教师有更长的任教时间。对 50 个驻校教师进行研究之后发现,驻校教师任教时间比其他教师高出 10 个百分点[②],3 年留职率高达 80%,4 年后仍然有 82% 的教师继续留在教学岗位,5 年留职率达到 70%（表 3-8）。

---

① See Papay et al. , "Does an Urban Teacher Residency Increase"; and "Tennessee Teacher Preparation Report Card 2014 State Profile," in Tennessee Higher Education Commission,2014 Report Card on the Effectiveness of Teacher Training Programs [EB/OL]. www. tn. gov/assets/entities/thec/attachments/reportcard2014A_Tennessee_St... (link is external) ,2021-8-12.

② Sarah D. Sparks. Can Teacher Residencies Help With Shortages? Scholars at AERA take up the topic [N]. Education Week,May 10 2017,36(30).

表3-8 主要驻校教师留职率①

研究	样本	方法	驻校教师
教师培养质量拨款	同一学区的驻校教师与非驻校教师任教第一年和第二年（2011—2012）	回归分析驻校教师与非驻校教师在同一教学地点留职率	同一学区的驻校教师在3~4年留职率82%；非驻校教师为72%
波士顿驻校教师	波士顿公立学校的驻校与非驻校教师	描述性分析驻校与非驻校教师留职率	驻校教师在其任教的第三年为80%，第五年75%；非驻校教师63%，第五年51%；在承诺的3年期满后留职率没有大的变化
孟菲斯驻校教师	全州驻校教师与新教师比较	描述性分析比较全州整体留职率	95%的驻校教师在第三年仍然在田纳西州公立学校任教，41%的其他教师仍然在任教
新视野亨特学院都市驻校教师	纽约市驻校教师与非驻校教师比较	描述性分析	93%的毕业生在任教的第四年仍然在任教，75%的其他教师在纽约市任教
芝加哥都市学校领导学院	驻校毕业生	描述性分析	95%的驻校教师在3年后仍然任教
丹佛驻校教师项目	驻校毕业生	描述性分析	84%的毕业生在3年后仍然任教
渴望驻校教师	驻校毕业生	描述性分析	82%的毕业生在3年后仍然任教
纽瓦克蒙特克莱尔都市驻校教师	驻校毕业生	描述性分析	92%的毕业生在3年后仍然任教
全国驻校教师中心	驻校毕业生	描述性分析	80%的毕业生在3年后仍然任教；70%的毕业生在5年后仍然在高需求学区或特许管理组织就职

五是辅导教师也能从驻校教师合作关系中获益。作为驻校教师，辅导教师可以使他们的工作更加有效，而辅导教师也能从培训过程中学习其他的辅导教师教育教学方法，从而获得专业发展。辅导教师还能够从其他辅导教师怎样教新教师中获益。

---

① Roneeta Guha, Maria E. Hyler, and Linda Darling-Hammond. The Teacher Residency An Innovative Model for Preparing Teachers, Learing Policy Institute[EB/OL]. https://learningpolicyinstitute. org/product/teacher-residency.

（六）财务激励措施

驻校教师为大学和学区提供资本化运行教师教育项目的机会，不论是芝加哥驻校教师项目还是波士顿驻校教师项目都需要大量的资金维持项目的运转，二者都得到公共资金支持，同时都严重依赖个人和公司捐赠支持，芝加哥驻校教师项目还收到联邦政府支持，波士顿驻校教师项目一半的资金来自地方学区，因此驻校教师有更多的资金用于项目发展，有更好的财务激励措施，项目能吸引和留住高质量的多元背景和经历的驻校教师。用生活津贴、学生贷款减免、学费报销换取驻校教师承诺在一个学区任教 3 到 5 年。驻校教师获得的财务贡献最多可以达到 36 000 美元。

资本化运行教师教育项目开启了新的教师教育市场模式，从传统的大学教师教育面向师范生和州政府负责的模式不同，驻校教师项目直接面向地方学区的公立学校和地方政府，可以更有针对性地优化教师教育项目。

（七）成本及其策略

驻校教师项目一般有四个主要的预算领域：前期招聘成本、培养成本、入职辅导成本、项目有效运行成本。此外，还包括在不同项目之间和参与者之间协作和交流成本以及制度政策成本。2007 年波士顿驻校教师项目 13 个月的总支出达到 340 万美元，12%分配到驻校教师甄选上，76%用于驻校教师培养，12%用于入职辅导。从这些项目的平均支出来讲，每一名驻校教师的平均支出达到 38 000 美元。

1. 项目成本

一是招聘成本。驻校教师项目都花费很大的精力招募优秀的候选人，利用驻校教师培训期间的生活津贴、健康保险等福利吸引多样性的候选人，同时提供教学艺术硕士学位的学费贷款。为进入高需求地区和高需求任教科目，完成硕士学位和承诺的教学年限后的驻校教师免除相关学费贷款费用。

二是培养成本。项目对从事教学的教师、辅导教师、评价候选教师进步和需求，提供资金支持和薪水补贴。另外，为驻校教师项目职员建立地方教育机构伙伴关系、学生安置、驻校教师反馈和评价以及任何特殊的培训和支持。这些合作也增加驻校教师成本，通常包括高等教育机构向驻校教师收取的学费，而且比驻校教师项目自己开设课程费用更高。但实际上，驻校教师员工经常被高等教育机构雇佣为临时教师，成为实际上的课程提供者。

三是入职辅导成本。入职辅导也是一个支出，两个项目都雇佣入职辅导教师支持驻校教师第 2~3 年教学。

四是项目运行成本。驻校教师的行政管理成本包括协调不同学校、伙伴和项目参与者的支出。驻校教师雇佣的职员,安置驻校教师学校的现场主任薪水及补贴。项目还需要专门资金用于规划和协调,为相关人员发放薪水、补贴及从事工作需要的资源支持。

五是政策和制度成本。州政府和认证机构都按照传统的教师教育项目对驻校教师进行认证,对于驻校教师项目来说非常痛苦和昂贵,这些制度要求项目符合一系列标准,以此界定项目设计和结构。结果,驻校教师项目教师培养质量被界定为项目在多大程度上符合传统教师培养模式。因为州政府批准和认证机构都采取输入制度界定质量内涵,也就是说驻校项目能在多大程度上适应传统的项目认证标准。

首先在认证方面主要有三个成本。

一是驻校教师项目必须支付一系列的被认为是认证的费用,通常还必须每年支付由于保持认证地位而产生的费用。如第一次通过高等学习委员会认证,预先提交32 275美元作为认证费用,以后每年支付4 355美元会费,第一次通过西部学校和学院联合会认证将至少支付2.5万美元预期费用以及每年的7 592美元的会费。

二是项目为完成州政府批准和认证评估过程需要额外资金支付职员薪水。大部分驻校教师项目的员工主要是承担对驻校教师的支持角色而不是行政管理角色。项目认证和州政府批准是一个长期的、费力的过程,这要求有能力的员工负责认证和批准过程。驻校教师完成这些程序就需要雇佣新的员工或者重新分配现在员工的时间,负责管理认证和批准申请过程。不论是哪一种方式,项目必须投资实质性的财务资源完成项目认证和批准申请。

三是执行来自州政府批准和认证机构认证要求的修改很昂贵。在学位要求方面,项目必须要有严格的招聘专家库,雇佣和留住高质量的教师要求项目支付更高的薪水,提供更好的福利以及采用有说服力的招聘技术。驻校教师项目如果要通过西部学校和学院联合会认证,就必须把他们职员的职称、职务与高校联系起来,咨询项目伦理学专家,接受更多的正式治理结构,扩展董事会成员,修订董事会任命程序。这些修订要求很多是复杂的、昂贵的、官僚性的,所有这些都增加了项目符合政策的成本,干预了驻校教师项目起初设计的教育能力,而且看起来与项目质量无关。驻校教师项目为完成这一过程,往往与已经通过认证的高校建立合作关系。通过这个过程高等教育机构获得驻校师范学费和联邦政府资助,交换驻校教师教育相关的控制权——特别是课程、认证、证书和学位要求。

其次是政策成本。驻校教师项目是在一个完全没有规制的环境中进行的,并不是一个理想的驻校教师项目运行的环境。没有规制的政策环境使得驻校教师扩张,像一个高度限制的政策环境一样会阻碍驻校教师项目发展。因为,他们更难采用低成本、低质量的选拔进行竞争。如在德克萨斯州,有一个相对开放的规章制度环境,这种政策环境很难招聘到驻校教师候选人。驻校教师与其他教师资格路径比较,看起来更加昂贵,负担更重,风险更大。很明显,政策和制度并不是阻碍驻校教师项目运行或扩张的主要障碍,但是它们迫使驻校教师项目做出令人厌恶的选择:驻校教师需要模仿传统教师培养模式,牺牲一部分项目过程的真实性,或者增加负担和支出,控制项目把现存标准转化为驻校教师要求的标准。

2. 项目资金来源

首先,联邦政府拨款。资金来源通常有联邦政府拨款(教师质量伙伴关系拨款、美国队伍拨款、联邦政府学生资助)、州政府拨款、慈善或私人捐赠拨款、学费、地方教育机构贡献。美国教育部教师质量伙伴关系为驻校教师项目给予 5 年期拨款,很多驻校教师项目以此作为初创资金。驻校教师在贫困地区公立学校教学符合联邦政府支持的美国和平队伍拨款,为驻校教师提供生活津贴和奖学金。

其次,混合资金来源。驻校教师资源目前主要是私立和公立混合资源。在波士顿和芝加哥驻校教师项目中,私立资源都是在项目初创时期提供支持,并持续地作为一种促进其持续发展的资源。波士顿项目中,公立资金投资主要源于波士顿公立学校,承诺在前 3 年逐年增加资金,即以每年 20% 的比例通过再分配教师专业发展基金的方式支持项目发展,并最终成为主要的资金提供者。

在波士顿驻校教师项目前 2 年的运行中,私人慈善基金支付全部运行资金,波士顿战略拨款伙伴负责提供这些风险投资资金。除此之外,波士顿卓越计划提供相当重要的实物支持,包括办公室空间、行政管理人员支持、会议支持。到 2008 年,项目运行的第五年的时候,驻校教师项目资金有 90% 来自公共资金,其中波士顿公立学校达到 60%,另外 30% 的拨款来自联邦政府美国队伍和专业教学项目,最后 10% 的资金来自私人资源(图 3-4)。

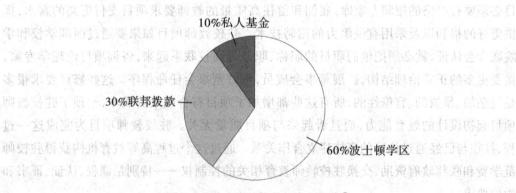

图 3-4 波士顿驻校教师资金构成①

① Barnett Berry and Diana Montgomery. Creating and Sustaining Urban Teacher Residencies: A New Way to Recruit, Prepare, and Retain Effective Teachers in High-Needs Districts [R]. The Aspen Institute, 2008:25.

因此,为支持驻校教师项目长期可持续发展,政策制定者需要思考以下几个策略:一是重新战略性地分配学区在教师专业发展和实践取向的教师资格证书方面的支出;二是开具实际的学校教师薪水工资单,引导更多的资金支持驻校教师和辅导教师;三是引导州政府的资金拨付给大学、非营利性组织、学区开发的高质量的驻校教师项目。

九、驻校教师发展建议

驻校教师发展并不是要用驻校教师代替其他教师培养模式,下一代教师将大学毕业生、职业变更者以及那些承诺一生从事教学职业的人组成。人们多样性的希望和不同学区的需求,会要求教师教育项目多元化。因此,没有一个教师培养路径能够满足所有学区的所有需求或者所有未来教师的需求。建议驻校教师作为重要的第三条道路。美国政策制定者、实践者、公众应该考虑他们的努力,保证有多样性的教学劳动力,并好好培养,使他们在教学中获得成功。

(一)坚持与传统大学教师教育项目同样的质量标准

州政府和地方政策制定者应该保证不同的教师培养路径,并坚持同样的质量保障标准。一般实践取向的教师教育项目、驻校教师项目、大学教育学院教师教育项目应该按照州政府的教师资格标准和项目认证标准进行认证,保证以实践为中心的驻校教师质量在发挥其实践技能特色的同时,能够满足教师资格标准和教师教育项目运行标准,推动驻校教师质量不断提升。

(二)建立合理的财务激励措施

驻校教师要办成高质量的教师教育项目必须在财务支持上达到可持续性,因为驻校教师项目对财务能力提出更高要求,不仅需要为驻校教师提供生活津贴、学费减免,而且项目工作人员招聘、培养,项目运行以及面对的政策和制度成本,都对其财务可持续发展提出很高要求。财务可持续性包括两个方面:一是财务能力,拥有抓住机会的资源,同时保持现在的运行;二是抵御财务冲击能力,拥有对偶尔的短期融资挑战的弹性。如果一个项目具有两种财务能力就说明财务具有可持续性,能够保持和扩张项目服务。

1.学区拨款支持

驻校教师项目往往采取由学区主导提供运行资金。一些学区运行的驻校教师项目主要由学区支付运行资金。在某些学区,学区支付每一个驻校项目毕业生固定的雇佣费用。如堪萨斯城,学区支付堪萨斯城驻校教师项目为每名雇佣的驻校教师提供12 500美元支持。

2. 绩效合同

建立学区支付资金与项目成果之间的联系，这种方式叫为成功而付款（Paying for Success）。这种模式下，学区将延迟支付驻校教师项目资金和相关费用，直到他们在双方合同测量的基础上认识到驻校教师产生了预期的效益，然后再支付教师培养成本。这种方法对于驻校教师项目风险更大，因为他们只有创造了合同承诺的成果的时候才能获得拨款。但这种方式更能吸引学区，因为他们不需要提供初创资金和成果保证。现在学区每年投资数百万美元的资金用于教师专业发展，却很难获得可以测量的成果，尝试按照成果支付将对学区产生更强的吸引力，鼓励学区提供高质量的驻校教师项目代替低质量教师继续教育项目。

3. 政策支持

政策制定者应该创造一个财务激励措施，使最好的教师提供者受到奖励，对高需求学校和任教科目领域做出反应。州政府应该考虑引导资金资助能够展示培养希望和有能力在高需求学校和任教科目领域任教的高素质教师的驻校教师项目。地方政策制定者应该分配更多的薪水资金给那些在高需求、更多比例新教师的学校。这些学校然后就会有更多的资金支付新教师生活津贴，以便他们能够承担驻校1年教学费用，以及投资辅导教师和教师教育者。

4. 重新分配教师专业发展基金

战略性的重新分配学区教师专业发展资金能够长期为驻校教师提供资金。驻校教师长期发展需要联邦资金支持，但是随着中小学教育法的修订和授权，需要重新思考都市驻校教师长期可持续发展战略。

第一，用节省下来的教师流失成本支持驻校教师项目。都市学区的教师流失导致学区每年损失几百万美元。波士顿公立学校报告，入职3年的新教师中有47%的教师流失，每年损失大概是330万美元，全美教师和美国未来委员会研究显示芝加哥公立学校教师流失可以导致每名教师13 650美元的经济损失，有35%的教师在最初5年流失，按照这一成本计算，芝加哥学区每年因教师流失或更换工作损失高达6 450万美元。这些成本反映在因教师流失导致的招聘、审查、安置、培训和支持新教师的成本上。很高比例的波士顿驻校教师和都市学校领导学院毕业生，3年留职率分别达到90%和95%，为学区节省大量教师流失产生的成本。这样可以用节省资金支持驻校教师发展。

第二，战略性地重新分配学区教师专业发展基金，学区可以重新分配专业发展基金支持驻校教师。学区每年需要花费运行支出2%~6%的资金用于教师专业发展，这些资金的支出既没有集中关注学区面临的问题，也与学区的战略目标不一致。在芝加哥学区，每年支出2.5亿美元用于学区教师专业发展，然而这部分专业发展资金既支持新教师也支持有经验的教师，范围极为广泛。学区教师专业发展资金支持多种多样的倡议，这些倡议和工作坊没有明确的战略目标，也不能评估其产生了预期的教师专业发展效果。如，学校可能从学区提供的专业发展基金培训教学教练、教师资格证辅导教师、新教师辅导教师，但是这些人主要帮助新教师更加有效地从事教学，但是这样做的时候与其他教师教育项目按照州政府要求必须提供新教师入职辅导出现重复甚至互相矛盾。如果学区把培养新教师作为学区优先事项，课程和教学资料集中支持新教师安置的同一所学校里，驻校教师项目可以为这些新教师提供战略支持，而使用这些资源。

第三，除了学区投资专业发展基金之外，学区每年还会通过教师获得研究生课程学分的方式，花费几百万美元支持教师薪水提升。很多学区支付 2 倍的研究生学分，一是提供教师获得研究生学分的学费补偿，二是由于在职业生涯中获得研究生学分而增加薪水。如，波士顿公立学校每年花费 2 900 万美元支持在职教师学习额外课程和研究生学分和学位。这些学分随着在职教师年限不断增长，学费也在不断增长。在有些学区，教师甚至能够通过广泛的课程学习增加薪水，有一部分甚至与任教内容或任教学生没有任何关系。严格来讲，这些政策可能会影响教师在教学和学习上的投资，如果把驻校教师作为一种方式，嵌入到教师研究生课程学分学习中去，就可以获得这部分资金，支持驻校教师发展。

第四，改变按平均工资计算薪水的做法，驻校教师项目可从学区工资薪水变化中获得资金支持。美国大部分学区预算用的是教师平均薪水，而不是实际上每一所学校的教师薪水。这种计算方式实际上是经验丰富的教师补助了经验不丰富的新教师。如果学校的薪水建立在实际教师薪水基础上，那么有大量新教师的学校将有更多资源，支持驻校教师项目，补偿的资金将直接用于驻校教师生活补贴、学费、辅导教师薪水以及辅导教师专业发展。

第五，战略性的分配州政府教师培养基金。州政府每年向公立大学教师教育项目拨款数百万美元，其中 90% 进入公立教师培养机构。很多州政府拨款支持的教育学院教师教育项目现在需求已经很少，如小学教师、社会研究、体育教育。美国每年有大约 20 万毕业于大学为基础的教师教育项目，只有 70% 的真正从事教学职业，没有从事教师工作师范生的拨款需要追回，而且即使从事教学工作的师范生也仅有很少一部分在高需求任教学科和任教地点，可以用州政府这一拨款支持驻校教师发展，为高需求科目和高需求地区培养高素质教师。

（三）发挥驻校教师优势，提升质量

首先，严格和一致的课程。驻校教师提供硕士水平的课程，要与驻校教师项目愿景和驻校教师课堂经验一致。驻校教师大部分时间在驻校的课堂里学习教学，晚上或者一周的某一天参加大学的课程学习。好几个驻校教师项目要求驻校教师每周 4 天在驻校的课堂里学习教学，每周五或其他时间学习研究生课程或其他课程，还有一部分项目在学年开始前的 2 个月为驻校教师提供高强度的夏季学期课程。

其次,教学支持。一般驻校教师在任教学校的课堂里逐渐承担更多的教学责任。早期主要是观察,后期逐渐承担课堂教学责任。

再次,建立小队制度。建立小队制度能使驻校教师经常性地与同伴分享面临的挑战和成功的喜悦,参加专业发展和合作解决问题。

最后,建设强有力的职后辅导支持承诺。驻校教师在项目结束之后成为全职教师和学校雇员,承诺在学区或学校系统或一个州内的高需求地区任教。同时作为高需求学校的教师,应该继续接受辅导知识。

(四)审核教师雇佣政策

驻校教师项目的一个主要目的是提供一个有力的可持续的教师供应模式。随着公共预算缩减,美国教师雇佣合同往往根据资深程度解雇教师,将会产生意想不到的结果:如果相关法律规定解雇按照"最晚雇佣,最早解雇"(The Last Hired be the First Fired)的原则,那么州政府和学区投资的驻校教师项目获得的新教师面临丢掉工作和投资不能回收的风险。为避免这种情景出现,应该认真审查州政府政策,保证休假或解雇的决定反映出一个更加综合的教师有效性界定。

(五)发挥都市驻校教师学院的协调指导作用

美国建立了一个全国性的驻校教师组织——都市驻校教师学院,目的是建立驻校教师教育模式和运行原则,支持新建立的项目扩大驻校教师教育社区影响力,制度化州政府和联邦政府政策。

都市驻校教师学院会员项目都有一个共同的原则服务于高质量驻校教师项目,界定项目的组成部分和结构,确保驻校教师培养项目明显区别于其他驻校教师项目。所有的驻校教师项目必须坚持以下原则:

1. 紧密结合教育理论与教育实践;

2. 关注驻校学习与有经验的经过培训的辅导教师一起工作;

3. 驻校教师以小组和小队形式组建,培养专业学习社区和促进驻校教师互相合作;

4. 建立有效的伙伴关系;

5. 服务于学区;

6. 即使驻校教师成为全职的记录教师,继续支持驻校教师在职工作;

7. 对有经验的教师建立和支持差异化的职业发展目标。

第四章
改革示范型模式——"为美国而教"项目

"为美国而教"项目在培养致力于推动教育平等领导人才方面运用美国成熟的市场机制,以独立的非营利教师教育创业公司形式,募集大量运行资金,培养贫困地区公立中小学优秀师资,在美国联邦政府、州政府和地方学区法律政策支持下,招收最优秀大学毕业生,给予经济上的补贴、就业创业上的扶持、个人发展上的关心照顾,创造一个完整的市场方式、培养贫困地区公立学校教师,进而使其成为领导人才特别是教育领域领导人才和教育创业组织领导人才的机制,成为实践取向的示范型教师教育模式,是所有实践取向教师教育模式中影响最大的项目。

在进步的新自由主义教师教育哲学影响下,普林斯顿大学1989届毕业生温迪·卡普(Wendy Kopp)根据美国贫困都市和农村地区教师需求、精英大学生中不断增长的理想主义和服务精神以及慈善部门为提升公立学校教育质量的努力等因素创建"为美国而教"教师教育项目。现已成为一个年预算超过3亿美元,有6.2万名校友,服务全美53个地区2 500所学校的300万中小学生的全美贫困地区公立中小学最大教师提供商。连续培养了1 411名学校校长、539名学区领导以及1 010名政策和倡议领导,300多名民选官员,260名社会企业家[1],成为全美大学应届毕业生最受欢迎的十大雇主之一。

作为实践取向的示范型项目,"为美国而教"项目不仅在美国国内产生相当大的影响力,而且还在国际上推动了相同的教师教育培养模式。在克林顿全球倡议支持下,贝索斯家族(the Bezos Family)、罗伯森基金会(Robertson Foundations)、迈克尔 & 苏珊·戴尔基金会(Michael &Susan Dell Foundation)以及艾米和劳拉·罗宾斯基金会(the Amy and Larry Robbins Foundation)、金融机构维萨国际组织(Visa)、世界银行以及几个州政府和地方政府提供财政和资源的支持下,英国的"教学第一"(Teach First)和"为美国而教"项目联合起来建立了为"世界而教"(Teach for All),该组织在温迪·卡普的带领下已经在48个国家和地区运行社会企业,培养企业化教育领导,坚持教育市场化理念推动平等、问责和可测量的教育变革,提升全世界教育机会。

---

① Teach For America. Teach For America's Impact [EB/OL]. https://www.teachforamerica.org/what-we-do/impact,2021-1-17.

一、"为美国而教"项目发展史

（一）温迪·卡普简介

创始人温迪·卡普生活在一个文化资本、经济资本、社会资本都很优渥的环境中,这为他创建非营利的"为美国而教"项目奠定了基础。她认为"为美国而教"项目的使命是招聘全美顶尖大学的能展示卓越学术、坚毅、领导的毕业生,在都市或乡村的高需求地区任教 2 年,促进美国贫困地位教育机会平等。他们的口号:有一天,所有的孩子都将接近优质的教育,呼吁为这个国家最有价值的学生提供道德和社会承诺,解决美国低收入社区教育不平等问题,同时培养承诺缩小学生成绩差距的领导。

1. 文化资本

温迪·卡普生活在得克萨斯州的高地公园(Highland Park)和大学公园(University Park)的精英社区,是达拉斯市一小部分,就读于高地公园独立学区。达拉斯市有 384.7 平方英里,服务人口 119 万,高地公园仅涵盖 2.2 平方英里,大学公园覆盖 3.7 平方英里[1],而且围绕南方卫斯理公会大学(Southern Methodist University)而建,大学也是当地居民的最大雇主。居住在高地公园独立学区的孩子在社会的、经济的和文化的资源远超过居住在达拉斯独立学区的孩子们。在这里卡普完成了她的公立学校教育。

高地公园独立学区居民处于白人文化和经济精英的上层位置,97.8% 和 91% 的是非西班牙裔白人,卡普就读的高地公园独立学区的学校是达拉斯一个中上阶层社区的一所公立学校。这所学校的学生家庭都是富裕家庭,学校经费充裕。在 25 岁以上的人口中,1990 年只有不到 3% 大学公园居民和 4% 的高地公园居民获得协士学位;40.1% 和44.5% 的高地公园和大学公园居民获得学士学位,27.7% 和 28.3% 的居民拥有研究生学位和专业学院学位。同年,得克萨斯州和达拉斯 25 岁以上的人口中获得协士学位的5.2% 和 4.7%,不到 10% 的人口中获得硕士或专业学位。2000 在高地公园和大学公园25 岁以上人口中,学士学位获得者分别是 44.5% 和 47.1%,研究生和专业学位达到33.3% 和 30.1%,得克萨斯州和达拉斯分别是 15.6% 和 20.5%,研究生和专业学位是

---

① Julia Earline Hammond Cradle. A Logic of Practice in the Development of Teach for America:1989—1992:Ellites,Social Capital and Urban and Rural Teacher Education[D]. University of Wisconsin—madison,2007,101.

7.6%和9.5%①。

在2004—2005学年高地公园独立学区获得1.17亿美元拨款,占全部学区1.23亿美元学区经费的96%,其中仅有540万美元来自得克萨斯州政府,仅占学区运行经费的4%②。高地公园贡献的公立学校经费是全美平均的2倍,是州政府的12倍。卡普就读的这所高中的学校足球场,当时价值300万美元,记分牌10万美元,人工草皮100万美元,而且每3年更换一次。2003年,新闻周刊排名中,高地公园高中(Highland Park High School)在全美前100名高中中排名14名,2005年排名是12名。高地公园高中的学生群体不论是种族上还是经济社会阶层方面具有同质性特点——来自中上层家庭,在300或400名新生中有99%的能够按时毕业,97%的学生进入大学学习③。

2.经济资本

1990年,高地公园地区家庭收入平均数是71 969美元,是得克萨斯州家庭人均收入的2.33倍,是达拉斯地区家庭收入的2.25倍。大学公园社区家庭平均数是53 614美元,是得克萨斯州户均收入的1.74倍,达拉斯的1.33倍。在这一时期仅有1.4%的得克萨斯州居民和4.1%的达拉斯家庭收入超过15万美元,相比之下,在高地公园家庭收入超过15万美元的家庭有33.3%,在大学公园,25%的家庭收入超过15万美元。到2000年,公园城市地区的收入与得克萨斯州和达拉斯的收入差距更大,高地公园家庭平均收入是得克萨斯州的3.75倍,达拉斯的3.97倍;大学公园的数据分别是2.33倍和2.46倍,几乎50%的高地公园居民家庭收入超过15万美元,35%的大学公园超过15万美元。与此同时只有4.3%的得克萨斯州居民家庭和7.7%的达拉斯家庭收入超过15美元④。居住这一地区的居民拥有共同的价值、社会行为、生活方式和兴趣。

3.社会资本

卡普生活的高地公园社区是一个典型的白人富裕阶层社区,使得她一开始就有丰富的社会资本。她就读的普林斯顿大学是全美最顶尖大学之一,这为她创业奠定社会基础,包括普林斯顿大学托管"为美国而教"项目创业基金、美孚石油公司、摩根大通公司以

---

①　Julia Earline Hammond Cradle. A Logic of Practice in the Development of Teach for America:1989-1992:Ellites,Social Capital and Urban and Rural Teacher Education[D]. University of Wisconsin-madison, 2007,102.

②　Julia Earline Hammond Cradle. A Logic of Practice in the Development of Teach for America:1989-1992:Ellites,Social Capital and Urban and Rural Teacher Education[D]. University of Wisconsin-madison, 2007,103.

③　Julia Earline Hammond Cradle. A Logic of Practice in the Development of Teach for America:1989-1992:Ellites,Social Capital and Urban and Rural Teacher Education[D]. University of Wisconsin-madison, 2007,123.

④　Julia Earline Hammond Cradle. A Logic of Practice in the Development of Teach for America:1989-1992:Ellites,Social Capital and Urban and Rural Teacher Education[D]. University of Wisconsin-madison, 2007,102.

及其他能够帮助捐赠的公司负责人大都是普林斯顿大学校友，这些社会资本给"为美国而教"项目的发展提供了社会网络支持。

总之，"为美国而教"项目的创始人温迪·卡普生活在一个富有的公立学校社区，具有建立"为美国而教"项目需要的经济资本、文化资本和社会资本。

（二）"为美国而教"项目的萌芽

1. 学生会基金经历

卡普就读的高地公园高中有很高的教育质量，所以卡普在父母的支持下顺利进入普林斯顿大学，而不需要把自己单独监禁在普林斯顿大学燧石图书馆（Firestone Library）学习。随着在普林斯顿大学成长，卡普意识到美国孩子在接近最优秀教育方面是不平等的，但在此之前，卡普认为，这是理所当然的。她想找出解决问题的办法。为此，建立了学生交流基金会（The Foundation for Student Communication），完全由普林斯顿大学学生经营，设计的目的是召集学生领导和商业领导一起讨论紧迫的社会问题。在大四的11月份，卡普与来自全美的50名学生和商业领袖为提升美国教育系统制订了一个建议行动计划，所有的参与者都经历了严格的申请选拔过程，认为如果他们在公立学校任教的话，将有助于解决教育的不平等。

在一次讨论会上，一位表示对教学感兴趣的人提出，为什么不在美国建立一个由最近毕业的大学生组成的国家教师队伍，承诺在都市中心区和乡村公立学校任教2年。教师队伍可以提供2年的公司化培训和研究生教育。召集数以万计的毕业生解决美国教育不平等问题。这对卡普启发很大。

卡普认为顶尖大学毕业生在学术上是优秀的，如果他们全身心地投入到公立学校教学2年，不懈努力来提升学生们的学术成绩，就能够对处于不利阶层的孩子产生影响。除了对孩子们有直接影响之外，教师队伍的从教经验与他们对低收入地区孩子的承诺强有力地联系在一起，创造一种改变美国的意识。很大一部分队员将留在教育领域，还有一些可能成为医生、律师和商人，他们将成为这些学校的董事、市长、立法者、美国参议员、最高法院的法官，对教育变革的倡议提供支持。若有数以万计的人加入这一组织，将会对这个国家贫困地区的公立学校教育产生根本影响。

于是卡普给时任总统乔治·布什寄信，建议创建一个新的美国教师队伍，就在这个时间，她收到了自己申请工作的拒绝信，如果布什总统不能创建一个全美性的教师队伍，那么卡普准备自己建立一个非营利的教师队伍。卡普在普林斯顿大学学生交流基金会的工作中管理过60名职员，成功获得了几万美元的杂志广告和会议赞助，这或许能帮助卡普在这个设想上获得成功。

2. 毕业论文选题

建立国家教师队伍的想法促使卡普最终确定了教师队伍作为其普林斯顿大学毕业

论文的主题,使她有更多的时间和精力关注美国教师,同时满足普林斯顿大学伍德罗·威尔逊学院(Woodrow Wilson School)公共政策项目学士学位毕业要求。整个春季卡普都在研究各种全国性教师队伍的可能性,并确信这种教师队伍一定在某个地方存在。在参与教师会议上,卡普得知即使是教师普遍过剩的情况下,低收入地区也仍然存在教师短缺。那些没有教育学学位的人可以满足在这些地区任教的资格,但是没有一个全美性的教师队伍项目这样做。

卡普还研究了1960年建立的和平队伍,而且美国部分州已经建立了选择性教师资格证书,即使没有教师资格证也能在贫困地区的公立学校任教。随着论文研究的深入,卡普越来越相信建立一支全国性教师队伍的想法一定会变为现实。

3. "为美国而教"项目计划书

由于申请的几个工作岗位都没有获得面试机会,卡普决定自己创建全国性的教师队伍项目,并制定了创建全美教师队伍的构想和论证报告。报告展示了一个雄心勃勃的计划:第一年将激励成千上万名大学毕业生申请,通过选拔、培训、安置其中的500名教师到全美5~6个都市和乡村低收入地区任教,最初预算250万美元。该报告成为创建"为美国而教"项目计划书,用以申请慈善基金会、大公司捐赠等募集创业基金。

(三)"为美国而教"项目筹资

1. 初步申请

为筹建"为美国而教"项目,卡普毕业后在全美与教育界领导、学区以及潜在资助者见面,获取各方面信息。同时把创建项目的计划书邮寄给美孚石油公司、达美航空、可口可乐等30家公司的首席执行官。在信中,卡普请求开会讨论创建"为美国而教"计划。然后根据信的地址挨个打电话询问,最终获得了六七次与首席执行官见面的机会,但并没有公司愿意支持这一计划。卡普与施乐公司(Xerox)、国际商用电器公司(IBM)、AT&T电信公司、都市生活(Metropolitan life)、新泽西道奇基金会(New Jersey's Dodge Foundation),与美国教育部官员、哈佛大学本科教师教育项目主任、分管教育质量的州教育委员会的领导测试准备公司(The Test Preparation Company)的创始人斯坦利·卡普兰(Stanley Kaplan)会面。每一次会面卡普都描述项目理念,为什么能够发生以及对美国全国的影响和大学生怎样抓住机会实现他们的理想,为什么不得不需要至少500名队员第一年,为什么需要种子拨款和一年250万美元的预算。

2. 联合碳化公司和美孚石油的支持

第一,其中一封信进入联合碳化公司(Union Carbide)首席执行官办公室,该公司正在探索一个怎样改变教育的项目。随后,卡普接到联合碳化公司的电话,约定在新泽西会面。这次会面卡普不仅得到了免费午餐,还得到一个在纽约曼哈顿的办公室,以及获得被引荐到联合碳化公司首席执行官的见面机会。

第二,另外一封信到达美孚石油公司行政管理副总裁、美孚基金管理者普林斯顿大学校友雷克斯·亚当斯(Rex Adams)手中,他强调。"我们一个月看到数百次招股投资说明书。因为写得很好,我在阅读的时候陷入沉思,感同身受。说明书很有说服力也非常具体。这个年轻人很有想法,关注具体的和更加实质性的投资,她应该获得像我这样的绅士帮助"[①]。亚当斯同意与卡普见面并建议卡普做个种子基金预算报告给他。最终在毕业不到一个月的时间里,卡普收到了美孚石油公司提供的 26 000 美元的种子拨款。

3. 普林斯顿大学托管捐赠基金

亚当斯建议卡普由普林斯顿大学管理美孚奖学金,为新建立的组织获得免税机会,经卡普与普林斯顿大学学校开发部主任沟通,普林斯顿大学同意成为卡普组织的资金托管方。"为美国而教"项目由此进入了一个白人精英大学和白人精英国家公司的客观结构关系中。

普林斯顿大学代表"为美国而教"项目管理其奖学金作为一个项目发展战略,可以用来作为股权,获得其他基金公司管理者的支持,同时卡普获得普林斯顿大学借来的审查和权威,确保了"为美国而教"组织的可信性和可靠性。这种生产性的活动把"为美国而教"项目带进全美的公司网络系统,也标志着"为美国而教"组织进入一个由公司精英制度实践所建构的客观社会结构中,为"为美国而教"项目获得资助和发展奠定基础。

4. "为美国而教"名称确定

起初卡普建立项目的名字是"教美国"(Teach America)[②],但这个名字已经被一家医疗公司注册使用,因此她重新起了个名字——"为美国而教",而且还有一种行动和服务意识。同时与相关人员举办讨论会,结论是"为美国而教"项目不采用传统大学教育学院方式提升教学标准,而是在进入课堂之前仅经过短暂培训。"为美国而教"项目不是从50人规模开始,而是 500 人,因为"为美国而教"的使命不仅是培养教师,而是推动教育公平的一个运动。

另外,"为美国而教"教师教育项目招聘的毕业生,毕业学校名单得到洛杉矶联合学区的人事主任确认,如果"为美国而教"聘到所有这些精英高校的毕业生,洛杉矶联合学区会雇佣所有的 500 名项目人员。

5. 建立"为美国而教"治理机构

第一,建立董事会。根据美国非营利性组织相关法律的要求,"为美国而教"需要建

---

① Julia Earline Hammond Cradle. A Logic of Practice in the Development of Teach for America:1989–1992:Ellites,Social Capital and Urban and Rural Teacher Education[D]. University of Wisconsin–madison,2007,171.

② Wendy Kopp. One Day,All Children in This Nation Will Have the Opportunity to Attain an Excellent Education [M]. New York:Public Affairs,2001,20.

立组织治理机构——董事会。卡普邀请了一些社会企业家和教育家,非营利组织帮助者吉姆·克拉克(JIM Clark)、招募新教师(Recruiting New Teacher)创始人瑞克·贝尔丁(Rick Belding)、城市年份公司创始人詹妮弗·艾普利特(Jennifer Eplett)以及联合碳化公司首席执行官罗伯特·肯尼迪(Robert Kennedy)担任董事。

第二,建立监事会。成员包括联合碳化公司的多名首席执行官。还获得了普林斯顿大学校友,摩根士丹利首席执行官理查德·费舍尔(Richard Fisher)提供的位于纽约市美洲大道上(the Avenue of Americas)麦克卢尔希尔大楼(McGraw Hill Building)的一个大办公室免费使用5年,每年至少5万美元的支持。

第三,建立行政管理团队。1989年9月,卡普雇用了4名项目管理人员:一名负责招聘和选拔队员,即普林斯顿大学校友丹尼尔·奥斯卡(Daniel Oscar);一名设计和组织夏季培训学院,即1989年毕业于哥伦比亚大学的吉姆·斯密斯(Kim Smith);一名负责管理安置队员到教学岗位,即斯坦福大学的毕业生苏珊·肖特(Susan Short);一名帮助进行总体的行政管理由哈佛大学毕业生,即波士顿咨询集团(The Boston consulting group)员工惠特尼·蒂尔森(Whitney Tilson)[①]。

卡普相信这一计划一定会招聘到数以千计的知名大学毕业生加入,接下来就是推动大规模招生计划,一旦"为美国而教"项目激励数以万计的大学生申请,那么怀疑论者将会被说服,学区将会雇佣"为美国而教"教师,基金会将会给予资助。

第四,一方面,"为美国而教"项目初创阶段获得了美国跨国公司负责人的物质支持,以及董事和监事人员支持;另一方面,"为美国而教"项目得到主流媒体如《纽约时报》的报道,使得"为美国而教"进入美国公共空间。这两个方面都意味着为"美国而教"项目已经成为美国教师教育界的一个重要组织。

6. 募集资金

按照卡普"为美国而教"项目设计的计划书预算,500名教师项目运行费用是每年250万美元,而卡普仅有2.6万美元种子基金和摩根士丹利公司提供的办公室。卡普给慈善家罗斯·佩罗(Ross Perot)写了30多封,但没有任何回复。于是又先后写了100多封给其他公司、基金会和富人,大部分信杳无音信。后来卡普打电话,参加数百场会议,也仅有几个人对这一想法感兴趣。普林斯顿大学校友卡耐基基金会的奥尔登·邓纳姆(Alden Dunham)承诺30万美元捐赠;凯洛格基金会(The Kellogg Foundation)教育主任杰克·马德斯利(Jack Mawdsley)投资4万美元,并承诺以后提供更多;默克公司(Merck &Company)公共事务副主席罗宾·霍根(Robin Hogen)承诺成为项目资助者。

功夫不负有心人。最终,卡普收到罗斯·佩罗(Ross Perot)的电话回应,相约在达拉斯面谈相关事宜,会谈中卡普提到需要佩罗提供100万美元的捐赠,但佩罗先生只提供

---

① Wendy Kopp. One Day, All Children in This Nation Will Have the Opportunity to Attain an Excellent Education [M]. New York:Public Affairs,2001,26.

50 万美元,并提议卡普与山姆·华生(Sam Watson)等一批慈善家接触一下,并要求"为美国而教"项目按照 3:1 的比例配套相关资金。与其他慈善家的接触,使卡普获得了 200 万美元的捐赠①。最终"为美国而教"项目募集了 250 万美元的运行资金,为"为美国而教"项目从此走向不断发展壮大的道路上奠定基础。

(四)第一届校友招聘和培训

1. 招生组织

卡普招聘了 12 名面试官,租用赫兹租车公司(Hertz Rent)6 辆车用于全美招聘面试。在全美国顶尖的 100 多所高校中,根据种族多样性和学术能力,在每所高校选拔 2 名"为美国而教"招聘联系人。为保证群体的多样性,选拔一名校园代表,然后让这名代表确定不同种族背景的另一名校园代表。计划 1989 年 12 月份,召集这 200 名校园招聘代表在普林斯顿大学召开一次招生会议,传播"为美国而教"理念。最终第一年从 2 500 名申请者中计划录取 500 名,招生面试官每两人一部车,12 个招聘官员分成 6 组,在全美 100 所顶尖高校组织面试②。

2. 招生会议与标准

1989 年 12 月 1 日,所有 200 名代表汇集到普林斯顿大学,《纽约时报》和《新闻周刊》开辟专栏报道这次会议的盛况。招生战略效果不错,耶鲁大学的校园代表乔纳森·施耐德(Jonathan Snyder)和梅兰妮·摩尔(Melanie Moore)在寒假放假的几天前在校园内发放传单,在 3 天内就收到了 170 个电话。

在会议结束之后,开始制定面试和选拔标准,确保第一批队员具有选拔性,改变教学是一个不受尊重职业的看法。招生有 12 个标准,即毅力、承诺、忠诚、灵活性、口语交流技能、热情、敏锐性、独立性和自信、在组织内工作的能力、自我评价的技能、无须学生批准即可操作能力、概念能力或智力。招生官员开发一个严格的面试场景,提出问题严格测量每一个候任教师的毅力。如,什么是风?不用描述它,仅仅告诉我是什么;现象学家在风和信仰之间做了类比,宣称一个人不能看见信仰,仅仅像在犹太会堂、教堂、清真寺里展示它。类似地,一个人也不能看见风,仅仅展示它——通过田野里麦子叶面的波浪运动、移动的树枝。你还能用其他的类比来表示风吗?问这些可笑的问题,产生了"为美国而教"不是某种智性温顺效果的组织。

---

① Wendy Kopp. One Day, All Children in This Nation Will Have the Opportunity to Attain an Excellent Education [M]. New York: Public Affairs, 2001, 47.

② Wendy Kopp. One Day, All Children in This Nation Will Have the Opportunity to Attain an Excellent Education [M]. New York: Public Affairs, 2001, 35.

3. 队员同质性

500 名队员都是来自常春藤、精英文理学院以及最好的白人公立大学的毕业生,其中有 29 名来自耶鲁大学,其他比较多的学校有哈佛大学、普林斯顿大学、塔弗茨大学、威斯康星大学、范德比尔德大学、纽约州立大学、康奈尔大学、布朗大学以及密歇根大学,共同承诺提升低收入地区孩子们的受教育机会。尽管队员之间可能存在种族和性别差异,但是他们的家庭背景,特别是与之相关的教育成绩、父母受教育水平远超过美国普通人。

在第一届队员中,"为美国而教"队员 87.5% 的母亲、100% 的父亲拥有四年制大学学士学位,全美平均仅有 13% 的超过 25 岁的年轻人拥有学士学位。有 31.3% 的队员的母亲,有 62.5% 的父亲拥有研究生或专业学位,也就意味着这些队员的父母亲中有 46.9% 的人有研究生学位或专业学位,而美国平均只有 7.2%[①]。作为最优秀和最聪明的人,伴随着他们构建的社会关系、兴趣,在全美媒体中的宣传,以及其他的客观制度,强化了队员相信他们能完成这些具有挑战性工作,并在美国社会创造促进教育公平信念的奇迹。

4. 夏季学院开学

"为美国而教"项目第一届队员的夏季培训学院里由哈佛大学教育研究生院的维拓·佩罗内(Vito Perrone)教授设计 8 周的培训内容,包括玛德琳·亨特(Madeline Hunter)的六步课程计划以及类似丽萨·德尔皮特和乔纳森·科佐(Lisa Delpit and Jonathan Kozol)的工作方案,队员手册设计提供了"为美国而教"教育活动的基础,但手册仅有 24 页,比较单薄。

在 1990 年 6 月 23 日,周日下午 1:45 开始,500 名选拔的队员到达南加州大学礼堂进行"为美国而教"项目第一次夏季学院开学典礼。开学典礼在夏季学院教授约翰·哈雷尔(John Harrell)指导下进行,他先让队员互相鼓掌欢迎,要求队员们反复咏唱 TFA\TFA\TFA,然后夏季学院的教师们给队员持续的鼓掌喝彩,哈雷尔教授大声询问:你们经历过这样的教师开学典礼吗? 这样的开学典礼类似篮球比赛的开幕式[②]。咏唱 TFA 能促进团队精神形成,产生集体荣誉感,加强队员之间的团结。开幕式邀请的知名大学教授、大公司领导、"为美国而教"教师、全国的职员以及来自媒体支持,给队员回家的感觉,让队员乐观确定自己的角色定位。这样"为美国而教"的开学典礼与传统大学教育学院教师教育项目的入学典礼非常不同。因为这种统一的开学典礼,在一定程度上,让队员、工作人员、全国的管理者以及参与的入学典礼的人看到一个叫"为美国而教"的组织带来的教师教育场域变革。

---

①　Julia Earline Hammond Cradle. A Logic of Practice in the Development of Teach for America:1989–1992:Ellites,Social Capital and Urban and Rural Teacher Education[D]. University of Wisconsin-madison,2007,245.

②　Kip Téllez. A Case Study of a Career in Education that Began with "Teach for America"[J]. Teaching Education,2011,22(1):15–38.

1990 年 7 月 20 日,《纽约时报》头版头条这样报道《普林斯顿大学生头脑风暴:一个培训教师的和平队伍》(Princeton Student's Brainstorm:A Peace Corps to Train Teachers),两天后《早安美国》用图片做了一个报道,几周之后《时代周刊》对此进行了报道。

最后有 488 名队员完成了夏季培训,第一批学生被分配到纽约市、洛杉矶、新奥尔良、巴吞鲁日(Baton Rouge)以及北卡罗来纳州和乔治亚州的农村地区。理查德·巴斯(Richard Barth)负责安置队员,为队员提供支持,并在每一个地区聘任一名地区主任,建立地方办公室,与地方学区一起工作,保证队员可以被雇佣,负责建立地方常规支持网络包括会议、内部简讯等。

(五)发展壮大

"为美国而教"项目第二年计划招募 1 000 人,根据第一次招生存在的问题,提出除扩大规模外,还需要提高夏季学院教学有效性,重新定义选拔模式,加强夏季学院力量,在队员工作之后建立一个系统化的教学支持系统。"为美国而教"项目寻找了 5 个新的安置地点,以便安置明年扩大的队员规模,建立校友和职员网络数据库,预算资金 500 万美元,但最终只有 700 人符合第二年的招生标准。

1. 建立休斯敦夏季学院

因为洛杉矶公立学校的课堂教师不愿意给短暂培训的新手教师尝试上课的机会,结果很多队员从来就没有获得单独领导课程的机会。1994 年,夏季学院从洛杉矶转移到得克萨斯州的休斯敦。休斯敦的队员可以被安置在课堂中从事教学实习。休斯敦学区公立学校为"为美国而教"项目提供指导教师,负责监督两个教室。休斯敦夏季学院引入更加完善的反馈机制和支持系统对"为美国而教"项目具有划时代意义。

在休斯敦公立学校更加复杂的环境中,队员能够在教案、教学、课堂管理方面做更多的教学实习工作。这时候队员 3~4 人建立一个合作小组,共同承担教学计划和教学任务,上午通常先由一名队员进行一小段时间的教学,然后轮流进行。在夏季学院即将结束的时候,队员才会做一整天的教学计划和从事全天教学。小队教学允许队员获得广泛的教学观察经验,帮助其教育教学技能和能力的发展。

在休斯敦夏季学院,下午队员继续他们的专业发展讨论会,晚上与"为美国而教"项目工作人员一起参与教学工作坊和教案会议。在洛杉矶,队员们一周得到一次反馈,但在休斯敦,队员们由有经验的教师和新建立的队员咨询者带领,每日见面反馈。这些咨询者大部分来自以前的校友,他们不仅执行课堂观察,而且领导很多工作坊,能够有效地把课程与实践教学结合起来。咨询者有丰富的经验可以与队员分享,队员还可以有机会在安置地区经常见面,努力增加他们之间的联系。

2. 改革核心培训课程

2001 年"为美国而教"1993 届校友斯蒂文·法尔(Steven Farr)成为培训和支持副主

席、首席知识官,2002年雇佣校友哈佛大学教育研究生院的学生安德鲁·曼德尔(Andrew Mandel)作为课程开发主任,二人围绕成功教师核心概念建立了"为美国而教"夏季学院新的结构化课程,增加多样性社区和成绩、教学领导框架,关注在低收入社区成功教学的总体方法。课程结构研究有经验的前队员教学方法,作为队员课堂教学实践工具,在道格·莱莫夫(Doug Lemov)的《教学像个冠军》(*Teach Like a Champion*)指导下[①],"为美国而教"工作人员传授给新手教师在第一天和第一周的课堂中生存下去的提示和技巧,夏季学院课程开始向课堂教学管理倾斜,同时把教学领导作为夏季学院培训的核心课程。此外,"为美国而教"项目的教案诊所、队员咨询者讨论会、与咨询者合作调查对教师课堂教学管理成长都有显著帮助。

3. 建立统一管理组织运行体制

"为美国而教"项目采用垂直等级制组织控制教师教育的所有方面。在队员教学培训,课堂教学观察等方面保证传递的信息是一致和互相关联的。他们采取选拔校友,然后在不同岗位上进行历练的办法,保证"为美国而教"项目理念的贯彻执行。如"为美国而教"项目前沿办公室、夏季学院所在地主任和项目主任、咨询者都是校友。"为美国而教"项目利用集中控制的结构统一了项目运行,创造了令人羡慕的内部连贯性意识,为"为美国而教"项目发展提供组织保证。

二、"为美国而教"项目的组织建设

(一)组织使命:追求能影响教育平等的领导

"为美国而教"秉承"有一天,这个国家的所有孩子都将有机会获得优质教育"的使命[②],其短期目标是超越教育系统的限制,满足学生需求,保证他们取得优秀的学术成绩,提高他们教育和生活的希望;长期目标是在队员2年任教服务期满后,获得洞察力和从教经历,激励"为美国而教"未来领导人终身为促进教育平等而工作(表4-1)。

"为美国而教"第二个使命是培养队员成为组织领导,并把"为美国而教"作为领导发展的一个跳板和起点。从完全关注教师培养转变为领导开发,说明贫困地区教学是创造和保持"为美国而教"教育平等运动的工具和手段,其最终目的是培养一个影响美国教

---

① Jack Schneider. Rhetoric and Practice in Pre-service Teacher Education:The Case of Teach For America[J]. Journal of Education Policy,2014,29(4):425 - 442.

② Angela Harris Richardson. A Qualitative Exploration of Factors Contributing to Teach For America Teachers Remaining in a Rural, High-Poverty School System Beyond Their Two-Year Contracts[D]. North Carolina State University,2018:12.

师教育市场化的领导群体,进而推动和支持该组织进行的教师教育改革议程。

表4-1 "为美国而教"项目战略目标[①]

问题	问题理论	使命战略	愿景
生活在低收入社区的儿童,没有特权社区儿童所拥有的教育发展前景	导致成绩差距的原因	发起一个取消教育不平等的运动	有一天,这个国家的所有孩子都将有机会获得优质的教育
	当处境不利的儿童来到公立学校就读的时候,低收入社区的社会经济挑战增加了学校的压力	短期战略:为满足低收入社区学生需要,提高他们的学术成绩,改善他们的教育和生活前景,"为美国而教"队员将突破制度限制	
	学校和学区没有制度、能力、资源补偿这些挑战	中期战略:"为美国而教"从教经验能够给队员和校友相信教育不平等问题能够被解决,同时获得解决这一问题的洞察力以及影响一部分校友的职业发展路径	
	国家的优先事项和流行的意识形态并不能导致必要的政策、实践和投资	长期战略:假定校友在社会的各个部门和不同层次的政策领导岗位上,努力提升低收入地区公立中小学的教育条件,提高学校教育教学质量,减少学校压力	

(二)经济基础:雄厚的财政资源

首先,作为一个培养领导的教师教育组织,必须募集足够的资金为领导培养提供支持,开展各种活动。因此,"为美国而教"需要与大型基金会、知名企业、校友、地方学区、州政府、联邦政府、其他非营利特许组织等利益相关者建立良好的合作关系,募集组织发展需要的资金。从联合碳化公司、摩根大通、美孚石油公司提供的种子基金和办公室设施到接受来自华生家族基金、比尔·盖茨基金会、布劳德基金会、福特汉姆基金会等,到维萨公司、政府农场保险、联邦快递、思科、富国银行等公司捐赠。从奥巴马政府拨款5

---

① James B. Hunt, et al. What Matters Most: Teachng for America's Future [R]. The National Commission Teaching & America's Future,1996.11.

000万美元,到特朗普政府提供的2 070万美元拨款,使得"为美国而教"年度捐赠资金数额很快飙升至3亿美元,组织净资产也从负债到1995年的收支基本平衡,再到2017年的3.6亿美元[1],人均教育经费从2000年的1.14万美元到2016年的9.19万美元,这一标准远高于任何一个美国教师教育项目的平均经费,雄厚的经济资源为"为美国而教"培养领导提供坚实的经济基础(表4-2)。

表4-2 "为美国而教"人均经费表[2]

年份	申请人数	选拔人数	运营支出(万美元)	人均经费(万美元)
2000	4 068	900	1 030	1.14
2001	4 946	951	1 700	1.79
2002	13 877	1 731	2 390	1.38
2003	15 698	1 719	2 940	1.71
2004	13 378	1 661	3 400	2.05
2005	17 350	2 226	3 950	1.77
2006	18 966	2 503	5 700	2.25
2007	18 172	3 026	7 020	2.32
2008	24 718	3 614	12 230	3.38
2009	35 178	4 039	14 900	3.69
2010	46 359	4 485	19 300	4.30
2011	47 911	5 031	22 900	4.55
2012	48 442	5 800	29 400	5.07
2013	57 266	5 961	23 900	4.01
2014	50 276	4 500	32 100	7.13
2015	44 181	4 100	无	无
2016	37 000	3 400	31 245	9.19
2017	49 000	3 500	28 939	8.27

其次,"为美国而教"在与地方学区签署合同的时候要求地方学区提前支付培养费、安置费、发现者费用等服务费用。全美国平均来讲,地方学区需支付给每一位队员22 455

① 张伶俐,洪明.特朗普时代"为美国而教"计划发展趋势探析[J].比较教育研究,2019,41(8):92-98.

② 吕琛辰.中美非营利组织在大学生志愿者管理方面的比较研究:以"为美国而教"组织为例[J].今日财富(中国知识产权),2019(3):193-196.

美元的安置和培养费用,加上发现者费用每人 5 000 美元,仅此一项,雇佣 100 名"为美国而教"教师将比雇佣 100 名非美国而教教师就多出 604.4 万美元[①],这是"为美国而教"从地方学区获得的一部分服务收入,却使得本来捉襟见肘的公共教育经费更为紧张。

最后,建立永久基金。"为美国而教"计划筹资 1 亿美元建立一个永久捐赠基金,支持组织永续发展。位于洛杉矶的艾丽和爱德士·布劳德基金会(Eli and Edythe Broad Foundation)的艾丽·布劳德(Eli Broad)承诺捐赠 2500 万美元;劳拉和约翰·阿诺德基金会、罗宾森基金会以及慈善家斯蒂夫和苏·曼德尔夫妇共同出资捐赠余下的 7500 万美元。2011 年,该永久基金会"为美国而教"创造 400 万美元运行收入(当年预算 2 亿美元)[②]。

现在"为美国而教"财政收入来源有 1/3 来自州政府、地方学区和联邦预算,另外的 1/3 来自个人和公司,最后的 1/3 来自私人基金会(表 4-3)。

表 4-3 "为美国而教"运行经费资源[③]

年份 \ 类型		2012	2013	2014	2015	2016	2017
公共资金	联邦政府	9%	10%	11%	12%	3%	4%
	州政府、地方政府	21%	23%	24%	24%	26%	26%
	小计	30%	33%	35%	36%	29%	30%
大型基金会		33%	31%	27%	29%	31%	30%
个人捐赠		27%	27%	27%	27%	32%	32%
企业捐赠		10%	9%	10%	8%	8%	8%
捐赠总额(单位:亿美元)		3.19	2.10	3.61	3.18	2.92	3.06

"为美国而教"接受各级政府、慈善基金会、个人、公司捐款补贴项目运行支出,雄厚的经济支持和稳定的收入来源,可以大幅度地提升队员的福利补助,招生精英高校毕业生在贫困地区任教,切断市场力量对贫困地区教师劳动力的影响,也为"为美国而教"培养领导和组织发展奠定物质基础。

---

① Julian Vasquez Heilig, et al. Teach For America: A Review of the Evidence [J]. The Great Lakes Center for Education Research & Practice,2010(June):11.

② Teach For America to launch endowment with $100 million[N]. Education Week,Feb. 2,2011,30: 19.

③ Teach for America . 2012-2017 Supporters&Financials [EB/OL]. http://www.teachforamerica. org/about-us/our-work/annual-reports,2018-10-13.

（三）为成绩而战：培养公民还是提升分数

"为美国而教"主要关注组织提升学生标准化测试分数的能力。这种短视的关注标准化评价数据作为唯一的代理人，主要是以测试成绩来培养教师的。"为美国而教"教师表现出高出同辈的评价数据是由于他们的教育学优先生产评价数据，而不是为学生提供高质量的、有意义的教学或者探索和培训必要的民主参与性格。

三、"为美国而教"项目的运行模式

"为美国而教"教师教育模式主要有三个组成部分：宏观层面的支持体系，中观层面的教师教育理论，以及微观层面的组织运行策略（图4-1）。

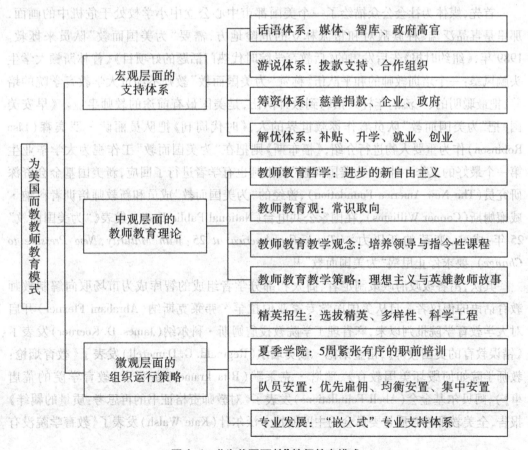

图4-1　"为美国而教"教师教育模式

（一）"为美国而教"教师教育宏观层面支持体系

"为美国而教"宏观层面的支持体系由话语体系、游说体系、筹资体系和解忧体系四个部分组成,主要为组织发展提供宏观的政治、经济、社会、文化支持环境。

1. 话语体系

教师教育改革话语体系的目的是塑造美国公立中小学教育和教师教育宏观政策,主要有媒体话语、学者和智库话语、政府高官支持性言论,共同塑造了一种用市场解决公立中小学教师短缺、打破大学教育学院教师教育项目垄断、取消州政府教师资格要求的舆论氛围。

（1）媒体、学者、智库话语影响　"为美国而教"运用媒体、知名学者和智库的社会影响力,牢牢把握教师教育市场化改革话语权。

首先,媒体为社会公众描绘了一个美国都市中心公立中小学校处于危机中的画面,那里是毒品泛滥、种族敌对和帮派林立的危险地方,需要"为美国而教"队员来拯救。1989 年,《纽约时报》先后发表的《后教育学院时代热门话题的好项目》《普林斯顿大学生头脑风暴:一个培训教师的和平队伍》称赞"为美国而教"教师不经过大学教育学院的培养,把最聪明的、一流的年轻人招聘到教师队伍,是美国最有前途的教师事业。《早安美国》把"为美国而教"队员看作拯救世界的人,《时代周刊》把队员丽萨·罗宾森（Lisa Robinson）作为重要人物进行介绍,《福布斯》则把在"为美国而教"工作视为大学毕业生第一个最好的工作。针对"为美国而教"的批判也有学者进行了回应,新美国基金会资深研究员（The New America Foundation）、曾经的"为美国而教"成员和新教师培训者科纳·威廉姆斯（Connor Williams）,在国家公共电台（National Public Radio）发表《"为美国而教"25 年:成熟,变革的新压力》（Teach For America at 25: With Maturity, New Pressure to Change）,要求停止甩锅"为美国而教"[①]。

其次,由各级政府政策制定者、商人和部分学者组成的智库成为市场取向解制教师教育话语的倡议者。自从美国医学专家亚伯拉罕·弗莱克斯纳（Abraham Flexner）开启对大学教育学院批判以来,麻省理工学院教授詹姆斯·科尔纳（James. D. Koerner）发表了《错误教育的美国教师》,雷金纳德·戴莫瑞尔（Reginald. G. Damerell）发表了《教育烟枪:教师学院如何毁坏美国教育》、瑞塔·克莱默（Rita kramer）撰写了《教育学院的荒唐事》),阿贝尔基金会（Abell Foundations）发表了《对教师资格证书的再思考:质量的羁绊》报告,全美教师教育质量委员会的主席凯特·沃尔什（Kate Walsh）发表了《教育学院没有

---

① Barbara Torre Veltri, and T. Jameson Brewer. Comply, Embrace, Cope, Countercrusade, Subvert: Teach For America Corps Members Respond to(Internal) and External Mandates[J]. Education and Urban Society, 2020,52(5):675 – 703.

教过的阅读知识、小学教师没有学过的知识》,托马斯·福特汉姆基金会(The Thomas B. Fordham Foundation)主席切斯特·芬恩(Chester Finn)发表了《我们需要的教师及如何获得更多的教师》①报告,太平洋研究院(Pacific Research Institute)发表了《太多平庸的师范学院》报告。他们一致将批判矛头直接指向大学专业取向的教师教育,认为把提高教师质量理解为制定更高标准和实施更多规则的思路根本错误,日益繁多的限制条件阻碍了有才华的人进入教育领域,应打破大学对教师教育的垄断,取消州政府教师资格证书,鼓励选择性教师资格证书。

(2)政府领导人的赞许和支持 美国政府领导人特别是总统的赞许和支持代表了政府最高层支持"为美国而教"的话语力量。2005年,乔治·布什总统任命"为美国而教"校友詹森·卡姆拉斯(Jason Kamras)②为当年年度教师,认为"为美国而教"是保证所有儿童都有受过良好培训的高素质教师计划的一部分。巴拉克·奥巴马总统曾经在其竞选总统期间称"为美国而教"是美国最令人兴奋的教育方案。特朗普总统认为"为美国而教"能为贫困地区学生接受优质教育提供更多选择。不仅中央政府支持,而且地方和州政府也支持"为美国而教"项目开展,威斯康星州长斯科特·沃克(Scott Walker)、科罗拉多州参议员米歇尔·约翰逊(Michael Johnston)、纽约州教育厅厅长理查德·米尔斯(Richard P. Mills)、华盛顿特区公立学校校长米歇尔·李(Michelle Rhee)也都支持"为美国而教",甚至他们就是"为美国而教"校友。

2. 游说体系

"为美国而教"拨付专款支持游说立法机构,形成有利于"为美国而教"发展的教育立法或政策,营造有助于校友成为领导的法律政策环境。在2010年到2012年间,"为美国而教"用于游说有利于其发展的教师教育改革立法的支出高达190万美元。2013年,建立社区组织领导机会项目,每年用于游说美国地方各级政府的费用高达390万美元③。

"为美国而教"不仅单独游说,而且还与知识就是力量(Knowledge is Power)等特许学校组织、福特汉姆基金会等大型基金会一起游说政府立法机构,支持市场化实践取向的教师教育项目的立法和政策,保证美国政府颁布的《不让一个孩子掉队》《迎接高素质教师的挑战》法案相关条款支持"为美国而教"发展。

3. 筹资体系

"为美国而教"是一个创业型非营利组织,建立之初主要依赖慈善捐赠才能运行。为

---

① 玛丽莲·斯密斯、沙伦·费曼-尼姆塞尔、约翰·麦金泰尔.教师教育研究手册:变革世界中的永恒问题(上卷、下卷)[M].范国睿,等译.上海:华东师范大学出版社,2017,926.

② Gene V Glass. Alternative Certification of Teachers[D]. The Great Lakes Center for Education Research & Practice, Arizona State University, May 2008,7.

③ Kerry Kret alhmar, et al. The Power of the Network:Teach For America's Impact on the Deregulation of Teacher Education[J]. Educational Policy,2018,32(3)423 - 453.

完成第一年招生 500 人,安置在 5 个都市和乡村地区的公立学校任教,整个项目运行需要 250 万美元。在联合碳化公司、摩根大通公司、美孚石油公司、卡耐基基金会、普林斯顿大学校友基金以及慈善家的帮助下完成了筹资任务,但"为美国而教"财政一直处于异常紧张状态,直到 1995 年得到联邦政府依据《中小学教育法》支持的 100 万美元后才实现收支平衡,走上稳步发展道路。因此,"为美国而教"需要与大型基金会、知名企业、校友、地方学区、州政府、联邦政府、其他非营利特许组织等利益相关者建立良好的合作关系,并收到来自华生家族基金、比尔·盖茨基金会等企业捐赠。年度捐赠资金从开始的 2.6 万美元上升到现在的 3 亿美元,净资产达到 3.6 亿美元,同时建立了 1 亿美元永久发展基金,为组织的可持续发展提供了源源不断的财政基础。①

4.解忧体系

为解决队员短暂任教 2 年后的未来发展问题,"为美国而教"采取经济上补贴、升学上优先录取、就业上延期工作以及为校友担任领导职务提供资源支持,解除队员服务期满职业和人生发展的后顾之忧。

(1)支持升学和就业 在经济支持方面,"为美国而教"采用补贴的形式,弥补贫困地区教师市场供应不足问题,队员完成 2 年服务期,不仅可获得全职教师薪水,还能够每年获得美国队伍 5 645 美元,即两年服务期满可以获得 11 290 美元②,这些资金用于联邦和州政府学生贷款或者现在或将来就读研究生院的生活津贴。

在升学方面,队员们完成 2 年的服务期后与大学研究生院合作,几乎所有知名大学商学院、法学院、医学院、教育学院、政府管理学院等专业研究生院会享受优先录取,学费打折 25% ~70%或提供全额奖学金的优惠政策③。

在就业方面,在简历制作方面,顶尖的校友招聘者积极参与"为美国而教"全职业务简历项目(TFA's Full Time Business Resume Program),他们来自德勤、晨星(Moriningstar)、帕提农集团(Parthenon Group)、波士顿咨询公司(Boston Consulting Group)、财富集团(Capital Group)等。"为美国而教"还与高盛集团、谷歌公司、通用电气、摩根大通、普华永道会计师事务所、安永会计事务所、麦肯锡公司等跨国公司合作,允许被美国而教录用的职员可延期 2 年入职④。

---

① 张伶俐,洪明.特朗普时代"为美国而教"计划发展趋势探析[J].比较教育研究,2019(8):92—98.

② Angela Harris Richardson. A Qualitative Exploration of Factors Contributing to Teach For America Teachers Remaining in a Rural, High-Poverty School System Beyond Their Two-Year Contracts[D]. North Carolina State University,2018:12.

③ Michael Hansen,The Impact of Teach for America on Non-test Academic Outcomes[J]. Education Finance and Policy,2018,13(2):168—193.

④ Sarah Matsui. Learning from Counternarratives in Teach for America:Moving from Idealism Towards Hope[M]. New York:Perter Lang Publishing,Inc,2015,26.

在创业方面,"为美国而教"建立社会创业计划(The Social Entrepreneurship Initiative),鼓励校友在教育领域创业,支持校友申请绿色回声(Echoing Green)创业基金支持,帮助建立教育企业创业者和已经建立的社会企业之间的联系,培养了全美50%的特许管理组织创始人和高级管理人员。

(2)提供领导发展资源

第一,"为美国而教"建立校友倡议基金(Alumni Initiative Fund),为校友之间以及校友与地方领导建立联系提供资金支持,发布重要社会信息和地区校友活动信息,丰富校友接触领导和资深校友机会,积累社会资本。

第二,建立校友领导计划,包括积极支持校友竞选地方学校或学区董事的学校董事会领导计划和支持校友成为中小学校长的学校领导计划。要求校友董事与校友结成一带一对子,通过队员参与学校董事会活动、培训伙伴项目和多媒体资源,帮助校友成功获得在政治、政策、倡议和社会组织内工作机会,鼓励更多的校友进入学校董事会岗位。

第三,建立国会山奖学金项目(The Capitol Hill Fellows Program),每年拨款50万美元用于校友在国会山各种政治机构实习期间的生活补贴、辅导、参与领导务虚会等支持,获得国家政策和政治经验机会,为华盛顿特区立法部门提供有利于"为美国而教"政策的声音和观点。现在有超过500名校友在国会山或政治倡议组织工作[1]。

(二)"为美国而教"中观层面的教师教育理论

"为美国而教"中观层面的教师教育理论主要有进步的新自由主义哲学、常识取向和技术取向的教师教育观、理想主义与英雄教师故事的教学策略,培养队员。

1.教师教育哲学:进步的新自由主义

"为美国而教"寻求消除成绩差距,因此代表了一种追求社会公正的进步教育运动。"为美国而教"教师教育深受进步的新自由主义(Progressive Neoliberalism)哲学影响,既有进步主义追求教育公平,实现社会公正的传统,又有新自由主义珍视市场化、私有化的管理主义策略,认为公共教育和教师教育能从市场改革中获益,但市场本身并不能矫正美国历史形成的教育不平等(表4-4)。因此,"为美国而教"不是建立一个更好的供应和需求系统,而是有意识地切断贫困地区教师供应和需求的市场力量。招募最有抱负的未来领导者分配到最难吸引好教师的贫困都市和乡村公立学校短暂任教,使那些最需要教育的群体提高学习成绩,获得竞争能力,解决教育不平等问题,而不是按照市场原则分配这些教师到最受欢迎的优质学校任教。

---

① Rebecca Jacobsen, et al. National Affiliation or Local Representation: When TFA Alumni Run for School Board[J]. Education Policy Analysis Archives,2014,22(69):1-27.

表4-4 进步的新自由主义公立教育和教育改革政策①

进步的新自由主义假设	进步主义哲学	新自由主义哲学
1.公共教育不能为所有学生提供优质教育,进一步加强了社会不平等	√	√
2.公共教育从解制的市场改革获益,这种解制的市场改革奖励最有效的提供者,鼓励创新、建立公共部门与私立部门的联系		√
3.公共教育能够从商业的逻辑、技术和战略中受益		√
4.我们不能相信市场能够通过自身矫正教育不平等	√	
5.公共教育是社会行动主义的活动领域,在这一领域中行动者能够在其中与之一起工作或反对这一系统	√	

简而言之,"为美国而教"反映了进步的自由主义者概念框架在很多方面都有体现。

第一,进步的新自由主义假设社会不平等因为公立学校系统而得到加强而不是降低。"为美国而教"宣称国家最大的不公正是教育不公,通过招募精英大学的毕业生在都市和乡村学校任教两年的办法解决教育不平等。"为美国而教"这样的教育改革理论建立在所有孩子都能取得好成绩假设的基础上。然而低收入社区经常为不足的健康医疗、营养、住房、缺乏进入优质学校的机会,因此"为美国而教"认为队员能超越传统期望,大幅度地提高学生的学习成绩。尽管队员们自己不能解决社会经济方面的挑战,然而"为美国而教"相信可以建立大规模的领导者队伍,通过在低收入社区成功从教2年,其队员和校友就能够在短期和长期解决这一教育不平等问题。

第二,进步的新自由主义相信公立教育能够从解制、市场改革、公立和私立部门的合作获益。作为一个非营利组织,"为美国而教"2007年预算的7 500万美元中有70%的年度运行经费来自私立个人、公司、基金会②。在2007年,地方和全美的资助者包括安进、

---

① Randall Lahann and Emilie Mitescu Reagan. Teach for America and the Politics of Progressive Neoliberalism[J]. Teacher Education Quarterly,2011,38(1):7-27.

② Randall Lahann and Emilie Mitescu Reagan. Teach for America and the Politics of Progressive Neoliberalism[J]. Teacher Education Quarterly,2011,38(1):7-27.

高盛、雷曼兄弟基金会（The Lehman Brothers Foundation）、美联银行（The Wachovia Corporation）、布劳德基金会（The Broad Foundation）、盖普公司主席和首席执行官多丽丝和唐纳德·费舍尔（Doris and Donald Fisher），以及迈克尔和苏珊·戴尔基金会（The Michael and Susan Dell Foundation），他们通过市场化的和私有化的方式支持和提升公立教育质量。曼哈顿第一咨询集团（First Manhattan Consulting Group）、蔻驰公司（Coach Inc）、卡夫食品公司（Kraft Foods）、麦肯锡公司（McKinsey & Company）、索尼公司（Sony Corporation）的首席执行官都是"为美国而教"董事会成员。公共部门资助者主要来自美国队伍（AmeriCorps）、美国教育部、州政府和地方学区合作者，这些市场和非市场资金支持"为美国而教"解决教育不平等问题。

第三，进步的新自由主义假设商业的技术、逻辑、战略是促进公共教育改革更有用的方式。"为美国而教"使用商业语言和成果基础的方法接近市场，并成功运行。"为美国而教"认为自己是一种知名品牌，通过运行能力和财政收入不断成长。规模的增长可以增加"为美国而教"对学校系统的影响。

第四，进步的新自由主义相信教育改革要求积极的、直接的行动，抵消历史的不平等。作为进步的新自由主义组织，"为美国而教"采用市场化的手段，来解决由于公立学校系统导致的不平等，让那些最需要的群体获得竞争能力。这一原则与《不让一个孩子掉队》法案明显不同。法案的目标是创建一个竞争性的环境，然后让市场原则产生结果。"为美国而教"寻找履行市场联系的功能：组织的议程不是创造或倡议建立一个更好的供应和需求系统，而是建立一个全美性的运动，解决由于系统资源分配不均导致的不平等，来阻止市场原则的运行。

第五，"为美国而教"的优先权和议程牢牢地关注平等和行动主义——改变贫困家庭孩子不能就读大学的问题。"为美国而教"的使命框架不是商业战略或市场基础的假设，而是在提高历史上边缘人们的受教育机会愿景下确定的。这种目标的实现不是一系列的个人收费，而是每一个队员努力，建立大规模的领导力量来结束教育不平等。事实上，"为美国而教"的核心使命在于培养更多的相信教育不平等是可以解决的领导者，他们深刻理解导致教育不平等的原因和解决方法，能够一步步用基本的和持续的方法解决这一问题。"为美国而教"最主要的概念不是作为教师培训组织，也不是作为非大学的早期教师招收项目，而是作为一个教师教育运动的领导者对抗紧迫而又站不住脚的美国社会教育不平等问题[①]。

2.教师教育价值观：常识取向和技术取向

（1）常识取向　"为美国而教"坚持常识取向教师教育观，将教学看成一种仅凭生活常识就可以胜任的活动，完成通识教育的大学毕业生完全能够胜任教学工作，认为随着

---

① Randall Lahann and Emilie Mitescu Reagan. Teach for America and the Politics of Progressive Neoliberalism[J]. Teacher Education Quarterly,2011,38(1):7-27.

义务教育年限不断增加,教师本人受教育经历可以自然而然的转变为从事教学活动的观念和行为,而且教师执教时所作所为与人类日常生活并没有太大区别。学习教学完全可以在有经验教师指导下,通过中小学课堂教学实践或学徒制方式进行,而不是在大学教育学院培养教师。

(2)技术取向 "为美国而教"展示两种教学概念,一个是全能的教育领导,另一个是技术性的教学概念。

①全能的教育领导

就全能的教育领导而言,其本质是推动未来领导教学的全面发展,"为美国而教"的教育变革跨越了他们的课堂。所以,"为美国而教"队员的角色不仅仅是教师、未来各行业的领导者,还有社会工作者、保卫人员、纪律人员、辅导者,需要多方面的技能、能力和素质。

②技术取向的教学

一是制定一个大目标。作为教师领导者,"为美国而教"队员需要为学生制定一个较高目标,在每一学年开始都会建立一个大目标,学生和教师围绕目标团结在一起。大目标可以通过学生的标准化测试成绩来衡量,教师每天都会匿名评价学生的标准化测试成绩,这样既可以训练学生提升学习成绩的技能,同时也可以判断教师是否在日常的教学和学习中获得了成功。一个基本的大目标是80%或100%的学生通过标准化考试;80%的掌握目标是队员展示的一个基本目标,这个目标无视对概念的深刻理解,也没有考虑学生的生活和兴趣,个人和社区优势和承受能力在某些具体的学科上。若没有达到80%的掌握目标,而是降低了10%,队员会被要求停止教学一个月,因为没有达到目标就被认为课堂实践整体失败,需要制订提升计划①。

二是让学生和家长投资这一目标,通过与学生家庭和其他影响者合作。"为美国而教"教师建立学生的自信心,相信他们能够而且想获得学术成功,为达到这一目标努力学习。"为美国而教"教师创造一个受欢迎的课堂文化,利用这些兴奋点和实现高目标的紧迫性,强调在努力工作和成绩之间的密切联系。

三是计划的目的性。队员强调计划的需要,在制定目标之后,教师创造一个评价方法能够衡量学生是否达到了目标。只有队员在确定学生将学习哪些知识、这些知识怎样展示出来之后,教师才能设计实现这一目标的路径。"为美国而教"教师制订的所有计划都旨在实现这一目标。

四是有效执行。监督学生进步,采用脚本课程,详细描述队员的教学模式,要求教师教学时候关注每一节课的规定,经常监督队员在多大程度上偏离了课程。地方项目主任

① Jill McNew-Birren, et al. Strange Bedfellows in Science Teacher Preparation: Conflicting Perspectives on Social Justice Presented in a Teach For America—University Partnership[J]. Culture Study of Science Education, 2018(13):437 - 462.

会评价学生成绩进步数据、观察队员的教学表现、记录详细的教师教学笔记,然后与队员一起评价教学实践,制订提升计划,使用教学领导作为讨论的基础。因此"为美国而教"队员对标准测试和测试准备有一种爱恨的关系。测试成为队员们的工具和目标。有三个原因:队员们把成绩视为合法的衡量手段,因为他们自己在这方面做得很好;队员在这些评价标准上成功说明他们有优越的合法性;"为美国而教"强调这些测试因为他们需要定量数据显示他们的成功,以此募集更多的资金。

五是持续提高效率,"为美国而教"相信最成功的教师是那些最能反思他们教学技能的教师,他们相信学生的学习对其自身成功非常关键。假设这些教师不是天生的教师,持续不断地学习将是他们成功的关键。

六是坚持不懈地工作,合格的教师倾向于形成一个广泛的教师角色概念,队员们无论做什么都承担领导学生成功的责任。除了根本的教学技能之外,关注追求卓越的驱动力和愿景、坚持不懈的追求,是一个特殊的、有效的方法加速新教师能力形成并产生重大影响的好方法。

3. 教师教育教学策略:理想主义与英雄教师故事

"为美国而教"采用理想主义和英雄教师故事的策略,创造一种英雄教师形象,克服一切困难,激励一代代队员为推进教育平等的理想而不懈努力奋斗。

(1)理想主义 理想主义是"为美国而教"核心身份标志,不管是对组织还是对个人都是这样。温迪·卡普认为"为美国而教"是由年轻的理想主义者创造,并服务于年轻的理想主义者,渴望在资源匮乏的公立学校任教 2 年,努力工作解决教育不平等。他们具有领导能力、奉献精神、远大抱负,相信只要努力工作,加上基本的教学培训就能拯救美国贫困地区公立学校的学生,报答祖国。他们把自己视为超级英雄、拯救者、白衣骑士和殉道者,用一种理想主义的视角看待贫困地区教学专业工作。

(2)英雄教师故事

1)英雄教师故事。首先,英雄教师故事是"为美国而教"理想主义的一种表达,这种方式在媒体很流行,被称为专业奥秘。"为美国而教"英雄主义教师叙事大都围绕一个温暖的高贵白人教师长期在肤色为黑色或棕色的没有希望的儿童课堂战斗的故事,展示"为美国而教"使命。大众传媒在某种程度上也起到推波助澜的作用,比如形容他们为有能力的医生、具有奉献精神的教师、聪明的律师等;一部分队员也引用大众传媒的电影和叙事说明他们是英雄的教师。英雄教师叙事可以从这些电影中看到,如《黑板丛林》(Blackboard Jungle)、《吾爱吾师》(To Sir With Love)、《师恩难忘》(Conrack)、《为人师表》(Stand and Deliver)、《第五十六号教室的奇迹》(The Hobart Shakespearians)、《自由作家》(Freedom Writers)、《永不放弃》(Won't Back Down)[①],这些电影被表述为依据真实故事

---

① Sarah Matsui. Learning from Counternarratives in Teach for America:Moving from Idealism Towards Hope[M]. New York:Perter Lang Publishing,inc,2015:150.

改编,展示英雄教师需要把城市中心地区公立中小学的学生们从家庭、毒品、暴力中解救出来。英雄教师必须能让学生过一种更好的生活,同时与他们的白痴同行、愚蠢的行政管理者以及危险落后的家庭做斗争。

其次,"为美国而教"队员把组织看作一种救世主的复杂角色。他们注定是最有希望的解决教育不平等问题的人。他们中的很多人都是通过快捷路径成为领导,勇于追求卓越和正义的领袖原型对领导力不懈追求。他们陶醉于道德美德、史诗般的英雄形象。大部分队员认为教育不平等是由于教育领导很差的管理财务资源的能力以及不能有效的创造教师教学能力。最终表达一种毫不动摇的信念:教育不平等是可以解决的,他们是一支使其变好的力量①。

最后,"为美国而教"还在夏季学院开学典礼上讲述英雄教师故事。"为美国而教"运行六个全国性的学院,主要分布在美国的主要城市。每一个学院面向一定的地区进行培训。这六所学院在整个六月份实施一个错开的时间表,以便每一所学院能够为温迪·卡普欢迎讲话留出空间。卡普的讲话和随后的发生的公式化事件是在一个修辞的和宗教色彩的环境中展开。在一个容纳400名职前队员的大厅发表致辞,她详细描述怎样努力建立这一组织,受到来自全美支持的鼓励,通过招募有毅力和勇气的年轻人进入教学职业而拯救教学专业。卡普随后将场地让给了8名队员组成的故事小队,站在聚光灯下讲述一个看似彻底失败,在决心和勇气中他们克服了困难,最后成功,为学生带来希望的故事。通过承认他们作为新手教师的违法行为,叙述拯救的时刻,提供一个道德转换,队员的入职故事检验了"为美国而教"在深层次上的正确性,唤起民众的公共责任感和准宗教热情。这些故事反映了一个斗争、个人改变、转变为一种事业的过程。

2)讲故事工作坊。队员工作后建立讲故事工作坊。2013年一位队员在夏季学期之后,新队员被要求在进入安置学校任教之前撰写自己的转变故事,在教学培训的早期阶段的小组内分享,他们还安排很多的队员聚集的讲故事工作坊。2016年在华盛顿特区"为美国而教"提出《每日倡议:讲述教育不平等、我们的孩子和"为美国而教"》(*Everyday Advocates:Talking About EducationInequity,Our Kids,and TFA*),承诺给教学参与者基本有效的讲故事和授权建立教育终结这种不平等运动,数以百计的队员注册,很多人在门外等候,5小时的工作坊包括通过竞争性的个人故事使得民选官员翻身支持特许学校扩张的倡议、6人的案例叙述,在教学环节由2名"为美国而教"交流部领导负责指导。

3)向社会传播英雄故事。自从"为美国而教"建立之后就把这些救赎故事打包,在社会公众中传播。2007年,《纽约时报》就把一名队员任教故事刊登到报纸上。"为美国而教"官方网页上有《为什么选择"为美国而教"》栏目,轮换讲述队员任教故事,并配上照片,生动形象(图4-2)。当这些故事在目标队员、捐赠者、政策制定者之间分享的时候,

---

① Chloe Ahmann. And that's why I Teach For America:American education reform and the role of redemptive stories[J]. Text&Talk 2016;36(2):111 - 131.

英雄教师故事就把这些干巴巴的责任感,用故事包装成一种美国式个人英雄主义,唤起青年才俊情感共鸣,形成一种解决教育不平等的公共责任感和准宗教热情,推动"为美国而教"事业发展。

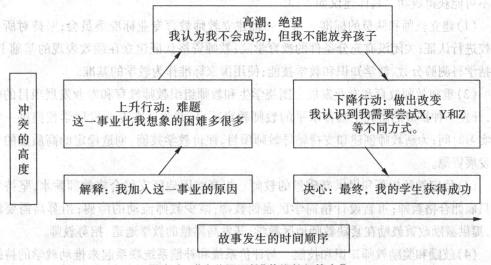

图4-2 "为美国而教"英雄教师故事①

聆听队员的救赎故事的仪式过程对"为美国而教"队员也非常重要,这样的故事建立一种改革权,它根植于经历了创伤、不公正、集体斗争之后必要的转型之旅。在"为美国而教"社区改革权分为不同阶段,每一个阶段都交织着掌握个人成长的故事。新队员通过展示救赎故事,经过2年的课堂教学服务之后成为改革榜样,这样类似的转型故事由具有救赎故事的成熟校友改革者引入,最终达到一种完美境界。每一个救赎故事的阶段都可以被听到,然后通过合作参与被告诉,最后被个体在最终阶段社会化信念和付诸行动。

(三)"为美国而教"微观层面组织运行策略

"为美国而教"微观层面组织运行策略主要采取精英招生、短暂的夏季学院培训、队员安置以及嵌入式教师专业发展等策略维持组织运行。

1. "为美国而教"教师教育标准

"为美国而教"项目报告为招收、培养和支持美国学校里卓越教师,保证所有社区都有具备足够知识和技能的教师教育。所有学生认为,一位具有爱心、竞争力和合格的教

---

① Chloe Ahmann. And that's why I Teach For America: American Education Reform and the Role of Redemptive Stories[J]. Text&Talk 2016,36(2):111 - 131.

师是每一位儿童所需要的,也是教育改革的一个重要部分。报告关注三个问题:教师应该知道做什么才能对学生的学习产生最重要的影响;招收、培养和保留住好教师是提高我们学校质量的中心战略;除非创造一个教师"能教"和"教好"的环境条件,否则学校改革不可能获得成功。具体建议如下。①

(1)建立教师和队员的标准　每个州都建立教师教育专业标准委员会;坚持对所有学校进行认证;关闭没有充分条件的教育学院;教师资格认证建立在绩效表现的基础上,包括学科测验分数、教学知识和教学技能;使用国家标准作为教学的基准。

(2)重塑教师教育和专业发展　围绕学生和教师组织教师教育和专业发展项目的标准,开发一种扩展的研究生教育水平的教师教育项目,并为此在专业发展学校提供一年的实习时间;为新教师创建和支持辅导教师项目,评价教学技能;创造稳定的高质量的专业发展资源。

(3)稳定教师招募和提供高质量的教师　提高贫困地区支付合格教师薪水,坚持学区只雇佣合格教师;重新设计精简学区雇佣教师;减少教师流动的障碍;招募高需要教师,提供激励政策鼓励在紧缺教师地区教学;开发高质量的教学通道,招募教师。

(4)鼓励和奖励教师知识和技能　与评价系统和补偿系统联系起来推动教学的持续发展,奖励教学知识和技能;辞退不合格教师;国家认证委员会为每一个州和学区制定目标和行动奖励。

(5)为学生和教师成功创建学校　减少官僚层级重新分配资源,为前线学校提供更多的金钱支持,在教师和技术方面增加投资,减少非教学人员费用;为学校提供风险资本,鼓励与学校发展有关的教师学习,奖励小组努力使教学实践和学习质量不断提高;遴选、培养和保持能够理解教学和学习以及能够提高学校效能的校长。

2.精英招生原则

(1)选拔精英　1989年,温迪·卡普在其学士论文中引进了一个概念,就是招募"最好和最聪明的人"或者选拔一部分非教育专业毕业生在学校任教2年。她坚信这些高度选拔性大学的毕业生代表最好和最聪明的人。她在本科毕业论文中直接使用了12次,间接使用了17次②。如最好和最聪明的个体、拥有很好的学术成绩;学术卓越、很好的学术成绩、拥有领导能力、理想主义热情。卡普假设最好和最优秀的人需要在精英大学发现,根据美德进入贫困学校,成为合格的教师。

①精英招生标准:"为美国而教"制定具有高度选拔性标准,招聘和选拔领导精英。在招收新队员的时候要求其具有领导潜力,要求精英高校毕业生要展示过去领导和成

①　James B. Hunt, et al. What Matters Most:Teachng for America's Future[R]. Report of The National Commission Teaching & America's Future,1996:11.

②　Michael C. Barnes, et al. Teach For America's Long Arc:A Critical Race Theory Textual Analysis of Wendy Kopp's Works,Education Policy Analysis Archives,2016,24(14):1-40.

绩、毅力、持续的关注、面临的挑战，以及强有力的批判思维技能、问题解决技能、卓越的组织能力、卓越的任教交往技能（包括鼓励和领导其他人的能力）。"为美国而教"选拔过程还包括在线申请、电话面试、最终面试，包括多个个人和群体活动，增加个人面试。第一年，"为美国而教"仅在全美排名前 100 名的大学招生，其中仅哈佛、耶鲁、斯坦福等前 20 名院校就招生 222 人①。队员的 SAT 平均成绩是 1310，平均学分绩点在 3.5，85%的队员有突出的领导经历。"为美国而教"还根据以往录取数据与队员提高学生成绩数据，评价学生成绩和队员性格特点，以及性格特点与执行课堂指令性领导方法存在怎样的关系，由此建立招生录取模型，提高队员招生的针对性、准确性。

②设置招聘主任：招聘主任被分配到一定地理区域的特殊大学，他们通常是前队员，服务期满后直接被雇佣。这些招聘主任通常会被分配到自己的母校或者与他们母校类似的学校工作。主要有 3 个原因：网络——招聘主任将能够利用现存的社会网络找到好的候选人；合法性——学生们将会聆听与他们类型背景的招聘主任演讲；学院知识——在某些学校有某些特别的专业，课外活动或者学位项目可以造就很多好的候选人，这些对于非校友来讲不一定熟悉。这三个因素可以吸引更多的申请者，产生较好的录取比例。招聘主任通常利用社会网络和课外活动网络确认感兴趣的和合格的申请者。

③短期服务承诺，提供更广阔支持网络："为美国而教"主要招聘具有领导能力的人，通过他们推动课堂和国家变革。除此之外，招聘和选拔领导精英，创造一个很高的领导群体地位，吸引更多的人加入，这样"为美国而教"就会变得更加独特和精英。未来队员将被告知他们将会独特地与"为美国而教"建立独特的联系，获得具有吸引力的精英身份。"为美国而教"从来不会与队员签署 3 年以上的教学协议，因为非白人队员和科学主修的队员将很快走出去赚钱。因此 2 年的服务承诺可以使队员很快摆脱这种限制，让他们获得课堂教学经验后，走向领导岗位能够记得这种经历，为改变这一系统做出贡献。"为美国而教"相信，当所有的政治家、律师、医生都将花费 2 年时间在低收入课堂任教，美国贫困地区的公立中小学教育将会更好。同时这种短期课堂教学服务可以为队员简历增加荣誉，使期获得更好的职业。这是"为美国而教"招生的完美策略——帮助不幸的人，同时提高队员的职业发展。

④申请：开始阶段涉及在线申请，这对于教高中的队员更有意义，然而一部分队员重申由于全美对特殊教育教师的需求较多，申请者选择这一领域几乎可以肯定的是安置在这一领域。申请"为美国而教"必须提交学术成绩单、简历、一封他们为什么选择加入"为美国而教"的申请书。要求撰写一个小的作文，招生官员努力评价申请者对教师角色的感知。除了说明优先任教年级和任教科目，申请者还需要说明优先安置的地区。他们还

---

① Julia Earline Hammond Cradle. A Logic of Practice in the Development of Teach for America：1989-1992：Ellites，Social Capital and Urban and Rural Teacher Education[D]. University of Wisconsin-Madison，2007：19-20.

需要回答一个克服挑战的问题,并提供2~3封推荐信支持他们的申请。

项目要求申请者提供一系列关于学术和犯罪背景、社会经济地位、种族、家庭的社会经济地位、任何可能的家庭责任的信息。拥有低收入背景或者少数民族种族背景的可以有优先录取权,具有犯罪记录的立刻就会被放弃。申请过程有四个步骤,那些高分数的申请者可以直接从第一阶段进入第三阶段(图4-3)。

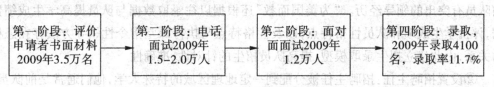

图4-3 "为美国而教"录取阶段①

(2)面试和录取　申请者必须获得学士学位,本科累积平均学分绩点2.50及以上,拥有美国公民身份或者永久居住权。根据申请人的领导能力和学术成绩、坚毅品质、批判思维技能、组织能力、人际关系能力、"为美国而教"使命努力,与多样性背景的人一起工作的能力,尊重个人多元化经历等标准进行评价。在线申请环节中,有12%被选拔出来进入下一步面试,在这些获得面试机会的人中有80%被录取。

在个人面试阶段,一般2个面试官需要一天面试10~15名申请者,所有的申请者都需要经历在线申请到面试。在小组面试中,申请者要在10~15名其他队员和"为美国而教"职员面前展示一个简洁的教学案例,"为美国而教"队员会扮演行为越轨学生,申请者需要在课堂上解决这些问题。然后主持一个缩小成绩差距的和"为美国而教"的讨论会;申请者在讨论中的领导讨论的能力、聆听能力和尊重他人的能力会被严格审查并作为录取依据。

下午,每一名申请者有一个30~45分钟的面对面面试,申请者会被要求说明为什么要加入"为美国而教",回答一些假设的在未来的教学中可能碰到的问题。回答问题的能力会被分成等级,但是最终的决定权在委员会。如果被录取,队员将会收到一个告知他们安置地区、任教学科以及是否他们将在小学或高中环境中教学的通知。

在通知书以电子版的形式发放之后,一部分校友和现在的队员就把这些被录取的人员名单和电话号码收集起来,但是这些人还没有确定是否加入组织。他们会给那些已经确定加入的队员打电话,回答任何问题或者提前回答他们可能在项目中遇到的问题。这个电话展示了"为美国而教"和他们的队员希望利用这种人际交流巩固他们的纽带关系,使这些真正接受的人成为事实上"为美国而教"网络的一部分。

"为美国而教"的选拔过程主要是为了确认哪些候任教师最有可能在课堂上成功,有

① Patricia Ann Maloney. Schools Make Teachers:The Case of Teach For America and Teacher Training [D]. Yale University,2012:95.

大约25%的申请者会入选。选拔成为队员后要经历5周的夏季学院培训。

①多样性原则：从2000年起，"为美国而教"开始转变招生策略，逐渐增加在州立学院和黑人大学的招生名额，有色人种队员比例逐步从27%增加到2014年的40%。现在美国公立学校几乎一半学生为有色人种学生，但是有色人种教师仅为17%①。因此，多样性的计划将一直是"为美国而教"未来招生的基本原则。

②数学、科学为主原则：因为科学和数学学位获得者可以在其他职业获得更高的薪水，贫困地区中学的科学和数学教师流失率更高。"为美国而教"采取三步走战略，招收科学和数学教师。一是2004年，发起数学和科学计划。二是2006年，与安进基金会合作建立一个科学、技术、工程和数学计划项目。到2013年，"为美国而教"成为全美贫困地区数学和科学教师最大提供商②。

3.夏季学院短期培训

常识取向的教师教育观使得"为美国而教"仅在纽约市、洛杉矶、休斯敦等9个地区设置了夏季学院，对队员进行为期5周的高强度职前培训，再生产"为美国而教"的教师教育文化规范，形成"为美国而教"队员身份认同，养成课堂实践中一致的思想和教学风格，获得即使没有任何准备也能胜任教学工作的专业信仰。

(1)培训过程　夏季学院共有6所，培训主要安排在当地大学校园进行，队员们在大学校园宿舍住宿，学习"为美国而教"课堂管理，在有经验的辅导教师的指导下，通过课堂观察、撰写反馈报告、汇报等方式让队员成为反思性教学实践者，还通过临床课程，课程诊所关注教学计划、班级管理文化、学习理论和文化素养的学习，使其成长为一名获得临时或应急教师资格证书的课堂教师。通常采用4人小组的形式，小组主要设计教案，根据学区学习标准评价教案，确定学生的分数足够高，到学期结束可以升入到高年级。早晨，4人中有2人选择教育学和学科知识课程学习，课程教师前队员或者现队员，同时另外2名试讲昨天完成4人制定的教案，一般每一名队员每天从事45分钟到1小时的教学，在他们教学过程中会有一名队员咨询者或者教师咨询者或者退休教师在场提供教练辅导。下午，他们转换一下。学校教学结束之后，队员们乘坐公共汽车回到大学校园，有一个小时的计划和减压时间，然后一起吃晚餐，参加更加具体的讨论会，如怎样教残疾儿童学习。这些讨论会结束，合作小组碰面制订出第二天的课程计划，交换一下笔记，记录哪些对学生有用，哪些没有用。周末队员有更多的自由时间，但是仍然需要做下一周的教学计划，完成分配的入学要求和任务。

① Terrenda White. Teach For America's Paradoxical Diversity Initiative: Race, Policy, and Black Teacher Displacement in Urban Public Schools[J]. Education Policy Analysis Archives,2016,24(16):1-42.

② Jill McNew-Birren,et al. Strange Bedfellows in Science Teacher Preparation:Conflicting Perspectives onSocial Justice Presented in a Teach For America—University Partnership[J]. Culture Study of Science Education,2018(13):437-462.

（2）夏季学院课程安排 "为美国而教"夏季学院课程主要包括领导教学，教学计划和传授，投资、课堂管理和文化，各样性、承诺和成绩，文化素养发展等5门课程培训（表4-5），课程实施一般包括教学实习、观察反馈、操练反思、课程诊所等几个组成部分（表4-6）。

表4-5 "为美国而教"夏季学院课程表①

课程	课程描述
领导教学	帮助新队员确立引导学生学术成功的原则
教学计划和传授	用标准的教学方法，在课时计划、学生评价、传递教学指令方面，引导"为美国而教"队员
投资、课堂管理和文化	目的是教会"为美国而教"队员怎样在课堂里营造一种成绩文化
多样性、承诺和成绩	为"为美国而教"队员开发一种在任教学校中与学生建立成功关系的心态和技能
文化素养发展	关注跨年级和跨学科内容的教学文化技能

表4-6 夏季学院培训组成部分②

培训组成部分	组成部分描述
教学实习	在退休队员观察下每天从事至少2小时教学活动
观察反馈	"为美国而教"教学教练观察新教师，并提供反馈
操练反思	新教师与"为美国而教"队员以小组会议的形式实践课堂教学、讨论反馈意见等
课时计划诊所	在教学教练指导下，队员接受怎样制订课时计划，队员将在教练指导下学习怎样内化学生学习目标和设计他们的课时计划
课程会议	新教师研究基本的教学实践、教学方法

夏季学院高强度的培训，使得很多队员不能获得8小时睡眠。"为美国而教"队员夏季学院一天工作如下③。

① Refika Turgut. Case Studies of Teach For America Teachers' Teacher Identity Development in Relation to English Language Learners[D]. University of Nevada,2017:38.

② Refika Turgut. Case Studies of Teach For America Teachers' Teacher Identity Development in Relation to English Language Learners[D]. University of Nevada,2017:38.

③ Rikki Hunt Taylor. From the Classroom to the Principal's Office：How the Teach for America Experience Influences School Leadership[D]. The University of Pennsylvania,2017:37.

[上午]

6:00—6:30 早餐

6:30—7:30 乘车到任教学校

7:30—8:00 班级布置和帮助已经到校的学生

8:00—9:00 在数学素养时间(The Math-Literacy Hour)开始对小组学生教学,所有合作成员都在课堂上

9:00—10:15 领导教学

10:15—13:00 如果没有领导教学,队员们可能做以下事情:

①参与不同的课程讨论,关注具体课程目标,在这里队员需要获得支持;

②执行同辈观摩,观察另一名队员教学,完成观察教学反思;

③与辅导教师或夏季教师咨询者见面询问他们的课堂观察;

④使用教学领导标题反思和自我评价;

⑤计划和排练未来课程;

⑥通过使用个人行动计划、日程表战略性的安排时间。

[下午]

13:00—13:30 监督学生午餐等工作

13:30—14:45 参与核心课程讨论会,关注具体课程目标

14:45—16:00 参与辅导老师小组讨论会,反思教学进步和挑战,讨论课程问题

16:00—17:00 返回大学校园

17:00—18:00 自由时间

[晚上]

18:00—21:30 总结和排练明天的课程计划、年级学生工作或者做下面工作中的一项:

①参加工作坊;

②参加地区会议;

③参加夏季学院学习小组会议。

21:30—22:30 个人或小组活动,具体如下:

①写下一周教学计划,如果有必要使用房间资源;

②与合作队员见面讨论教学计划和学生进步,分析学生作业;

③与辅导教师共同审查对话内容。

夏季学院结束之后,每一个人都感觉他们足够聪明,能够胜任工作,理解基本的教学艺术,能够承担教学工作。

(3)财务压力　新队员将面临财务压力,在夏季学院的这一段时间到进入教学项目

之前,队员们没有薪水,他们的个人和旅行费用并不能完全通过项目报销。

4. 队员安置及策略

所有"为美国而教"队员在安置之前必须通过国家教师考试,各州对教师资格证书要求不同,但是大部分队员在任教前必须通过任教科目测试,在任教期间继续学习教育研究生院的课程。"为美国而教"与地方的教育研究生院和学区合作为队员提供学习必要课程的机会和考试要求,以便获得教师资格证书和教学艺术硕士学位。

(1)安置总体情况

首先,夏季学院培训结束之后,选拔出来的队员参与安置地区、学科领域、任教年级选择排序。被正式录取的队员被安置在全美 29 个地区中的一个。安置受很多因素影响,包括每一名队员的安置地点、地区需求、单个地区教师资格证书要求的影响。队员们通常会作为一个无缝隙完成新职业和新地点的转变的形式,与夏季学院一起训练的队员住在一起。每一名队员会被分配给一个"为美国而教"咨询者,主要是在 2 年教学期间辅导和培养队员。队员必须参加周六举办的专业发展讨论班,递交要求的纸质作业、课时计划或学生数据。队员在工作期间属于地方学区或特许学校雇员,而不是"为美国而教"雇员。因此"为美国而教"既不能雇佣他们,也不能解雇他们。队员的教学能力评价包括学生的测试分析,对学生行为控制能力,与其他教师是一样的,由校长通过课堂观察或其他学校行政管理者进行观察得出评价结论。如果队员在开学的时候没有得到工作岗位,"为美国而教"地方办公室可能会雇佣这些队员作为临时工作人员,并为其提供财政支持,直到队员获得新的教学岗位。队员进入学校之后获得与其他新教师一样的薪水,甚至可能会获得额外的财务支持,以便能够报销夏季学院食宿费用和交通费用,以及培训、再分配、测试和证书费用。

其次,"为美国而教"与大学和学院的教师项目合作。要求合作高校与"为美国而教"职员创造高质量的专门为"为美国而教"队员设计的教师资格证书项目。这个项目设计的最低要求有 6 个:①给予队员在其夏季学院培训 5 周的学习学分;②允许部分课堂完全由"为美国而教"队员组成。③要求一些大学教师或者"为美国而教"职员担任课堂行为观察;④认真设计课程,与队员们在夏季学院接受的培训课程一致,避免不必要的重复,保证传递的信息是一致的;⑤考虑"为美国而教"校友作为项目临时教师;⑥给队员有选择的追求硕士学位的机会①。

(2)队员安置领导及职责 安置新地点开发副主席丹妮·罗宾森(Diane Robinson)认为一个地区是否满足"为美国而教"安置地点规范要求,需要建立与地方关键人物的关系,获得他们对"为美国而教"使命的投资。一旦"为美国而教",所有需求都得到妥善解决或者能够在短期内较快解决,罗宾森的工作就是确保签署一个"为美国而教"与地方学

---

① Gary A. Anderson, Teach for Hartford: The Role of the Alumni Champion in the Teach for Amerca Movement [D]. Tufts University, 2006:15.

区合作的理解备忘录,以便得到足够的资金,雇佣一位能够与地方关键人物接触的地区执行经理。

"为美国而教"新地点开发副主席的工作职责:在给定学区选择合适的领导人,帮助与学区领导建立工作联系和产生影响,促进对新地点的讨论;研究地方拨款和捐赠,确保"为美国而教"具有可持续发展能力;研究没有"为美国而教"地点的州政府教师资格证书授予过程;与地方学区舆论领袖建立良好关系;组织地方校友建立地方支持和激励资源,他们对开发新的"为美国而教"地点有帮助;确认地方关注和问题,并把它展示给"为美国而教"领导层。

"为美国而教"新任首席执行官维艾丽萨·比尔德(Elisa Villanueva Beard)则对"为美国而教"队员安置采用了不同的做法,"为美国而教"未来在安置教师的时候将会优先考虑队员的个人关系、学校或地区,如他们生活过的社区、他们就读过的学校或者参加志愿活动的地方。每一个"为美国而教"安置学区必须承诺雇佣一定数量(通常50名)的"为美国而教"队员,同意集中安置最少一所学校2名队员,雇佣不同年级和不同学科的队员并支付薪水,提供各种福利①。这样主要是因为队员具有多样性背景,学区最需要的通常是数学和科学教师,而"为美国而教"不能仅招聘这些教师,并且还需要招聘那些能够在课堂里取得成功的教师。

(3)优先雇佣和提供晋升机会策略　"为美国而教"与地方学区在签署雇佣合同时,要求地方学区优先雇佣"为美国而教"教师,保留相关岗位,提供晋升发展机会。"为美国而教"则根据合作协议尽力为学区提供符合任教年级、学科和其他学区标准的教师。同时合同还要求在地方学区或公立学校的领导晋升路径中,为"为美国而教"校友进入学校领导岗位提供优先机会。

2012年,亚特兰大学区与"为美国而教"的雇佣合同谅解备忘录中显示,学区将雇佣每一名项目提供的队员,包括满足当地需求所约定的数目。按照协议而不管这样的教师是否满足了具体标准,也不管这些资格证书获得者是否与学区的学科需求一致,学区都应该用最好的努力雇佣所有年级、学科范围的教师,包括非关键或非教师短缺地区。在缩减教师劳动力合同中,学区应该尽力保证不会终止任何雇佣的队员或校长,使队员拥有被雇佣和工作保障的权利。

(4)均衡安置策略　美国《不让一个孩子掉队》法案要求所有临时资格或应急资格教师应按比例安置在贫困地区的公立中小学,所以"为美国而教"一般一所学校安置1~2名队员,保证应急资格教师能够平均地分布在整个学区,确保教育机会均等。

均衡策略下队员之间很少交流,不能获得足够的在职辅导和专业发展,结果队员在第一年的任教中困难重重,情绪低落,造成一部分队员中途退出项目。

---

① Gary A. Anderson. Teach for Hartford:The Role of the Alumni Champion in the Teach for Amerca Movement [D]. Tufts University,2006:15.

（5）集中安置策略　从 2010 年起，为解决均衡安置策略出现的问题，"为美国而教"采取集中安置策略，把队员集中安置在低绩效学校。集中安置在一所学校有利于队员专业成长，增强获得感和满意度，同时提高学生学习成绩。改革后每所学校安置的队员平均达到 10 名，比例从 2% ~4% 上升到 14% ~17%。集中安置策略效果不错，首先，学生无故缺席的比例从 7% 下降到 4%，平均成绩也增长了 1.7%①。

其次，集中安置策略为低收入学校关键教学岗位提供大量、年轻、富有活力的队员，提升了学生学习成绩，产生溢出效应，改变了整个学校的教学文化氛围。学区和学校为此组织同一个年级的教师（小学）或同一个学科教师（中学）建立一个共同的每周教学计划研讨会，努力促进不同教师在教学进度、教学内容、教学方法方面的协调和互相学习，达到共同提高的目的。

再次，集中安置策略能够更有效地管理、支持队员教学活动，并与地方学区和学校管理层建立良好的合作关系。

最后，集中安置策略不仅使教学效果提升，也可以获得更多的外部捐赠支持。

（6）设立地方办公室

"为美国而教"只到那些渴望"为美国而教"留下来的学区任教。这需要"为美国而教"能够依赖地方捐赠者支持新设立运行的地方办公室。根据"为美国而教"文件，在任何安置地区，学区必须提供第一年运行资金作为最低要求，最理想的是能够涵盖 1 年全部成本，向"为美国而教"基金捐资做出多年承诺，保证"为美国而教"运行能力不断增长，资金基础不断扩大。

"为美国而教"在安置地区设立地方协调办公室，设置教师领导和发展经理，该经理至少要有 2 年的低收入社区从教经验，经理主要协调地方学区与队员的关系，对新队员进行辅导。通常按照一名教师领导发展经理与 20 名新队员建立一个小组的方式编制支持团队，经理负责支持新教师，并为新教师提供"一对一"的专业反馈和辅导，要求为每一名队员在 2 年时间里平均提供 40 个小时的正式培训。

（7）嵌入式教师专业发展　"为美国而教"嵌入式专业发展主要表现为"为美国而教"教师领导与发展经理提供观察反馈，帮助具体任教学科和任教年级小队关注关键教学困难和问题，提供工作坊、讨论小组和日常会议、在线工具和资源解决教学问题，如图 4-4 所示。

在队员们达到任教地区后，他们参加单独的和在线的培训，帮助他们设定第一年目标和制定长期的教学目标和单元计划。在 2 年的任教中，队员还与教师领导与发展经理参加一对一合作调查，展示实现目标过程中学生进步数据，包括队员和教师领导与发展经理评价学生学习结果和观察学生学习。根据这些调查数据，队员和教师领导与发展经

---

① Ben Backes, et al. Teach For America Impact Estimates on Nontested Student Outcomes[R]. National Center for for Analysis of Longitudinal Data in Education Research, 2015:6.

理共同明确为什么一部分学生取得了进步或没有取得进步,制订行动计划,采取关键步骤让队员提升学生学习成绩。

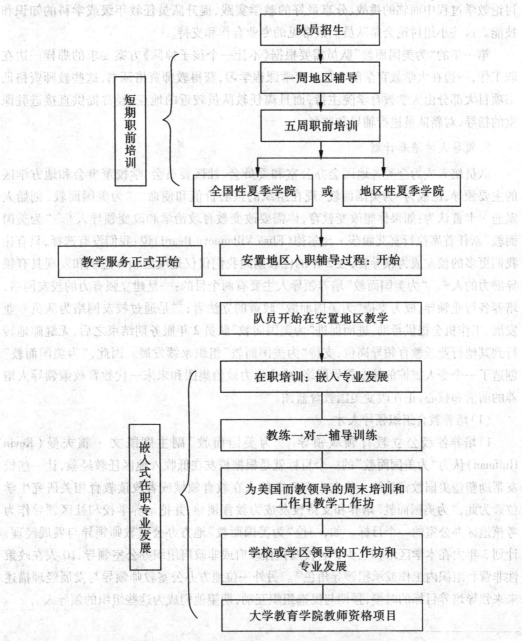

图4-4 "为美国而教"嵌入式专业发展过程①

① Shelley Rappaport, et al. Strengthening the Transition from Pre-Serviceto In-Service Training for New Teachers: Findings from a Study of Teach For America's Handoff Program[R]. The Manpower Demonstration Research Corporation: Building Knowledge to Improve Social Policy, 2020, 23.

　　除此之外,每个月参加一次由队员组成的任教学科或同年级具体学科的学习小组会议,会议由成功教师主持,包括"为美国而教"校友和第二年任教的队员。在会议上,队员讨论教学过程中面临的挑战、分享最好的教学实践、提升队员任教年级或学科的知识和技能。这些小组讨论会是队员们最常见的专业合作和支持。

　　第一年的"为美国而教"队员需要根据《不让一个孩子掉队》方案要求的那样一边在职工作,一边在大学教育学院参加教育学课程学习,获得教师资格证书,这些教师资格证书项目大部分由大学教育学院主持,而且离任教队员较近的地点,经常提供直接进驻课堂的指导,对新队员进行辅导和监督。

　　5. 领导人才培养计划

　　队员培养成为全美各地国会办公室和委员会、社区委员会、学校董事会和地方学区的主要领导,已成为"为美国而教"现在组织的核心价值和使命。"为美国而教"创始人温迪·卡普认为:如果你想改变教育,你需要改变教育政治学和改变领导人①。"为美国而教"新任首席执行官艾丽莎·比尔德(Elisa Villanueva Beard)说:我们没有选择,只有让我们更多的校友成为领导者,在 2 年的任教期间我们仅仅是唤醒领导意识和发现具有领导潜力的人②。"为美国而教"培养领导人主要有两个目的:一是建立强有力的校友网络,培养各行业领导,成为支持"为美国而教"政策的立法者;二是通过校友网络为队员专业发展、工作机会提供帮助,进而促进"为美国而教"队员 2 年服务期结束之后,无缝隙地转行到其他行业或教育领导岗位,支持"为美国而教"组织永续发展。因此,"为美国而教"创造了一个令人震惊的校友领导网络,成为强力政治集团和未来一代教育政策领导人培养的前沿和核心,正在改变美国教育蓝图。

　　(1)培养教育组织领导人才

　　1)培养各级公立教育领域领导。"为美国而教"副主席凯文·霍夫曼(Kevin Huffman)认为"为美国而教"的一个目标就是根据校友在低收入地区任教经验,让一些校友帮助塑造美国教育政策。校友中有 2/3 的人在教育领域或者攻读教育相关研究生学位。为此,"为美国而教"培养和支持校友成为教育领导,并把培养学校和社区领导作为考核地区办公室的一个目标。如,一位"为美国而教"地方办公室教师领导与发展经理,计划 3 年内在本学区培养至少 2 名校友担任政府或非政府组织办公室领导,10 人在政策性非营利组织内工作或承担领导角色③。另外一位地方办公室教师领导与发展经理描述未来领导培养目标的时候,强调与民选组织互动,期望他们成为这些组织的领导人。

---

　　① Stephen Sawchuk. Teach For America Spinoff Helps Alumni Gain Influence[N]. Education Week, Jan. 15,2014,33(17).

　　② Rebecca Jacobsen, et al. Cultivating Political Powerhouses: TFA Corps Members Experiences that Shape Local Political Engagement[J]. Education Policy Analysis Archives,2016,24(18):1-38.

　　③ Rebecca Jacobsen, et al. Cultivating Political Powerhouses: TFA Corps Members Experiences that Shape Local Political Engagement[J]. Education Policy Analysis Archives,2016,24(18):1-38.

2)"为美国而教"培养教育领域领导人才,使很多校友成为学区督学或校长。知名的教育界领导有华盛顿特区的公立学校校长米歇尔·李(Michelle Rhee),在任职期间,按照"为美国而教"市场化理念,大幅度地增加该学区特许学校的数量。纽约州"为美国而教"地区执行主任凯米·安德森(Cami Anderson)现任纽瓦克公立学校总校校长,与地方大学合作建立纽瓦克驻校教师项目。吉拉·琼斯(Kira Orange Jones)之前担任"为美国而教"路易斯安那州执行主任,后来成为路易斯安那州中小学教育董事;校友约翰·怀特(John White)之前担任路易斯安那州恢复学区校长,后来任职于路易斯安那州中小学全州督学。

(2)培养民选领导人才

首先,"为美国而教"拨款390万美元,创立教育平等领导项目(Leadership for Educational Equity),支持队员和校友参与政治和公民项目,负责培养校友成为各级民选官员或者教育民选官员,支持校友接近大量的捐赠者和支持"为美国而教"政策游说者。项目通过时事通讯,经常给校友寄送一些新闻信息、市政厅会议、培训班、交流会和实习生计划。校友在参与市政厅会议的时候,可以为队员提供与会代表的联系机会,以便获得议员们在专业发展、职业机会和提供参与地方更多政策方面的帮助。另外,由于"为美国而教"能吸引高度参与社区的个体,康涅狄格、阿拉巴马、密苏里、印第安纳、科罗拉多和新泽西等州的不少中等规模的城市领导,鼓励"为美国而教"队员或校友参与到地方公民和政治组织,把吸引和留住这些年轻人作为城市振兴的重要战略。

其次,拨款50万美元建立国会山议员项目(The Capitol Hill Fellows Program),为校友在国会山活动提供生活补贴和辅导,鼓励参与领导务虚会。提供在众议院教育和劳动力委员会与议员一起工作、亲身经历国家政策制定和政治活动的机会,同时为华盛顿特区立法部门提供有利于"为美国而教"政策的声音和观点。现在有超过500名校友在国会山或政治倡议组织工作。其他的还有领导开发项目(Leadership Development Programs)、政治培训项目(Political Trainings)支持"为美国而教"校友成为不同领域的领导[1]。

最后,"为美国而教"建立政策和倡议暑期奖学金(Policy and Advocacy Summer Fellowship),将校友以暑期实习生身份安排在国会山的国会办公室,担任1年的普通国会职工工作;在印第安纳教育厅、为了孩子(Stand for Children)、增加教学(Teach Plus)、未来工作(Jobs for the Future)、知识联盟(Knowledge Alliance)、伊利诺伊特许学校联盟、公民权利公民委员会(The Citizens Commission on Civil Rights)、福特汉姆研究院(The Fordham Institute)等各种各样的改革和政策环境下,提供各种政治、政策实习机会,锻炼从事政治工作的能力和素质。

良好的实习机会和丰富的财政支持,培养出多位知名的政治领导者:马里兰州参议

---

① Rebecca Jacobsen, Tamara Wilder Linkow. National Affiliation or Local Representation: When TFA Alumni Run for School Board[J]. Education Policy Analysis Archives, 2014, 22(69):1-27.

员比尔·弗格森(Bill Ferguson)、科罗拉多州参议员米歇尔·约翰逊(Michael Johnston)、前田纳西州教育委员会主席科文·霍夫曼(Kevin Huffman)、华盛顿特区学校校长卡亚·亨德森(Kaya Henderson)、斯洛杉矶学校董事会主席蒂夫·齐默(Steve Zimmer)等。

(3)培养教育创业人才　"为美国而教"成为有力的、互联的组织、基金会、个人领导者的前沿组织,并在特许学校改革中扮演核心角色。"为美国而教"不仅是特许学校改革的重要行动者,也是创业组织孵化器,是推动一个以角色独立运行的教师教育和特许学校改革为标志的,以教育市场化方式解决教育不平等问题教育的社会运动,因此"为美国而教"成为未来一代政策领导者的前沿和核心[①]。

"为美国而教"是人力资源组织在这一组织内包括数不清的特许管理组织,如知识就是力量、卓越学校、成绩第一;培训特许学校领导者和资助者组织,如新学校新领导;用市场基础的实践培训学区领导者的慈善组织[布劳德学校系统管理中心(Broad Center for the Management of School Systems)]、白杨学院—新学校风险基金(Aspen Institute–New Schools Venture Fund);特许学校倡议群体,包括卓越教育者、新学校新奥尔良;以及数据管理组织如成绩网络。

1989 年之后,美国建立 49 个较为知名的教育创业公司(表 4-7),其中大部分的高级管理人员来自"为美国而教"。

表 4-7 "为美国而教"校友建立的 49 个教育创业公司[②]

序号	公司名称
1	成绩第一(Achievement First)
2	学院转变公立学校联盟(Alliance College–Ready Public Schools)
3	立志公立学校(Aspire Public Schools)
4	全局学习(Big Picture Learning)
5	商业世界基金会(Biz World Foundation)
6	卡耐基学习(Carnegie Learning)
7	美国特许学校(Charter Schools USA)
8	公民学校(Citizen Schools)
9	华盛顿特区公立预科特许学校(DC Prep Public Charter School)
10	爱迪生学习(EdisonLearning;LearnNow/Edison Schools)

---

① Gary A. Anderson. Teach For Hartford:The Role of The Alumni Champion in the Teach for America Movement[D]. Tufts University,2006:17.

② Monica Higgins,et al. Creating a Corps of Change Agents:What Explains theSuccess of Teach for America[J]. Education Next,2018,11(3):18.

续表4-7

序号	公司名称
11	教育部门[EDSector(Education Sector)]
12	教育变革(Education for Change)
13	教育愿景(EdVisions)
14	科学技术的启发和认可(For Inspiration and Recognition of Science and Technology)
15	友谊公立特许学校(Friendship Public Charter Schools)
16	绿点公立学校(Green Dot Public Schools)
17	哈雷姆儿童地带(Harlem Children's Zone)
18	高科技(High Tech High)
19	理念公立学校(IDEA Public Schools)
20	想象学校公司(Imagine Schools,Inc.)
21	内城教育(InnerEd)
22	快速启动(Jumpstart)
23	知识就是力量(KIPP,Knowledge Is Power Program)
24	KIPPDC
25	领导公立学校(LEAD Public Schools)
26	灯塔学院(Lighthouse Academies)
27	精通特许学校(Mastery Charter Schools)
28	心灵信托(Mind Trust)
29	马赛克(Mosaica)
30	国家遗产学院(National Heritage Academies)
31	新学校新领导(New Leaders for New Schools)
32	奥尔良新学校(New Schools for New Orleans)
33	新技术基金会(New Technology Foundation(New Tech Network))
34	贵族网络(Noble Network)
35	社区提升伙伴关系(Partnerships to Uplift Communities)
36	展望特许学校(Perspectives Charter Schools)
37	占有基金会(Posse Foundation)
38	旧评价(Ouestar Assessment)
39	食品革命(Revolution Foods)
40	学校网络(Schoolnet)
41	教师大学(Teacher U)

续表 4-7

序号	公司名称
42	教学景观公司（Teachscape）
43	新教师项目（The New Teacher Project）
44	不同学校（Uncommon Schools）
45	德克萨斯教学——德克萨斯大学奥斯丁分校
46	白帽管理（White Hat Management）
47	无线一代（Wireless Generation）
48	这是公立预科学校（YES Prep Public Schools）
49	新学校风险基金会（NewSchools Venture Fund）

注：因为调查主要体现"为美国而教"对上述教育创业公司的影响，因此没有算入这 49 个公司。

　　这 49 个教育创业机构有 71 名创始人或合伙创始人，至少有 1/7 的创始人与"为美国而教"存在工作关系，或者 15% 的人与"为美国而教"有关。最有代表性的组织——洛杉矶公立学校、纽瓦克公立学校、芝加哥公立学校、美国队伍、白宫职员项目、麦克金斯利公司、美国教育部，这些组织的建立者都与"为美国而教"历史上存在工作关系[1]。

四、"为美国而教"项目影响

　　"为美国而教"不仅实现队员的高尚付出，也为他们积累了广泛的社会资本，为以后事业成功奠定基础；同时也在一定程度上缓解了美国贫困地区教育中备受关注的教师数量和质量问题[2]。"为美国而教"项目代表了一种改革示范性实践取向的教师教育项目，推动把教师教育从州政府运行的大学教育学院转移至"为美国而教"等临床实践为特征的教师教育项目，对美国教师教育产生了深远影响，支持者与反对者为此争论不止。（见表 4-8）。

　　① Kerry Kret Alhmar. Mapping the Terrain: Teach For America, Charter School Reform, and Corporate Sponsorship[J]. Journal of Education Policy, 2014, 29(6): 742-75.

　　② Christopher. J. Lucas. Teacher Education in America: Reform Agendas for The Twenty-first Century[M]. New York: St. Martin's Press, 1997: 212.

表4-8 "为美国而教"项目支持与反对者[①]

支持"为美国而教"	批判"为美国而教"
"为美国而教"把那些正常情况下不会从事教学职业的人招聘到教学行业	最少的经验和最贫乏的培训教师被安置在处境不利的学区任教
人们仅从事2年的教学实验,然后进入下一个职业	"为美国而教"侵蚀了传统教师的地位
有一部分人确实留在了教学领域	"为美国而教"宣称从教是一种自然的能力而不是需要专业培训的工作
"为美国而教"教师在提升学生成绩方面比传统教师好	消灭了其他人试图提升教育的机会,把教师变成白人中产阶级的传教士

(一)积极影响

1.较高的留职率

"为美国而教"致力于为贫困地区解决教师短缺问题,与队员签署2年教学服务合同,鼓励队员走上领导岗位,为改变这一系统做出贡献,相信若美国所有未来的政治家、律师、医生等精英人才都花2年时间在低收入地区公立中小学课堂任教,帮助这些地区的孩子,建立了贫困地区中小学教师补充的旋转门制度[②],为贫困地区公立学校教育平等做出贡献。在承诺2年服务期内,在巴尔的摩、海湾地区、休斯敦、华盛顿特区公立学校任教的队员第一年有100%的留职率,接下来洛杉矶98%,弗尼克斯97%,阿肯色与密西西比三角洲95%,新泽西94%,纽约市90%[③],见表4-9。

留职率不一定需要通过参与项目教师留在课堂里教学来展示,很多"为美国而教"校友成了校长或助理校长,建立特许学校或在教育改革中扮演关键角色。"为美国而教"发言人说超过60%的"为美国而教"校友在2年的承诺期之后留在了教育领域,超过80%的纽约市校友担任高等教育服务角色。

① Harry Herbert. Teach for America: A Pancea for the Ills of American Education [D]. Dartmouth College, 2015:24.

② Niels Brouwer. Alternative Teacher Education in the Netherlands 2000 - 2005: A Standards - based Synthesis[J]. European Journal of Teacher Education, 2007, 30(1):21-40.

③ Edith S. Tatel. Teaching in Under-Resourced Schools: The Teach for America Example [J]. Theory Into Practice: Redefining Teacher Quality, 1999, 38(1):37-45.

表4-9　休斯敦地区初任教师留积率①

任教年级和 参与项目年份	2年后		3年后	
	"为美国而教"	非"为美国而教"	"为美国而教"	非"为美国而教"
4～5年级				
1996—1997学年	90%	42.6%	100%	48.5%
1997—1998学年	64.3%	30.9%	78.6%	31.6%
1998—1999学年	57.1%	44.8%	100%	54.6%
所有年级				
1996—1997学年	80.8%	36.4%	96.2%	44.5%
1997—1998学年	64.0%	23.2%	72.0%	35.3%
1998—1999学年	57.7%	51.2%	84.6%	54.8%

2. 更新贫困地区教师

"为美国而教"积极招募有色人种教师进入都市公立学校任教,形成了有色人种进入教师职业的前门,但"为美国而教"通过伙伴关系和政策,有计划地解雇这些地区已经雇佣的有色人种教师,形成在职有色人种教师离开教师职业的"后门",建立有色人种教师进出教师职业的"旋转门"(表4-10)。如芝加哥公立学校系统就关闭了49所学校,解雇了数千名教师,但该市同时重新开设52所特许学校,由"为美国而教"为它们提供教师。在新奥尔良,学校系统由于预算不定,最终导致7 000多名非裔美国人为主的公立学校教师遭到解雇,②同时雇用同样多的"为美国而教"教师。

表4-10　"为美国而教"队员多样性③

种族	白人51%	黑人17%	拉丁裔14%	亚裔6%	多种族12%
低收入家庭	43%获得佩尔奖学金 (低收益家庭指标)	33%的人是家庭第 一代大学生	/	/	/
录取率	15%	/	/	/	/
毕业院校数	720所	/	/	/	/

---

① Linda Darling - Hammond, et al. Does Teacher Preparation Matter? Evidence about Teacher Certification, Teach for America, and Teacher Effectiveness[J]. Eeducation Policy Analysis Archives, 2005, 13(42):1-50.

② Beth Sondel. Raising Citizens or Raising Test Scores? Teach For America, "No Excuses" Charters, and the Development of the Neoliberal Citizen[J]. Theory & Research in Social Education, 2015(43):289 - 313.

③ Angela M. Kraemer-Holland. Framing Teaching in Retrospect: A Qualitative Study of Educational Philosophies and Teacher Socialization through the Teach for America Experience[D]. DePaul University, 2019: 79.

3. 促进教育公平

"为美国而教"项目通过提供高素质教师在很难招聘教师的学校中教学,缩小富裕地区儿童和贫困地区儿童标准测试分数的差距,解决美国中小学教育的不平等问题①。"为美国而教"项目在几乎所有的科目中,与学生成绩呈现积极相关,特别是中学数学、高中科学和社会研究科目中学生成绩展示相当大的进步。在小学阅读领域"为美国而教"项目教师与非项目教师没有明显差别,说明"为美国而教"教师与其他类型的教师一样好。②

4. 重新界定教师职业

首先,"为美国而教"通过为期5周的高强度培训就可达到教师资格要求,其影响已超越中小学课堂,改变了人们对教师职业的看法。因此,哈佛大学教育研究院认为21世纪的教学职业将是暂时工作而不是长期职业。因为,只有11%的"为美国而教"项目参与者承诺长期从事教育工作。

其次,重新界定教师质量标准。美国社会对教师任务是培养公民还是提升分数争议很大。随着新自由主义教育政策的实施和提升美国全球竞争力的需要,政府和社会主要关注教师提升学生标准化测试分数的能力,并以此作为唯一评价教师质量的标准。因此,"为美国而教"教师主要以提升学生学习成绩,而不是采用民主参与的方式,为学生提供高质量的、有意义的教学或探索,形成必要的民主参与性格,培养造就美国公民。

最后,重新界定教师留职率。"为美国而教"项目不仅培养贫困地区高素质教师,还培养推动结束教育不平等运动的领导人。因此,需要重新评价传统的教师留职率,而不是简单根据教师留职百分比确定。

那么,我们该怎么评价"知识就是力量"创始人麦克·芬伯格(Mike Feinberg)、卡罗拉多参议员麦克·约翰逊、华盛顿公立学校校长米歇尔·李等知名校友在美国教师教育界的影响力呢?是否他们等于100名教师再任教一年,或者1 000名教师留职5年?是否需要重新考虑每年数以千计离开课堂的学生中就有斯蒂夫·乔布斯或者比尔·盖茨?因此,当少数创业者对教育变革产生重要影响的时候,传统的留职率需要重新界定。③

5. 形成教师教育双轨制竞争体制

以"为美国而教"等实践取向的教师教育项目与传统的大学教师教育项目在培养中小学教师方面形成了双轨制的竞争局面。传统大学教师教育主要从教师专业发展视角,

---

①　Angela M. Kraemer-Holland. Framing Teaching in Retrospect:A Qualitative Study of Educational Philosophies and Teacher Socialization through the Teach for America Experience[D]. DePaul University,2019:81.

②　Kerry Kret alhmar,et al. The Power of the Network:Teach For America's Impact on the Deregulation of Teacher Education[J]. Educational Policy,2018,32(3):423 – 453.

③　Monica Higgins,et al. Creating a Corps of Change Agents:What Explains the Success of Teach for America[J]. Education Next,2011,11(3):18.

增加师范生受教育年限,提升学术要求,增进教师专业知识技能、情感、态度、价值观,为中产阶级和富有社区培养教师。"为美国而教"则主要从常识取向的教师发展视角,通过短暂培训,就让新教师担任全职教师工作,以便在教学实践中获得教育教学专业知识和技能的理念,代表了一种临床型教师教育模式,主要面向贫困的都市和乡村地区公立学校培养教师。两种教师教育模式共存和竞争已经成为美国教师教育制度普遍现象,形成了明显的教师教育双轨制体系(表4-11)。

表4-11　双轨制教师教育体系特征[①]

特征	传统的教师培养	实践取向的教师培养
教育系统	纽约市教育厅	纽约市教育厅
招聘	申请	"为美国而教"
人口	地方或全国	全国或地方
培训	大学教育学院	接力教育研究生院,独立的教师培训机构
生均成本	19 076 美元(2011)	13 527 美元(2013)
课程讲授	差异性	指令性
学位	教育学硕士,艺术硕士	教学艺术硕士
学校行政管理	纽约市教育厅	特许管理组织

6. 形成稳定的财务供给机制

非营利组织的生存和发展主要依赖慈善捐赠、政府拨款以及其他来源,一旦组织的财务能力和抗击财务风险能力较弱,就出现破产的情况。为此,"为美国而教"不断扩大培养规模,持续获得各种资金,形成知名的"为美国而教"品牌,为组织发展赢得了源源不断的财务供给能力。"为美国而教"项目的预算从 2000 年的 1 000 万美元到 1.145 亿美元,大约 1/3 的运行经费由公众负担。2011 年"为美国而教"直接从联邦政府获得5 000 万美元的拨款。如果 2011 年的运行经费与 2008 年相同,那么大部分"为美国而教"的运行经费来自联邦政府和其他纳税人资源。在特朗普政府时期为其提供 2 070 万美元拨款,使得"为美国而教"年度捐赠资金数额上升至 3 亿美元,组织净资产也从负债到 1995 年的收支平衡,再到 2017 年的 3.6 亿美元[②]。

---

① Angus Shiva Mungal. Teach for America, Relay Graduate School, and the Charter School Networks: The Making of a Parallel Education Structure[J]. Education Policy Analysis Archives,2016,24(17):1-30.

② 张伶俐,洪明.特朗普时代"为美国而教"计划发展趋势探析[J].比较教育研究,2019(8):92-98.

7. 提升了教师质量

历史的招生分数显示从 20 世纪 50 年代到 21 世纪初,教师的学术成绩是下降的,不论是 SAT 分数还是学院考试成绩都能显示。另外,高中班级前 10% 的最高分数中进入教学职业的人也从 1964 年的 20% 下降到 1992 年的 4%[①],然而最近的证据显示这一趋势正在发生改变,纽约州从 1999 年开始,由于"为美国而教"等实践取向的教师项目招聘的精英高校毕业生进入教师队伍,教师的 SAT 分数以及来自精英高校毕业生从教比例都开始出现上升。

8. 大学毕业生的最大雇主

"为美国而教"项目是全美最大的实践取向的教师教育项目,每年从哈佛大学、耶鲁大学、杜克大学、乔治·华盛顿大学、纽约大学、埃默里(Emory)、斯皮尔曼大学等知名大学招聘几千名大学毕业生。在 2008—2009 年,"为美国而教"有 35 000 名申请者,其中 11% 毕业于耶鲁大学,10% 毕业于乔治城大学,9% 毕业于哈佛大学[②]。

9. 科学、数学教师供应商

从 2006 年开始"为美国而教"开始建立一个招聘科学、技术、工程和数学专业的毕业生从事数学和科学教学。"为美国而教"在 2006 年与安进基金会合作建立一个科学、技术、工程和数学计划(The Science, Technology, Engineering, and Math Initiative),到 2013 年"为美国而教"成为全美数学和科学教师最大提供商。

(二)消极影响

1. 教师流失率过高

首先,"为美国而教"教师并不承诺终身从教。教师留职率表现不一,在某些地区、某些年份"为美国而教"教师几乎在 3 年内全部离开了教师队伍,仅有 28% 的队员任教超过 5 年,只有 5% 的人还在原来安置的学校任教[③]。在第一批录取的 489 名队员中有 53 名在任教 10 个月后选择了辞职,这个辞职的比例稍高出全美教师第一年的平均流失率[④];

---

① Sean Kelly, Laura Northrop. Early Career Outcomes for the "Best and the Brightest": Selectivity, Satisfaction, and Attrition in the Beginning Teacher Longitudinal Survey [J]. American Educational Research Journal, 2015, 52(4): 624 - 656.

② Molly K. Ness. Resisting Traditional Notions of Teacher Certification: Reflecting on "Teach For America" Counterpoints [J]. Critical Essays on Resistance in Education, 2020(376): 17-33.

③ Tenechia L. Platt. Teachers' Perceptions of Teach for America Training and Classroom Management in Urban Middle Schools [D]. Walden University, 2017: 29.

④ Megan Blumenreich, Bethany L. Rogers. TFA and the Magical Thinking of the "Best and the Brightest" [J]. Education Policy Analysis Archives, 2016, 24(13): 1-35.

对任教学校来说,由于经常出现教师短缺,不仅消耗本来就已经稀缺的公共财政资源,而且学校又不能获得额外财政帮助吸引传统教师进入,更不能长期解决教师短缺问题;对孩子来说,经常在没有熟练掌握教育教学技能教师任教的情况下,学习成绩很难长期持续提高。由于"为美国而教"教师没有学习过教师课程,一部分人不能把教学作为职业承诺。

大部分人将"为美国而教"项目称为两年后离开项目("Two-years-and-out")。批判最为激烈的是琳达·达林-哈蒙德,她把"为美国而教"称为一个坦率的传教士项目,把准备不足的教师带到课堂中,进行一次进出教学的旋转门旅行,而且队员缺乏教育学、学校法、儿童和青少年发展以及真实的课堂临床经验方面的知识。

2. 影响教师就业公平

"为美国而教"与地方学区或学校签署雇佣合同的时候,明确提出地方学区或学校要保证"为美国而教"队员优先被雇佣,提升领导晋升机会。即使在缩减教师劳动力(Reduction in Force)计划中,地方学区也尽力保证不会终止任何雇佣的"为美国而教"队员。同时因为"为美国而教"队员在应对教师短缺方面的重要性,长期财务预算比传统教师支出更少,如在亚特兰大公立学校,非"为美国而教"教师获得学士学位30年薪水是1 733 831美元,同样的教学岗位,硕士学位是1 915 445美元,如果由"为美国而教"学士学位学员代替(每2年更换一次),其成本是1 464 345美元,比传统学士学位教师少了269 486美元,比硕士学位少451 100美元①。在这种情况下,很多学区如芝加哥学区、休斯敦学区等采用通过建立特许学校,解雇现任教师,雇佣"为美国而教"队员的方式重建公立学校。从而影响其他非"为美国而教"教师公平获得教师岗位的机会。

3. 没有安置在急需地区

美教育部统计数据显示,"为美国而教"项目已经偏离了为高需求地区培养教师的目标。从1990年开始美国教育部就列举全美教师短缺区域,建立州政府机构报送数据的基础上。所有安置看起来是学科短缺,但是认真观察安置地理区域之后,发现"为美国而教"的项目教师并未安置在教师短缺地区。在亚利桑那和南达科他州,"为美国而教"项目安置在高需求地区之外。在亚利桑那15个县中有13个报告教师短缺,但是大部分"为美国而教"项目教师安置在两个没有报告教师短缺的一个县——马里科帕县(Maricopa County)中,在南达科他州有5个安置点但只有一个被确认为教师短缺②。

4. 部分队员心理压力大

"为美国而教"项目要求队员不惜一切代价提升学生学习成绩,战略性的建构并维持

---

① T. Jameson Brewer, et al. Teach For America's Preferential Treatment: School District Contracts, Hiring Decisions, and Employment Practices[J]. Education Policy Analysis Archives,2016,24(15):1-38.

② Julian Vasquez Heilig, et al. Teach For America: A Review of the Evidence[R]. The Great Lakes Center for Education Research & Practice,2010:4.

了对队员的符号暴力,导致队员身心健康受到影响。

第一,"为美国而教"队员通常不能控制他们被安置在哪一个地理区域,任教内容或年龄水平也不受控制。他们不能控制自己被安置的地理区域是最影响队员的消极从教经验,有时候队员被迫在学期中间从一个年级转移到另一个年级或者从一个任教领域转移到另一个任教领域,这在任何公立学校、特许学校或者其他地方随时都可能发生,有限的教育学内容知识和从教经验,立刻把仅有1年教学经验的队员带入不利境地。

第二,"为美国而教"高强度的夏季培训、缺乏熟练的教育教学技能、严格的教学和学生成绩考核,以及担心失败的焦虑等给队员带来很大的心理压力。纽约时报记者苏珊·克利萨(Reporter Susan Chira)在《学校:困难的课堂和受到破坏的社区》(*In School*: "*Difficult Classrooms*" *and* "*Blighted Neighborhoods*")报道中指出很多队员在面临课堂现实困难和社区受到破坏的时候遭遇了挫折和痛苦①。学校治安环境恶化,部分公立学校校园内经常可以发现丢弃的可卡因小瓶子、子弹壳,甚至有时候不得不在警用直升机的轰鸣声中教学。教室内人满为患,违规行为时有发生,甚至无法进行有效管理。队员们不仅需要面对课堂的挑战,而且还需要面临个人的和身体的大量工作以及失败的焦虑,导致他们酒精消费和依赖不断增加,需要更多专业咨询帮助才能有所缓解。

5. "为美国而教"短期成本高

"为美国而教"项目教师只占美国380万教师的0.2%。80%的流失率意味着只有很少的学生能够从这种有效教师中受益,学区需要为这种高流失率买单。2000—2008年,"为美国而教"从1000万美元上升到1.15亿美元,1/3的运行经费来源于公共拨款。招聘方面,每一位"为美国而教"的教师2006年的招募花费为2.25万美元,这些成本加上地方学区的安置费每人5000美元,再加上教师薪水、教师流失,队员离开还要花费1.5万美元,实际上每人2年的花费超过7万美元②,这还不包括教师薪水。这导致贫困地区学区本来捉襟见肘的公共拨款用于非营利组织的发展,最终损害了学区贫困儿童的教育机会。

6. 队员培训不足

"为美国而教"并不是一个真正意义的教师教育项目,很不幸的是"为美国而教"确实加强了这种对教学的敌意,作为一个反智力的组织,把教师看作是不需要复杂知识就能应付的工作者。"为美国而教"仅仅对队员进行为期5周的培训,就匆忙分配到贫困地区任教,而且在职辅导也基本上由校友进行,所以队员在承诺2年的服务期间内普遍表现出教育教学技能不足的现象。

---

① Megan Blumenreich, Bethany L. Rogers. TFA and the Magical Thinking of the "Best and the Brightest"[J]. Education Policy Analysis Archives,2016,24(13):1-35.

② H. Richard Milner IV, et al. Policy Reforms and De-professionalization of Teach[R]. National Education Policy Center,2013:11.

首先，队员们认为夏季学院是一个非常紧张、令人精疲力竭的经验，他们参与的教学和专业发展工作坊在周末或晚上。夏季学院的培训并不能为他们在全职教学的真实环境中提供太多帮助。一个主要原因是队员们甚至都不知道教什么。夏季学院学习的是一年级任教课程，结果分配的时候却要任教 8 年级阅读。每一名成员在工作坊花费不到 30 个小时，很多方法论课程都类似菜谱技术、死记硬背的教学方法或者简要描述稍微复杂的理念，缺乏强有力的教学方法课程。

其次，在职辅导不足。同辈促进者和咨询者都是任教经验 2~3 年的项目成员，中小学辅导老师在学员任教期间仅仅实地课堂观察两次。这种观察通常包括观察前的 10 分钟会议和观察后 20 分钟的反馈会议，正式的课程计划并不是必须准备的材料，也没有特定的观察标准作为观察表格的一部分。一名队员回忆说，在其任教的第一年，一名辅导教师没有任何提前告知便进入课堂，仅仅是为了完成辅导任务，15 分钟之后他离开教室留下一个便签，上面写道"继续这一伟大工作"（Keep up the Great Work）①。一名新教师面临问题的时候，邀请辅导教师进入课堂观察，并提供帮助，希望从这里得到反馈，以便提高自己的教学技巧，辅导教师竟不能回答他提出的问题，而是告诉他：一定要记住把学生的作业挂在墙上（Make Sure You Have Student Work Hanging on the Wall）②。大学也为队员安排了辅导教师，但是被告知这些辅导教师不能在"为美国而教"队员任教的课堂中实施课堂观察，仅仅是队员通过邮件希望大学辅导教师提供支持的时候，才能提供帮助。

最后，队员评价不规范。夏季学院结束的评价通过一个展览档案，学员可以展示任何教学视频录像、自我分析、教案、来自校长、督学、同事和学生和父母的评价等 11 项标准中展示进步的材料。很多档案内容要求不清晰，文件或证据不一致或迷惑不清。"为美国而教"职员也不能叙述怎样使用或评价这些档案。档案展示不能判断是否学员已经为教学做好了准备。评价委员会全部成员都是夏季学院的校友，对评价的一致性、充分性、主观性、清晰性的质疑一直围绕着这一过程。一般需要达到四个方面的明显进步才可以从事教学，但有 44% 到 55% 的队员不能达到四个领域的成果要求。尽管如此，98% 的学员还是被建议可以从事教学，部分教师甚至仅仅通过 11 个成果标准中的 3 个也能从事教学。

7. 为队员发展而不是贫困学校的学生服务

首先，"为美国而教"项目招募的人和倡议者关注更多的是处于优势地位的高校毕业生，服务于对于他们将来从事真正的法律、医学或商业工作，而不是关注这些毕业生都市或农村地区任教的学生。温迪·卡普认为大部分人将不会一直从事教学工作。他们将

---

① Lorrei DiCamillo. Corps Members' Perspectives of Teaching in a New Teach for America Region[J]. Journal of Urban Learning, Teaching, and Research, 2018：18-26.

② Lorrei DiCamillo. Corps Members' Perspectives of Teaching in a New Teach for America Region[J]. Journal of Urban Learning, Teaching, and Research, 2018：18-26.

会有一个影响将来生活的重要经历。卡梅伦·麦肯锡（Cameron McCarthy）对"为美国而教"项目的申诉中提到这些项目是一种自私的理想主义。"为美国而教"项目被媒体解释为一种戴着绿色贝雷帽的特殊类型精英教育者，他们为都市中心区和农村地区的少数族裔提供智力能力和社会血统的解毒剂[1]。

五、未来发展

针对"为美国而教"项目的批判和不足，未来"为美国而教"主要采取提供更多支持、建立5年服务项目、成立职前试前项目、早期儿童项目来解决这些问题。

(一)提供更多支持

"为美国而教"针对队员教育教学技能不足、心理压力过大问题，提供了更积极的辅导项目、夏季或冬季假期的工作坊、班级纪律和学生管理建议，甚至博客和虚拟支持群体，提升队员教学自信心，让队员感觉到"为美国而教"价值。除此之外，"为美国而教"还培养某种集体的或文化的身份意识，支持他们克服困难。

(二)建立5年服务项目

2014年，"为美国而教"在芝加哥、华盛顿特区、达拉斯等12个地区的队员承诺服务5年试点，为队员提供持续教学支持，如教学教练、教育研究生院就读期间生活津贴，解决队员流失率过高问题。如果这一试点成功，"为美国而教"可能会把服务期限延长至5年。

"为美国而教"数学项目（Math for America）也是一个5年的选择性证书项目，承诺提高美国中等教育数学成绩。在试点之前，一部分地区已经实施了超越2年教学运动（Teach Beyond Two Campaign），鼓励队员留在教学岗位或者扩展服务期限，并对校友提供专业发展支持。但内部数据显示服务期限的延长，将会降低申请者的质量和多样性。

(三)成立职前试点项目

2015年开始，"为美国而教"投资1 600万美元，用4年时间招聘2 000名大三学生提前进入"为美国而教"教师公正职前试点项目（The Education for Justice Pre-Corps Pilot

---

① Linda Darling-Hammond. Who will Speak for the Children? How Teach for America Hurts Urban Schools and Students[J]. The Phi Delta Kappan,1994,76(1):21-34.

Program),弥补队员教学技能欠缺问题①。这个项目主要讨论美国历史上的不平等;教育队员把贫困儿童家庭和社区作为成绩资产,而不是债务;引导队员掌握班级管理技术;接受为期1年的学习理论、文化能力、实践、手把手的课堂教学经验培训。

(四)早期儿童项目

华盛顿地区办公室主任阿迷·布莱克(Amy Black)认为所有的研究都显示早期干预能够真正大幅度地缩小成绩差距。为此,2006年秋季,"为美国而教"建立了一个早期儿童教育项目(An Early Childhood Education Initiative),在华盛顿特区有15名队员参与提前开端计划的学前教育班级,解决早期儿童课堂教育问题。在2007—2008学年,项目开始扩大到全美,"为美国而教"计划安置150名早期儿童教育队员在全美有需求的地区。

总之,"为美国而教"项目实践证明,它既不是解决目前美国教师教育面临问题的灵丹妙药,也不是未来教师教育发展的灾难。

---

① Stephen Sawchuk. Teach For America Targets Retention, Longer Preparation; Move Signals Shift in Group's Direction[N]. Education Week, Mar. 12, 2014, 33(24).

第五章

提升质量型——纽约市教学队伍项目

纽约市教学队伍项目是新教师项目在纽约市的一个子项目,项目主要是提升纽约市公立中小学教师质量,招聘具有相当学术水平的学士学位获得者,在通过州政府教师资格考试后,进入纽约市中小学课堂教学,成为提升纽约市中小学教学质量的主要教师教育项目。

一、背景

纽约市的公立学校系统在 1960 年建立了一个分权的教育管理制度,满足地方学区对治理要求的回应,公立学校系统包括一个总校校长负责,一个选举的董事会和 32 个地方学区董事会,每一个地方学区都有自己的校长。这一系统很难执行统一政策,而且互相冲突的权力,导致地方学区校长与公立学校系统总校校长、公立学校董事会与地方学区董事会之间的冲突。

(一)教育集权化改革

20 世纪 90 年代,纽约市与其他大都市一样进行教育系统集权化改革。在市长米歇尔·布鲁伯格(Michael Bloomberg)的领导下,2002 年,任命乔尔·克莱恩(Joel Klein)为纽约市公立学校校长,布鲁伯格与克莱恩的主要工作就是重建纽约市教育董事会以及该市 32 个地方学区①,按照法律规定,市长立刻替换掉选举产生的纽约市教育董事会,建立了一个教育政策委员会,大部分成员由市长任命,负责管理纽约市公立学校系统。

在纽约市市长的控制之下,市长还任命了各公立学校的校长,重建学区行政管理机构,用 10 个行政管理区代替了 32 个社区学区,同时要求所有纽约市公立学校使用共同的数学和语文课程。纽约市教育领域的市长负责制,改变 20 世纪 60 年代以来的地方学区

---

① Maureen Kelleher. New York City's Children First[R]. Lessons in School Reform,2014:12.

负责制,使得行政长官有更多的权力干预公立学校系统[1],具体改革措施如下:

(1)把地方分权治理的 32 个地方学区缩减为 10 个市长控制的行政学区,这是纽约市教育治理的基本变革。

(2)把权力下放给离课堂更近的校长,让其在预算、职员、教师专业发展、运行等方面做出决策,支持学校发展。纽约市建立了学区基础的校长培训学院,确保他们有足够的技能和能力,支持更高水平的学校自治。

(3)创建小规模高中,取消大规模高中,优化校园环境,对学生提供更多学习支持,降低了辍学率,增加毕业率,使他们能按时毕业,顺利进入大学,消除了大规模高中学生辍学工厂绰号。

(4)引进特许学校制度,接管薄弱公立学校或使用空闲的公立学校,加强对学生成绩问责,学生成绩提升方面超过了全美平均水平;公立学校如果被认为失败将被关闭,重新开放的时候被命名为特许学校,这些特许学校由教育管理组织或其他新的慈善组织接管。截至 2013 年,布鲁伯格已经关闭了 160 所公立学校,开设了 205 所特许学校,占所有公立学生的 7%。在布鲁伯格时期,给特许学校的拨款从 3 200 万美元增加到 6.69 亿美元,它们独立运行,不受任何限制[2]。

(5)实施平等学区拨款政策,提升生均经费在学校经费分配方面的比重,改变传统的学校经费预算大部分建立在教师薪水基础上的拨款制度。传统的教师薪水拨款制度给优秀学校更多资源,新的拨款公式把资源投向了深度贫困的学校,以及那些有大量处境不利学生的学校,例如,特殊教育和英语语言学习者。

(6)改变教师招聘、薪水、雇佣策略。纽约市城区学校招聘和留住更好的教学劳动力才能成功地与郊区优质学校竞争。采取与郊区时间一致的教师招聘政策,用高选拔性的实践取向的教师教育项目教师代替没有教师资格的教师,增加教师薪水,为新入职教师提供入职辅导等措施,提升都市中心学校与郊区学校的竞争力。

(7)积极主动地解决州政府共同核心标准执行问题。在所有的纽约市公立学校引入共同核心标准,教师接受与标准一致的课程材料,并由来自市政府办公室的督导检查。

2005 年,布鲁伯格改革达到顶峰,创新性地与联邦教师工会(The United Federation of Teachers)签署协议改变了教师转移政策,给校长更大的自由雇佣教师权,而不用考虑教师本人的资历。削减了大量的不合格教师,雇佣实践更具有竞争性,增强了校长和教师控制学校的教师安置的权力。

①　Maureen Kelleher. New York City's Children First[R]. Lessons in School Reform,2014:1.

②　Angus Shiva Mungal. Teach for America,Relay Graduate School,and the Charter School Networks: The Making of a Parallel Education Structure[J]. Education Policy Analysis Archives,2016,24(17):1-30.

（二）多元文化学生增加

纽约市有 1800 所公立学校,在校生 110 万名,是美国最大的公立学校系统,其中 80% 的学生是少数民族学生,需要使用 180 多种语言教学[①]。要求教师教育项目培养的教师具备多元文化理解能力,多元文化教育就成为所有教师教育课程的最优先的组成部分。

从 2000 年开始,纽约州和纽约市领导宣布一系列大规模提升纽约市学校教师力量的倡议,如强制要求为所有实践取向的教师资格证书教师提供入职支持,建立纽约市教学队伍项目(The New York City Teaching Fellows program)代替无资格教师,补充高质量教师。纽约市教学队伍项目是新教师项目(The New Teacher Project)、纽约市教育局开发的,招聘、选拔和培训职业改变者和最近的大学毕业生,拥有高需求科目领域如数学、科学、特殊教育背景的学士学位获得者,进入纽约市公立学校任教的实践取向的教师教育项目。从 2004—2008 年,纽约市教学队伍项目为纽约市公立学校系统培养了将近 1 万名教师,占所有新教师的 1/3 和数学教师的 60%。

（三）教师特别短缺

教师短缺是美国几乎所有大都市地区都面临的问题,纽约市也不例外。纽约市失败学校称为注册审核学校(Schools under Registration Review),他们很难招聘到教师。在这些学校中,13 所报告称不能为学生提供满足州政府最低科学要求的充分教学;3 所高中不能为学生提供任何化学或物理学教学;14 所学校不能为学生提供最低限度的艺术教学;12 所高中的 11 所不能为学生提供大学预科的咨询和支持;33 所高需求学校中没有一所为那些不能达到州政府熟练标准的学生提供要求的课外学术支持服务[②]。仅 2000 年,纽约市就因退休、离职以及旋转门教师离开等原因导致缺少 7 000 名教师,未来几年纽约市公立学校还将面临 2.5 万名教师短缺的困境,导致西班牙裔高中毕业率不到 40%。

此外,纽约市有 33% 的教师不合格。纽约州议会要求所有教师都需要获得教师资格证书,2003 年之后禁止雇佣不合格教师,而且大部分不合格教师一般在审核注册学校

---

① Crystal Chen Lee, Sibel Akin & A. Lin Goodwin. Teacher Candidates' Intentions to Teach: Implications for Recruiting and Retaining Teachers in Urban Schools[J]. Journal of Education for Teaching, 2019,45(5):525–539.

② Michael A Rebell, et al. Deficient Resources: An Analysis of the Availability of Basic Educational Resources in High Needs Schools in Eight New York State School Districts[R]. Teachers College, Columbia University The Campaign for Educational Equity, 2012:3.

任教。

总之,政策压力和传统的教师短缺,都导致纽约市公立学校缺乏足够数量的合格教师,导致不能提供足够的课程服务或完整的教学时间。

(四)确认失败学校

纽约州教育厅建立注册审核学校项目,规定一所合格的注册审核学校要有60%的在校生的语文和数学成绩低于平均水平,有些学校甚至90%的学生的语文和数学的成绩低于平均水平。纽约州教育厅关注这些失败学校,作为提升学生成绩标准的一部分,并根据学生成绩对学校进行问责。当一所学校进入州政府的注册审核学校名单时,学校要制订一个提升计划。教育厅要求注册审核学校提供更长的就读时间、更小的班级规模,希望以此改变令人沮丧的课程质量。每一所注册审核学校有3年提升学生学习成绩的期限,在此期限内如果仍然没有提升学生成绩,学校将会被关闭,教师将会被解雇。尽管采取强有力的政府干预,但事实上注册审核学校平均有5年的徘徊期,9年左右才会真正被强制关闭①。

一旦学校学生成绩排名满足了正常学校的要求,大部分注册审核学校就从名单中删除。在114所纽约州确定的注册审核学校中有98所在纽约市,学术失败的注册审核学校在纽约市是一个常态。这些学校,都有很大比例的非裔美国人和西班牙裔美国人,教师大部分没有教师资格证,而且从教经验普遍低于5年。

二、纽约市教学队伍

(一)新教师项目

1997年,"为美国而教"项目校友米歇尔·李(Michelle Rhee)建立新教师项目,这是一个全美性的非营利组织,致力于为高需求地区公立学校培养杰出教师,帮助学区确认和招募中途改变职业的、具有很强任教学科知识的专业人员进入教师行业。新教师项目与各州、地区、大学一起建立和实施实践取向的教师教育项目,新教师帮助地方运行教学队伍项目,队员称为教学队员。项目用最好的办法使新教师项目成为真正的咨询公司,帮助学区、州政府,开发内部的招聘、选拔、支持、培训能力。新教师从1998年开始提供咨询服务,截至2000年,在米歇尔的领导下已经与23个州的学校系统、州教育厅签署了

---

① Judith Stein. Evaluation of the NYCTF Program as an Alternative Certification Program[R]. New York City Board of Education,2002:4.

40 份合作协议[①]。

新教师项目师范生在开始教学之前接受 5 ~ 7 周教学技能方面的夏季教学培训,必须掌握核心的教学技能才有资格从教。在成为全职教师的 1 年中,新教师项目教学队伍教师享受与其他类型的新教师一样的薪水和福利待遇,同时继续为新教师提供专业发展支持和辅导,学区和学校也提供给额外的教学专业支持和服务。

新教师教学队伍的合作伙伴是地方学区。全美不同地区对教学队员资格要求、获得教师资格证书的路径、培训差异较大。参与的教师必须自己寻找教学岗位,但会收到来自新教师项目在整个雇佣过程的帮助和支持。

新教师项目的第一个合同就是帮助纽约市教育局建立纽约市教学队伍项目(New York City Teaching Fellows),在四周时间里吸引了 2 300 名申请者,竞争 350 个学校教师岗位。有一些项目的录取率仅为 1 : 5。新教师项目实现了招募精英的、受过良好教育的毕业生或中途改变职业者的专业人员在国家最需要的公立学校服务目的,同时弥补教师短缺、提高教师质量,而且对于纳税人和师范生来说,用最低成本获得教师资格证和教学艺术硕士学位。

新教师项目自从创建以来,为亚特兰大、巴尔的摩、洛杉矶市培养超过 10% 的新教师,为纽约市和华盛顿特区培养了占其所有新聘任教师 20% 的教师,共计 33 000 名教师,使 380 万贫困的少数民族学生受益[②]。

(二)纽约市教学队伍项目

1999 年,纽约州立法要求所有该州的教师都需要获得教育硕士(Master's in Education),立法成功建立了大学教育学院与实践取向的教师教育项目的有效联系,迫使它们之间进行为期 12 年的合作[③]。

2000 年,纽约市公立学校任命了新校长哈罗德·莱维(Harold O. Levy),建议纽约州教育厅建设纽约市教学队伍项目,7 月份,该项目被纽约州议会教育委员会主席理查德·穆尔(Richard Mills)批准为实践取向的教师教育项目,并获得 2 500 万美元的教师招聘拨款[④]。同时州议会威胁利维校长,如果他继续在已经确定的注册审核学校中雇佣不合格教师将会面临司法起诉。

①　Kate Walsh and Sandi Jacobs. Alternative Certification Isn't Alternative[R]. National Council on Teacher Quality,2007:8.

②　Molly K. Ness. Resisting Traditional Notions of Teacher Certification:Reflecting on "Teach For America" Counterpoints[J]. Critical Essays on Resistance in Education,2020(376):17-33

③　Angus Shiva Mungal. Hybridized Teacher Education Programs in NYC:A Missed Opportunity[J]. Education Policy Analysis Archives,2015,23(89):7.

④　Judith Stein. Evaluation of the NYCTF Program as an AlternativeCertification Program[R]. New York City Board of Education,2002:1.

同年 8 月,纽约市公立学校校长哈罗德·莱维和联邦教师主席兰迪·温加藤(Randi Weingarten)、纽约市教育董事会现在是纽约市教育厅和教育学院等利益相关者合作建立纽约市教学队伍项目,一起努力弥补教师短缺。三方承诺为这些录取的队员提供硕士学位财政支持,同时立刻对他们进行教师资格第一部分和第二部分的考试,以过渡教师资格证书资格直接安置在注册审核学校教学岗位上任教。为保证实践取向的教师教育质量,要求项目学生在进入正式课堂任教之前接受为期 2 个月的夏季培训。培训包括教育学硕士学位课程,与纽约市有经验的教师一起进行教学实习,与一名咨询者学习教学技能和班级管理技术。队员在夏季学期获得非税生活补贴 2 500 美元。完成夏季学期培训之后,教学队员进入课堂成为全职教师。同时要求队员注册一个大学和学院提供的教育学硕士学位课程,在晚上、周末或夏季学期学习大学教育学理论课程。纽约市教学队伍与 14 所大学教育学院合作提供硕士学位课程学习,课程包括教育史、教学原则和方法、教育哲学、班级组织等,通常需要 2 年时间获得 36 个学分。大学教师教育项目教师建立每月观察和建议会议,密切理论与实践的联系,完成项目的队员同时获得教育学硕士学位和纽约州转换教师资格。在拥有 3 年的教学经验之后,他们能够申请纽约州的专业教师资格证书。

2002 年,有 1 850 名教师队员在纽约市的高需求地区任教,其中布鲁克林和布朗克斯公立学校占当年新任教教师的 25%。队员的专业领域相当广泛包括艺术、金融部门、咨询、会计、工程师、全职父母、记者、律师和医生。2003 申请者有 1.5 万人①。现在有 1 万多名队员在纽约市的 1 400 多所公立学校中教学,占全市教师劳动力的 12%。

三、纽约市教学队伍使命

(一)提升成绩

纽约市教学队伍项目是纽约市最大的实践取向的教师教育项目,自建立以来,发展很快。从当年新聘教师的 1%,到占新教师比例 33%。纽约市教学队伍项目致力于把具有天赋和热情的职业改变者和最近的大学毕业生带到纽约市的中小学课堂,提升纽约市中小学学生成绩。

---

① Rod Paige. Meeting the Highly Qualified Teachers Challenge:The Secretary's Second Annual Report on Teacher Quality[R]. U. S. Department of Education,2003:28.

(二)激励梦想

伟大的教师对学生的生活能够产生巨大而持久的影响。项目教师相信每一节课都有激发梦想的权力,每一节课都是珍贵的,每一名学生都有机会获得成功。项目运用队员的技能和经验点燃学生的想象,鼓励学生产生更大的梦想,帮助他们实现目标。目前,帮助队员纽约市高中提升了20%的毕业率,降低了10%的辍学率,提升学生们获得更高薪水和进入大学的机会。

四、项目招生

纽约市教学队伍项目为选拔优秀的教师,非常重视招生在项目中的作用。招生分为申请和录取两个阶段。

(一)申请阶段

项目申请者需要填写申请表,主要包括大学就读学校、最高学位、学习领域、整体本科学分绩点、除英语之外的日常语言、是否为美国公民、个人的人口学信息(如性别、年龄、种族民族、喜欢的任教学科等)。

申请者还必须提供三个问题的答案:一是为什么想在高需求学校任教,以及是否有在类似环境的经验;二是拥有什么样的技能和能力;三是将采取哪些步骤克服面临的困难。那些能够走到个人评价阶段的申请者还需要考虑应聘哪种类型的教学岗位①。

申请者需要在不同的申请点和选拔过程中递交材料。他们必须与申请书一起提交个人简历,超过申请阶段的申请者,必须递交非官方的本科和研究生成绩单,如果申请者到了接受教学岗位的阶段,必须递交官方成绩单。

招生官员对申请书、成绩单和学区需求评价基础上,做出是否参加面试的决定。

(二)招生标准

首先,为了达到招生标准,所有的申请者必须满足三个基本的客观标准:

1. 具有美国大学学士学位,平均绩点3.0;

2. 没有获得过教师资格证书;

---

① Melissa A. Clark, Hanley S. Chiang. The Effectiveness of Secondary Math Teachers from Teach For America and the Teaching Fellows Programs:Executive Summary[R]. Institute of Education Science,2013:63.

3.能够通过一个背景调查。

其次,除此之外,每一位申请者都必须有7项核心素养:

1.批判性思维能力;

2.有雄心和目标;

3.个人责任和问责;

4.对高需求学校学生的承诺;

5.致力于持续提升;

6.交流沟通技能;

7.在任何情况下都要尊重和积极承诺在任教学区工作2年①。

(三)录取过程

(1)评价事件　一般来讲教学队伍项目招生官员决定某一个候任教师在某一个项目中应该被邀请进入下一个阶段或最终阶段的申请和选拔过程,称为评价事件(The Interview Event)。进入评价事件通常考虑2个因素:

1)申请表的完整性和申请的质量,包括开放性问题的回答;

2)申请者的经验,包括学术和其他成绩,在高需求和社区的工作展示。招生官员按照7个核心标准对申请者进行等级评价,确定从关注到强烈关注的5个等级中的一个等级。一般情况下,申请者必须在上等的时候才能被邀请进入下一个评价事件,也有例外情况,如满足一定学区需求的教师。

(2)面试　每一个教学队伍项目执行6个小时的地方面试活动。通常包括4个活动。

1)示范课候任教师展示一节5分钟示范课,所有参与面试的候任教师和项目人员都参与观摩和评价,申请者可以就任何课目和年级教学内容展示。候任教师准备示范课的时间依赖他们接受邀请的时间,一部分申请者可能仅有4～5天的准备时间,其他人可能有几周的准备时间。

2)写作练习。申请者有一个20分钟的写作考试,要求他们撰写怎样处理一个真实的、具有挑战性的课堂环境的论文。

3)小组讨论。每10名申请者组成一个小组,用17分钟讨论2个问题,如怎样对有挑战性的课堂环境做出反应。参与者依赖面试官给他们的文章,讨论相关主题。文章通常来自新闻报纸对低收入都市学校教育政策问题的报道。职员观察讨论,但是并不参与

---

① Melissa A. Clark, Hanley S. Chiang. The Effectiveness of Secondary Math Teachers from Teach For America and the Teaching Fellows Programs:Executive Summary[R]. Institute of Education Science,2013:64－65.

其中,当讨论时间结束的时候,参与者有3分钟时间撰写一个讨论总结。

4)面对面面试。申请者参与面对面面试,持续5分钟,接下来的面试主要由新教师项目开发的指导纲要指导,职员可能使用一系列标准问题或者从问题包中选择一部分问题,分3个领域进行提问。

一是他们最少要问一个面试事件中进行的活动和有关申请者简历情况,或回答撰写文章的问题。二是他们会问几个情境问题,如申请者怎样在一个假设的课堂情境中做出反应和几个目标问题引出更多的有关申请者技能、成就、献身等方面更多证据,以及申请者的整体素质。三是鼓励面试官提出几个后续问题,从申请人那里获得更完整、具体的答案,并收集评估申请者成为队员需要的有力的、具体的证据。面试事件之后,招聘官员根据所有有用信息对申请者7项能力进行排名,分为优秀、完全可以接受、不接受,每一个排名中有加号或减号,标注候选人根据基本排名类型中稍微高出或稍微低一些排名。录取的建议是申请者必须在前四个能力中有一个能力获得优秀,不接受的能力不进行任何排名。

(四)招生改革

经过几年的面试实践,新教师项目官员、申请者和选拔过程在3个方面发生了重要变化:

第一,开发了一个5个等级的制度筛选申请者;

第二,将对高需求学校学生的承诺作为排名参考;

第三,在原来3个基本排名中引进了加项或减项,应用到7个核心素养中。这些变革倾向于帮助确认有效的教学队员身份,在项目官员做出谁被录取的战略决策中,提供额外信息,让申请者更具有选拔性。

(五)招生结果

从整个项目选拔的视角看,根据新教师项目官员介绍,每100名申请者平均有63.3人通过申请的第一个阶段进入面试阶段,12.6%的申请者最终被录取,9.7%的申请者会加入项目[①]。数学教师的申请者接受率比项目总体接受率稍低,一个原因是申请者很少有在低收入社区工作或年轻人服务不足的社区工作经历,更少注册申请项目。官员认为,这种拒绝意味着申请者考虑其他的教师项目包括,"为美国而教"或者非教学工作岗位。

---

① Melissa A. Clark, Hanley S. Chiang. The Effectiveness of Secondary Math Teachers from Teach For America and the Teaching Fellows Programs: Executive Summary[R]. Institute of Education Science, 2013:66.

从另一个角度看项目的选拔性。如果学区项目需要更多的数学教师或需要的数量高于项目招生的数量,特别是在一个固定的申请者和已经做出招生决定的情况下,学区将面临很难满足需求的情况。因此,项目官员可能会调整他们的选拔标准和选拔比例,但是绝不会招收那些注定完全不能接受等级的申请者,但是招生官员更倾向于鼓励更多的申请者,甚至延迟最后申请截止日期,吸引更多合格的潜在申请者。

除此之外,这里假设情景可能不会应用到具体的教学队伍项目中,因为安置的目标通常较为广泛,例如 50 名数学和科学教师,而不是制定具体的中学数学教师数量。

(六)任教前测试

教学队伍项目要求候任教师必须满足纽约州的教师资格考试,不制定更高的进入门槛。在开始教学之前,纽约市教学队伍要求通过纽约州教师资格证书考试即自由艺术和科学测试(The Liberal Arts and Science Test)、任教科目内容测试(A Content Specialty Test)、教学技能评价测试——写作(Assessment of Teaching Skills – Written)。鼓励提前测试,一旦没有通过还必须花费时间在秋季之前通过测试,如果不能通过,年中还有一次测试。

五、夏季学院培训

纽约市教学队伍项目从 6 月进入夏季学院学习,按照要求,队员必须注册一个独立的州政府授权 14 所高校的实践取向的教师资格证书项目和教学艺术硕士学位项目。

夏季学院培训目标是帮助教师掌握基本的教学技能,包括讨论会、教练、师范生教学实习。为完成夏季学院要求和秋季开学教学要求,项目队员必须展示他们掌握了教学核心技能,如课堂管理、内容讲授、学生参与的能力。

(一)独立学习和定向阶段

在夏季学院之前有一个独立学习和定向阶段。队员首先完成一个 25 小时的独立学习指导,包括大量的阅读、课堂观察(一天或几个小的课程的观察),撰写问题反应。下一步就是教学队员参与一个为期 4 小时的定向课程,以个人形式或者以网络讨论会的形式进行,主要提供雇佣学区信息和未来培训支持信息,以及整个夏季学院的概况介绍。

(二)夏季学院课程

夏季学院一般持续 5~6 周时间,由纽约市教学队伍独立举办,教学队员需要全职进行培训。有的项目持续7周时间,每周参与4天学习。有3个基本的组成部分:学生成绩建议框架;暑期学校临床实践;在纽约市教学队伍合作的大学学习课程。

首先,队员以小队形式在大学校园参加学生成绩建议框架会议,会议由新教师项目经过培训的教师主持和讲解。大部分学生成绩建议框架教师是以前新教师项目队员和在职的纽约市教师,通常毕业于学生成绩建议框架举办地的大学。学生成绩建议该框架成为为学生成绩而教的框架,是一个研究和数据驱动的工具,帮助新教师成为有效教育者的语言和工具。框架分为两个领域:班级管理与文化、教学设计和讲授。

班级管理与文化课程帮助教师运用教学原则帮助学生提高学习成绩和保证合适的学生行为的策略,并为此使用学校和社区资源。在班级管理与文化中有作为新来者的有效改变、使用多样性促进学生成绩提升、有效解决行为失范问题、开发规章制度程序和影响、创建没有借口的班级文化。课程列举了具体的班级管理策略,如设定期望、规则和程序、问题行为原因、塑造行为。学习6个课程模块,每一个模块会由3~5节课组成。模块1:怎样使用"为学生成绩而教框架"帮助队员缩小高需求学校的成绩差距。模块2:队员怎样组织和控制课堂断裂,使队员教学时间最大化。模块3:队员怎样在一个准备水平参差不齐的学生课堂中有效从事教学。模块4:队员怎样计划和提供严谨的有吸引力的教学。模块5:好的读写能力教学看起来是什么样子;模块6:队员怎样才能在班级中和社区里建立可信性[①]。

教学设计与讲授课程包括制定严格的学术目标、使用合适的评价方法、创造标准基础的课程和单元、应用差异化教学、使用高影响教学策略;所有的纽约市教学队伍候任教师除了特殊教育,都接受同样的学生成绩建议框架培训。

其次,是公立暑期学校的临床实践,这是夏季学院中一个主要的活动,在一所公立学校进行正式教学,获得教学表现的即时反馈。项目希望所有的队员能够参与不低于15天的教学实践,每天5个小时在夏季学院。临床实践的日程,主要根据当地中小学夏季学院学校的课程方案。教学队员与当地暑期学校的中小学教师结成对子,中学数学教师通常被分配到中学的数学教室中。

教学队员会花费几天时间在课堂观察教师和学生上课,但是不断增加领导课堂教学的责任和其他正常的教学活动的责任。他们第一份工作就是以小组的形式参与这一过程,由合作教师领导和推动整个课堂教学。

临床教学工作安排在上午,课程学习安排在下午。正式教学主要由教学队伍项目的员工和学区的员工辅导,很多人都是教学队伍的队员或"为美国而教"的校友,除了标准的教学队员课程讲授之外,学区的官员包括行政管理者、课程开发者、教师专业发展中或者所在学校的领导可能也参与到教学工作坊中,讲授学区或学校的具体主题。

---

① Melissa A. Clark, Hanley S. Chiang. The Effectiveness of Secondary Math Teachers from Teach For America and the Teaching Fellows Programs:Executive Summary[R]. Institute of Education Science,2013:68.

最后,学校课程或大学课程。夏季学院通常主要根据服务的学区设置,同时学习硕士学位课程。

(三)夏季学院评价

夏季学院的最后一个部分是评价和干预,采用形成性评价和总结性评价,项目的职员评价每一名教学队员的绩效行为并提供反馈,帮助队员专业发展。

项目职员观察每一名教学队员的教学课程3次,每一节课结束之后进行反馈。在夏季学院,教学队员每日还需要报告他们8.5~9小时的培训,包括上述描述性的活动,与教学实践学校的交流,选择性的活动,如访问夏季学院官员办公室、参与其他会议等。晚上队员们更忙了,他们要完成课程作业,为下一节教学实践课撰写教案。

总之,94%的队员通过夏季学院的评价,而没有通过夏季学院项目的,往往是由于个人原因。

六、队员安置

(一)队员安置原则

在教学队员被招生进入教学队伍项目中,队员必须积极行动找到合适的教学岗位,队员并不是由项目安置在学校或学区。新教师会收到一个地方学校的名单,在学区的评价中,这些学校是最需要教学队员的学校,鼓励新教师找到合适的任教年级、任教科目空缺岗位。不同项目、不同年份需要的安置时间各不相同。

寻找安置学校的过程,一般在夏季学院完成。部分学员在夏季学院完成学习后被雇佣。教学队伍项目不优先保证安置新队员到已经有队员的学校任教。92%的队员会在新学年开学之前获得教学岗位,3%的在开学后获得岗位。最近几年由于地方学区遇到预算问题,他们的安置比例有所降低,但2年内安置比例也超过了75%。

(二)队员安置支持

纽约市教学队伍项目将为队员雇佣过程的每一步提供支持,但队员需要对自己的工作岗位负责,自己选择任教学校。项目会给他们提供最新工作岗位空缺信息,面试支持和简历制作工作坊辅导。除此之外,雇佣的校长会收到队员简历,甚至有机会在职前培训的课堂里观察队员教学。在过去3年中,成功地完成职前培训的队员有超过97%的队员在学校开学第一天进入理想的课堂。队员在获得教师资格证书之后,可以根据个人兴趣和环境变化,灵活地在不同学校之间流动。

2003 年,纽约市教育局开发一个新教师教学支持项目,为所有新入职到纽约市学校系统的教师提供。除了纽约市教育局的支持,纽约市教学队伍项目领导充分理解建立教师网络支持新队员的价值。一旦队员被安置在学校,纽约市教学队伍项目会为新队员提供现在和以前在本校工作队员的联系方式,鼓励新队员积极与其他队员一起工作,及时发布队员在线新闻。尽管安置学校的行政管理者不要求提供特别支持,但是这些行政管理人员负有确保实践取向教师教育项目规则执行的责任。纽约市教育局也希望学校的行政管理者为所在学校的新队员提供专业发展支持。

七、在职专业发展和课程学习

2000 年,纽约州通过的《过渡 B 证书》(Transitional B Certification)法案中,建构了实践取向的教师教育项目辅导和监督的框架。要求包括:在教学工作量方面咨询大学教育学院教师、学区人员和候任教师;在第一个 8 周,对新教师的教学支持方面要有经过培训的合格的中小学人员提供临床教学支持;制定辅导教师与新教师的会面日程表;在 8 周之后,开发一个持续辅导计划;与大学的教师设立每月观摩和建议会议,帮助建立理论与实践的联系;在过渡 B 证书立法要求下,在新教师的整个教学过程中,都有来自大学教师的支持。

9 月份,纽约市教学队伍项目队员成为班级记录教师,在接下来的 2 年中,继续学习 36 个学分的硕士学位课程,在完成所有要求之后,队员获得教学艺术硕士学位和临时的纽约州过渡 B 证书(Transitional B Teaching License)。如小学教育研究生项目要求获得 36 个学分,在 2 个夏季学期和 4 个连续的其他学期 2 个秋季和 2 个春季学期内学完。

(一)大学支持

1. 辅导支持

大学伙伴在教学队伍中的责任是提供学分基础的课程设计,建立教育理论与教育实践之间的联系。大学合作伙伴作为纽约教员队伍合作伙伴需要给项目提供大学层次的学分课程,除此之外,大学还有义务在新教师任教的第一年每个月为新教师提供至少一次人员观察和咨询建议。大学教师与纽约市教学队伍中等教育学科教师项目辅导教师及其他的学校人员协调合作,保证入职辅导是充分的和连贯的。

2. 课程学习

教学艺术硕士学位项目的课程包括一门社会基础课程,儿童发展课程、4 个教学法课程、一门技术课程和 2 门研究课程。队员通常在 2~3 年内完成教学艺术硕士学位,完成的时间主要根据科目领域和大学。在大学课程方面,25%的学生认为大学课程应该减少理论学习,提供更多的直接运用到课堂教学实践操作的课程。13%的学生认为大学的课程应进一步开发和修改教学艺术硕士学位的自由艺术课程要求,提供课堂教学法课程。

(二)现场支持

作为纽约市教学队伍项目协议的一部分,纽约市教学队伍中等教育学科教师项目有义务提供支持,在其第一个8周的教学过程中,每日辅导是由所在学校经过培训的人员提供辅导支持。要求所在学校提供时间表,让新教师与辅导者共同制订课时计划、观察、建议和评价。一般来讲现场支持人员被认为咨询了大学项目教师。

1. 专业发展讨论班

教学队伍项目职员在培训中比传统大学更重视实践而不是理论。教学队伍项目在周末的小组活动中有10个小时的专业发展课程,主题包括班级管理、怎样使用数据进行教学、怎样因材施教。根据课堂观摩情况,项目员工还会让新教师参与和开发其他专业发展主题。

2. 其他的支持服务

在一个标准的教学队伍项目中,每一名新教师都被分配一名项目员工,称为培训和资源经理或者叫培训和教学经理,他们有几种方式与新教师进行一对一的互动辅导和支持。

(1)课堂观察 培训经理在第一年教学的前8周内,对新教师至少要进行2次正式的课堂观察,如果项目足够大,培训经理不能对所有队员进行课堂观察,就会增加其他员工如教学专家或临床实践访问者执行对新教师的课堂观察。一部分教学队伍项目报告会执行更多的课堂观察,观察者主要与新教师本人讨论评价课堂观察。如果评价者认为教师需要从学区或学校支持中获益,会把这些信息告诉校长,以便获得校长支持。

(2)一对一会议 培训经理以辅导教师的身份每学年与每一名新教师开展2次一对一会议,会议平均持续20分钟。新教师通常也有地方学区和学校派出的正式辅导教师提供支持。

(3)非正式讨论。培训经理可能会以电话或者邮件形式与新教师联系进行非正式的讨论,如决定是否教师需要培训经理提供任何的信息或资源,这种沟通的频率和时长并没有明确的制度要求。尽管项目在新队员第一年的教学中分配辅导,项目的职员可能与新教师保持持续的联系,一直到第二年,如寄送新闻或邀请他们参加选择性专业发展事件。

3. 辅导教师支持

现场支持的教师主要包括纽约市教学队伍咨询者、纽约市教学队伍项目学校辅导教师、没有监督辅导职责的课堂教师。①

（1）咨询教师　咨询者的选拔根据监督指导教师和观察教师经验进行选拔，咨询教师每月与大学教育学院的教学队伍项目领导、一部分教育学教师每月会面一次，讨论观察技术和持续进行的关注。他们会撰写一个非正式观察报告档案，通过电话或电子邮件的方式反馈给队员本人。

（2）辅导教师　纽约市教学队伍项目中辅导教师通常是纽约市退休教师，通常是以前的行政管理者、督学或校长，经过纽约市教育局的培训，一般在 2 年服务期内每月访问队员一次。他们主要在课堂管理、课的组织、内容知识和专业知识方面提供支持。

在课堂管理方面，队员们认为他们接收到最多的信息和支持是在课堂管理方面，主要来自同事和其他课堂教师，这种结果显示大学的课程将需要更加关注课堂管理技能。

在课的组织方面，他们接受的最多的支持和信息来自学校的辅导教师，以及课堂教师和大学的课程。一个有趣的现象是，拿着薪水的纽约市教育局的咨询者被认为实质上不能在课程的组织方面提供支持和信息。

在内容知识方面，队员表明他们接收到最多的支持和信息来自大学课程。队员把课堂教师和大学课程作为很高水平的支持。咨询者在这方面提供最低的信息和支持。大学的课程提供最大的课程内容知识。有趣的是课堂教师给队员提供最多的内容知识信息，提供最多的课程内容理解支持。

在专业知识方面，发现类似的支持来自课堂教师。在让队员列举这些支持者排名的时候，队员们把课堂教师作为一个最有价值的支持者和信心来源者，接下来是学院课程、辅导教师，最后是咨询者。咨询者被认为是最少提供帮助和支持的专业支持制度。

在咨询者的建议中，队员希望咨询者扮演更多的访问和支持的角色，进行立即的和更详细的反馈，帮助课堂管理。队员希望咨询者展示课堂而不是观察课堂。在学校辅导者建议中，一部分队员说没有见过学校的辅导教师，或者很少接触辅导教师，他们希望辅导教师更多的展示课堂，提供持续一致的支持。

4. 入职辅导不足

教学队伍项目支持中辅导教师分为大学辅导教师、中小学辅导教师、项目咨询者以及没有监督评价的课堂教师，四者在很多方面提供的支持并不一致，甚至互相冲突，缺乏有效的支持协调人员。

有几个原因导致了新教师入职辅导教师不一致。

（1）看起来没有足够的任教科目辅导教师满足纽约市教学队伍项目的需求，至少在中等教育数学科目方面缺乏足够的数学辅导教师。纽约州没有对辅导教师提供资助，尽管有强制命令。

---

① Evelyn A. O' Connor, et al. Mentorship and Instruction Received During Training: Views of Alternatively Certified Teachers[J]. Educational Review,2011,63(2):219-232.

（2）学校管理者认同纽约市教学队伍项目目标和纽约市教育局入职辅导目标是一个重要因素。一部分纽约市公立学校的行政管理者并不认为纽约市教学队伍项目是受到欢迎的，因为只有有限数量的合格候任教师，他们被迫雇佣和支持队员。

（3）学校行政管理者管理和协调支持不一致。在纽约市大部分学校，如果辅导教师不直接向校长报告，校长就会忽视甚至抵制协调合作的努力。大学的辅导教师评价新教师是在纽约市教育局系统之外运行的，因此，支持并不会从大学辅导教师转移到中小学校长。尽管学区的人员和大学辅导教师能够为队员提供政治支持，但是中小学的学校管理者未必能够提供这种支持。因此，行政管理者与员工支持互相冲突削弱教师和支持人员之间的信任。

（4）不稳定的纽约市学校系统。在2003年秋季，纽约市教育厅把32个学区改成10个学区，以便更好管理。但是原来学区的支持队伍发生了很大变化，为弥补不充分和不一致的支持，一部分队员开始开发自己的非正式的，所在学校的支持系统——根植于教师实践和同辈合作基础上的专业发展，创造一个让他们自己充分发展的专业机会，过滤掉他们先前的教学信念和实践。有53%的中等教育数学教师报告他们在第一年是自己教学和计划，61.3%的中等教育数学教师报告他们至少每周一次与有经验的教师讨论教学。70%的报告努力在教师之间建立合作，17.8%的队员观察有经验教师的教学，每周一次或更频繁[1]。因此新教师在第一年的教学中最需要观察有经验教师的教学，一起制订年度教学计划、课程教学计划和单元以及教案，提升应对课堂教学的挑战能力。

八、激励支持

（一）培训相关费用

教学队伍项目的队员通常支付大学学费；教师资格证书费用如测试费用、指纹识别费用以及某些情况下的职前培训材料费。2016年10月，在教学队伍项目学院学习1年，项目的学费，不同地区有所不同，从4 440美元到6 200美元不等。大学的2年制硕士学位项目学费从8 600美元到11 010美元不等[2]。

纽约市教育局支付3 500万美元的预算，支持项目运行，项目还会收到联邦政府的拨

---

① Mary Q. Foote, et al. Are We Supporting Teacher Success: Insights From an Alternative Route Mathematics Teacher Certification Program for Urban Public Schools[J]. Education and Urban Society, 2011, 43(3):396 - 425.

② Institute of Education Science . Teacher Training, Evaluation, and Compensation: TNTP Teaching Fellows Intervention Description[EB/OL]. https://ies. ed. gov/ncee/wwc/Docs/InterventionReports/wwc_tntp _062717. pdf, 2021-8-28.

款,支持项目教师生活津贴、硕士学位课程费等相关费用。

(二)教师薪水与相关福利

纽约市为每一名获得硕士学位的队员支付 2.5 万美元大学硕士学位学费①。纽约市教育局认为在注册审核学校工作的教师类似战斗任务,必须提供真实的财务补贴,才能把队员留在那里工作,因为战斗任务和真正的财务补贴才是终结这些学校高流失率的关键行动。战斗任务意味着战斗的薪水或者在这些注册审核学校的教师获得比纽约市其他学校更高的薪水,学区校长希望延长学校 15% 的教学时间,同时增加 15% 的薪水,还需要增加其他的财务激励措施,包括税收优惠,对新教师贷款给予优惠,住房激励措施包括低租金。

1. 培训津贴和学费补贴

在夏季培训期间,队员接收到中度的生活津贴,补偿他们的生活成本,纽约市教育局资助大部分的硕士学位期间学费,但不包括书籍和材料。

2. 薪水

一旦被纽约市公立学校雇佣,将成为纽约市教育局的正式员工,获得不少于 59 291 美元的年薪。纽约市公立学校的教师还能够获得更多的基础经验和课程学习机会。一旦纽约市教学队伍完成他们的硕士学位,他们就有望拿到 66 652 美元年薪。

3. 收益

教师可以选择各种形式的健康保险计划,其中几个保险不需要员工缴纳保险费,保险受益者涵盖教师和他们的家庭,包括注册的合作伙伴,而且从上班第一天开始保险就开始生效。教师也可以通过联邦教师福利基金支付牙医、视力、处方药的收益。2018 年,市长布拉西奥(De Blasio)与联邦教师工会签署协议,宣布所有纽约市公立学校教师享受带薪育儿假期。

4. 退休

纽约市教师退休系统,这是美国最大的养老金系统,纽约市公立学校退休金、残疾、健康服务。教师能够进入纽约市教育厅的税收延迟年金项目。这是一个补充的退休计划,允许队员推迟缴纳任何投资收益的税收,直到他们提取这些钱作为收入,才纳税。

---

① Judith Stein. Evaluation of the NYCTF Program as an Alternative Certification Program[R].New York City Board of Education,2002:23.

九、效果

(一)缓解纽约市教师短缺问题

纽约市教学队伍项目为纽约市1 800多所学校中80%的学校提供了教师,占所有从事教育教学活动教师的12%,在布朗克斯地区"纽约市教学队伍"教师占15%,在特殊教育领域"纽约市教学队伍"教师占22%[①],部分解决高需求地区教师短缺问题。

(二)混合型教师教育模式

纽约市教育局要求纽约市教学队伍项目必须与大学教育学院合作,队员在完成项目之后,可以获得州政府许可的教学硕士学位证书和过渡B教师资格证书。这种合作关系导致一系列的大学基础的教师教育项目变革,怎样才能使所有参与者获益是大学教师教育项目需要改革的方向。队员获得更好的教育学基础,大学项目和教师获得了来自精英高校的毕业生,实践取向的教师教育项目,获得他们的候任教师要求的硕士学位课程学分和州政府颁发的教师资格证书。纽约市严格的混合教师教育项目,迫使大学和实践取向的教师教育项目在一个创新性的和竞争性的环境中合作,而不是两个平行的教师教育系统互相隔离,从而建立一个互相竞争合作的教师教育格局。

(三)质量较高

在纽约市所有实践取向的教师教育项目中,纽约市教学队伍项目是最大的。自从纽约市教学队伍项目建立之后,培训和招聘了成千上万名优秀教师,在过去10年,纽约市学校质量得到大幅度提升[②]。在学生成绩方面,教学队员任教的学生成绩与传统的教师路径和较低选拔性的实践取向的教师没有显著差异。这就意味着学校选择教师的时候,选择教学队伍项目教师与传统教师之间没有差别,但是在一般实践取向的教师教育项目与纽约市教学队伍教师相比,教学队伍的数学成绩高于一般性实践取向的教师教育项目

---

① The New York Teaching Fellows. An Equal Opportunity Employer [EB/OL]. https://nycteachingfellows. org/certification,2021-7-21.

② The New York Teaching Fellows. An Equal Opportunity Employer [EB/OL]. https://nycteachingfellows. org/certification,2021-7-21.

教师任教的数学成绩[1]。

(四)关注社会公正

在纽约市教学队伍教师和传统的教师教育项目教师对教学态度上没有差别,但是在纽约市教学队伍用社会公正视角培养的纽约市教师,认为来自代表性不足的群体与白人和亚裔学生有同样的学习能力,教师在教学中应该考虑学生的兴趣,应该运用多样性的特点解决教学模式问题。纽约市教学队伍教师对学生平等的学习能力和成功机会更具承诺。

(五)留职率高

教师留职率对于低收入地区的教师质量和学生成绩非常重要。此外,州政府和纳税人的教师流失成本也很高,这就意味着较少的资金变成学校可以使用的资金。92%的纽约市教学队伍教师能够完成第一年的教学,75%的教师能够完成至少3年的教学,超过50%的教师留职率超过5年。研究表明,纽约市教学队伍教师流失率较低主要与队员工作后立刻就能获得辅导教师辅导,他们感觉自己更具有效能感。另外就是队员可以获得来自同辈队员、辅导教师、行政管理人员的情感支持。

---

① Melissa A. Clark, Hanley S. Chiang. The Effectiveness of Secondary Math Teachers from Teach For America and the Teaching Fellows Programs: Executive Summary[R]. Institute of Education Science, 2013:94.

第六章

满足需求型——加利福尼亚州 实习教师项目

加利福尼亚州实习教师项目(简称加州实习教师项目)主要是满足加州广泛存在的教师短缺问题,从 1967 年立法建立大学实习教师项目到 1983 年建立学区实习教师项目,唯一的目的就是培养学区急需的合格教师代替临时教师和应急教师。

实习教师项目申请者需要获得学士学位,通过加州基本技能测试,满足任教科目要求,经过性格和身份审查,才能被录取为实习教师。录取后,需要参加 4 ~ 6 周的职前服务培训,获得基本的教育教学技能。秋季开学之后,实习教师需要继续在周末或周五以讨论会、小队形式学习硕士学位课程,同时作为实习教师全职中小学在辅导教师指导下学习教学,经过 2 ~ 3 年的培养,完成绩效评价任务,展示任教能力,可以被授予加州初任教师资格和教学艺术硕士学位。加州实习教师项目不仅可以提升学区招聘教师填补空缺岗位的能力,而且大学和学区共同承担实习教师专业发展责任,充分发挥大学与中小学各自优势和特长培养教师。

实习教师的数量从 1993 到 2001 年增加了 10 倍,达到 8 000 人,仅大学实习教师项目从 2001 年的 3 700 人增加到 2003 年的 6 200 人,增长 63%。纳税人 1993 年第一次对实践取向的教师教育项目提供 200 万美元拨款,到 2001 年增加到 3 000 万美元[①],说明实习教师项目已经实实在在产生效益。目前,实习教师已经在加州的 465 个公立学区的小学、中学、中等教育和特殊教育领域任教。

尽管加州教师资格认证委员会要求所有的加州教师教育项目必须满足同样的教师资格标准,但调查显示,加州的实习教师项目的质量和课程在学区实习项目中差别很大,12% 的实习教师报告称他们没有与辅导教师正式接触过,或分配辅导教师。在洛杉矶联合学区的实习教师项目有 85% 的实习教师在一个月的教学中没有接受任何的辅导支持,每年实习教师与辅导教师的接触次数仅为 4 次。

---

① R Page Tompkins II. Mentor & Intern Teacher Boundary Practices: Integrating Theory and Practice in Effective Alternative Certification Programs[D]. University of California, Berkeley, 2011:3.

一、加州实习教师项目背景

加利福尼亚州禁止大学和学院提供本科层次的教师教育项目，所有的候任教师必须拥有教育之外的主修专业学位，才可以被准许进入教师教育项目。批准教师项目的机构是加州教师资格认证委员会（The California Commission on Teacher Credentialing），目的是确保教师教育项目质量，促进教师专业发展，服务于加州公立学校全体学生。

（一）加州实习教师项目发展

1. 加州实习教师项目成立

加州最早建立大学基础的实习教师项目是 1955 年斯坦福大学和克莱蒙特学区（Claremont）在福特基金会的帮助下建立的合作项目，项目招生学士学位获得者，用来解决克莱蒙特学区教师短缺问题，经过夏季培训之后开始在秋季全职教学。1965 年，在加州大学伯克利分校教育学院院长威廉·布朗内尔（William Brownell）与吉姆·斯通（Jim Stone）、戈登·麦克安德鲁斯（Gordon McAndrews）、克拉克·罗宾逊（Clark N. Robinson）以及来自罗森博格基金会（The Rosenberg Foundation）资金支持下，伯克利分校教育学院建立了实践取向的研究生实习教师教育项目[①]。

1967 年，加州颁布《教师教育实习法案》（*The Teacher Education Internship Act of* 1967）建立了大学实习教师项目，实习教师完成基本教学技能要求、科目内容和性格评价要求以及职前经验要求后，进入实习教师项目，允许雇主雇佣还没有完成教师教育项目的人成为课堂记录教师[②]。

1970 年，加州颁布《瑞恩法案》（*The Ryan Act*）重建加州的教师资格系统，确定教师培养的 5 条原则：一是创建全美第一个独立的教师培养和许可委员会；二是继续关注教师学科内容准备，通过州政府测试或完成学科培养项目，可豁免任教科目考试；三是创建一个适用 K-12 所任教年级科目内容基础上，而不是学生年龄基础上的教师资格体系；四是尽管允许教师资格可以在 7 年内完成，但保留了教师资格的 5 年要求；五是建立多科目和单一科目教师资格的区别[③]。

　　① Clark N. Robinson, Berkeley's Graduate Internship Program: A Retrospective Look at an Alternative Model[J]. California Journal of Teacher Education, 1975-1976, 3(2): 52-72.
　　② Sharind Nadra Adine Sookhoo. Practices in Alternative Teacher Preparation Programs in California[D]. University of the Pacific Stockton, 2014: 84.
　　③ Cathleen Rockstad. The Impact of Certification Programs on Teacher Retention and Preparation[D]. Concordia University Irvine, 2018: 19.

随着加州学生人数不断增加,立法机构开始允许地方学区建立学区实习教师项目,使得很难招聘到教师的洛杉矶地区和圣地亚哥地区很快招生到足够多的教师进入他们的中小学课堂。1978 年,加州教师培养和许可委员会号召全美教育研究院(The National Institute of Education)建立教师教育实习项目①,1978 年年末,建立了加州第一年教学联盟,开始起草《实习或驻校教师培养模式》(A Proposal for an Internship /Residency Model of Teacher Preparation)允许大学和学院与学区合作开发学区实习教师项目,要求新教师驻校教学 1 年,这一年将降低教学负担,第二年、第三年将承担全部的教学工作。整个驻校期间将持续接受有经验教师、学校行政管理者、教师教育者的指导监督、课堂观察,驻校期间将需要继续学习教育学课程和任教科目内容,以及举行讨论会解决教学中面临的问题。在此期间学生将获得硕士学位和教师资格证书要求。参与的各方共同承担项目运行成本,学区为实习教师和驻校教师提供薪水,降低有经验辅导教师的教学负担,大学提供实习教师参与硕士学位的课程,教师和行政管理者提供批准项目和合同协议必备的灵活性。项目起初有 8 所大学、洛杉矶联合学区以及 25 名教师教育者参加。洛杉矶联合学区与南加州大学教育系合作执行实习或驻校教师模式,在每一次联盟会议上报告项目进展。洛杉矶联合学区获得联合大学批准的五年制实习教师或驻校教师模式,提供相关职员和指导,招聘新教师,这一模式为洛杉矶联合学区提供了源源不断的新教师。

1983 年,加州议会和州长签署教师教育改革法案——《休斯—哈特教育改革法》(Hughes - Hart Education Reform Act),授权学区建立自己的实习教师项目,后来项目名称变更为学区实习教师资格证书项目(The District Intern Certification Program),参与的学区负责实习教师的招聘、培训和提供资助,负责课堂教学或者一系列课堂教学的全部责任②。学区实习教师项目中参与的学区必须咨询最少一所经过批准的大学或学院教师教育项目。这种咨询必须与开发实习教师项目的专业发展相关。

州政府的教师资格颁发机构确保所有的实习教师项目满足立法机构颁布的标准要求,告知学区现存的项目要求和标准,制定培训、支持和评价实习教师标准,评价项目的有效性和向立法机构报告实习教师运行情况。1984 年,立法机构进一步立法确保完成学区 2 年实习教师项目的教师可以获得专业清晰教师资格证书(Professional Clear Credential)。1987 年,学区实习教师项目扩展范围包括了小学教师和双语教师。法律要求职前服务项目必须包括在学区实习教师专业发展计划中,这个职前服务项目要求 120 个小时的教学,期间涵盖儿童发展、教育学和班级管理等课程学习③。1994 年学区实习教师项目提供了第二个可以展示学科内容能力的选择——这就是学科内容豁免。经过

① Alan H. Jones, et al. The California Consortium: A Case Study on Seeking Change in Teacher Education, Journal of Teacher Education, 1984, 36(6):5-10.

② Michael D. McKibbin. Alternative Certification in California[J]. Teacher Education Quarterly, 1988, 15(3):49-59.

③ Tortuous Routes, et al. Education Next [J]. Cambridge, 2002, 2(1):1-9.

加州教师资格认证委员会批准后,如果一个实习教师的资格完成文理主修的话就可以豁免任教科目内容测试。

2.加州实习教师拨款法案

1988 年,加州立法机构通过议会 1422 法案即伯格森法案(The Bergeson Act of 1988),提供多种路径的教师教育资格路径[1],为展示承诺,在 1994—1999 年间加州立法机构拨款 2 500 万美元支持选择性教师资格证书,法案呼吁限制应急许可教师资格证书,鼓励大学开发实习教师路径。1993 年,通过《选择性教师证书法案》(The Alternative Teacher Certification Act of 1993)即 AB1161 法案。AB1161 法案综合了早期的两个法案,建立了实习教师项目拨款标准,大学与即区举办的两种实习教师项目都接受某种形式的配套资金拨款[2]。授权学区或县的教育办公室申请州政府拨款,创建或扩展学区实习教师项目。尽管学区或县教育办公室是唯一一个可以申请资金的机构,但学区和县教育办公室可能会与大学、教师工会、地方商业部门、军队合作开发和执行实习教师项目。从 1993 年起,AB1161 法案被州政府预算接受,包括对教师实习项目每年 200 万美元的拨款。1997 年,通过《选择性教师资格证书扩展》法案(The Expansion of Alternative Teacher Certification Act),为支持实习教师项目提供州政府可持续的拨款,从 1997 年的每年 650 万美元增加到 2001 年的每年 3 000 万美元。拨款从加州教师资格认证委员会转到地方教育机构,按照每名实习教师 1 500 美元标准拨付,并希望雇佣学区也匹配 1 500 美元的配套资金[3]。

获得拨款奖励必须满足加州教师资格认证委员会认证的下列要求:①招聘有才能的人进入教学专业,使用各种资源解决教师短缺;②学区存在严重的数学、科学和技术领域合格教师短缺,有限的英语熟练学生的教师以及少数民族教师的地区;③立法鼓励学区和县教育办公室设计专业发展计划,允许具有学士学位或具有工作经验的人进入教学职业。委员会现在每一名实习教师每年奖励 2 500 美元用于提供教学、支持服务、评价。学区接受这些拨款资金必须提供配套资金[4]。为了获得州政府拨款奖励,学区需要递交建立在 AB1161 法案基础上的申请建议:按照地理区域分配拨款,展示对合格教师人员不断增长的需求以及项目服务人员数量、课程、教学、支持和评价质量、成本效益。

在 2002 年,在 SB2029 法案中允许学区实习教师项目在所有特殊教育领域提供实习

① Catherine A Lemmon. The Impact of Cohort Support on Learning to Teach Within California's District Intern Programs[D]. University of the Pacific,2000:31.

② Douglas E. Mitchell1 and Lisa S. Romero. The Politics and Practice of Alternative Teacher Certification[J]. Educational Administration Quarterly,2010,46(3):363 - 394.

③ Clara Eugenia Amador - Watson. Cost - effectiveness Analysis of Two Multiple Subject Internhip Credential Programs in California[D]. University of Southern California,2003:70.

④ Christian Roulland Kueng. California District - sponsored Multiple Subject Teaching Internship Programs Making the Grade in Alternative Certification[D]. University of La Verne,2003:10.

教师资格证书,2006年进一步对实习教师项目支持,SB1209法案为每名学生增加1 000美元的补贴,激励地方项目加强他们的实习教师项目。立法机构在3个方面加强了实习教师项目,包括提供英语学习者职前服务培训时间;在实习学校提供更多的合格教师对实习教师辅导支持;限制任何给定学校的实习教师比例和可比较的新教师与有经验教师的百分比。如果项目同意这些加强的方面,每一名实习教师的资助将提升到3 500美元。

加州教师认证委员会给每一位实习教师颁发实习教师资格证书,该证书的有效期是2年。现在《加州教育法》(California Education Code44380-44386)把实习教师项目目的具体化:招聘有才华的个人包括从部队、倡议和其他职业的转行;降低数学、科学、技术领域合格教师短缺;解决有限英语学习者教师短缺问题;增加少数民族教师;解决一定地理区域内教师短缺问题。

总之,实习教师资格证书不仅是高质量的而且还从数量上解决了加州长期面临的教师短缺问题。从数量上吸引个人进入教学职业,提供一个快速的全职教学岗位和教学任务,在质量上吸引了有数学、科学、技术经验背景的人进入到课堂教学。除此之外,实习教师是满足联邦政府《不让一个孩子掉队》法案要求的高素质教师资格。

3. 政府管理

加州教师认证委员会要求学区实习教师项目的承办单位与县教育局能够使地方学区和其他专业组织合作提供服务。要求实习教师项目每年提供项目年度提升计划给加州教师认证委员会,作为是否继续提供资金的条件。暂停提供拨款的现象很少发生。提升计划必须包括描述提供的教师资格,招聘实习教师过程、支持方法和评价实习教师绩效方法,选拔和培训实习教师支持者等。

政府对实习教师项目资助为教师教育发展服务商提供一个补贴和规范的市场,州政府的补贴每名学生2 500到3 500美元,外加2 000美元的地方教育机构补贴被认为是州政府政策制定者有足够的市场激励权力拨款给实习教师提供者,同时要求他们严格遵守州政府的规章制度,包括谁应该进入实习教师项目以及怎样进行培训。

4. 加州教师教育现状

2018—2019学年,加州向美国教育部递交152个教师教育项目,高等教育机构的实习教师项目要求递交2个独立的报告,一个是传统的教师教育项目报告,一个是实践取向的教师教育项目报告,在加州有82个传统的大学教师教育项目,58个大学实习教师教育项目,12个学区实习教师项目(表6-1)。

表6-1 加州教师教育项目的2015—2019学年5年毕业人数①

学年	传统高等教育机构教师教育项目毕业人数		高等教育机构实习教育项目毕业人数		地方教育机构实习教师教育项目完成人数		总计
2014—2015	8 800	83.06%	1 522	14.35%	275	2.59%	10 597
2015—2016	8 875	79.18%	2 014	17.97%	319	28.45%	11 208
2016—2017	8 979	74.53%	2 699	22.40%	370	3.07%	12 048
2017—2018	8 996	71.43%	3 156	25.06%	442	3.61%	12 594
2018—2019	9 054	71.21%	3 069	24.14%	591	4.65%	12 714
5年人数变化	254		1 547		316		
5年百分比变化	3%		102%		115%		

在2019—2020年新教师认证过程中加州学区实习教师项目颁发539名教师资格证书,大学教师教育项目颁发14 117名教师资格(表6-2)。②

表6-2 2019—2020学年加州培养的实习教师资格类型③

培养路径	多科目	单一科目	特殊教育	总计	占比
加州高等教育传统项目	4 781	3 806	1 042	9 629	53.6%
加州高等教育实习教师项目	1 460	1 331	1 697	4 488	25%
学区、县培养的实习教师项目	158	113	268	539	3%
外州培养,外国培养	1 374	1 255	694	3 323	18.5%
总计	7 773	6 505	3 701	17 979	100%

表格说明传统教师教育模式仍然占据加州教师培养人数的70%以上,大学实践取向的教师教育项目毕业生人数占据25%左右,二者合并达到95%以上,因此加州教师教育仍然以大学为主,学区为主的实习教师模式增长非常迅速但仍然没有超过5%,其中加州

① Tine Sloan, et al. Annual Report Card on California Teacher Preparation Programs for the Academic Year 2018-19[R]. Commission on Teacher Credentialing, 2020:12.

② Tine Sloan, et al. Teacher Supply in California 2019-2020 A Report to the Legislature [R]. Commission on Teacher Credentialing, 2021:4.

③ Tine Sloan, et al. Teacher Supply in California 2019-2020 A Report to the Legislature [R]. Commission on Teacher Credentialing, 2021:7.

州立大学培养超过一半的小学教师。

(二) 教师短缺

斯坦福大学的米歇尔·科斯特(Michael Kirst)教授认为加州公立学校将会在很多年内受到这些不合格教师的影响。都市地区的学校受影响更大,因为他们不能吸引新教师,同时最好的教师会离开教师队伍寻找更高薪水和更少压力的郊区学校任教。加州教师短缺是直接导致加州不断扩大实习教师项目规模的主要因素,导致教师短缺的原因有以下几个方面。

1. 小班化教学

1996 年,加州实施班级缩小计划(The Class Size Reduction Initiative),加州学校面临史无前例的合格教师短缺情况,临时许可教师的数量从 5 年前的 1.2 万名,增加到 1999—2000 学年的 3.4 万名[①]。地方学区给大学施加压力要求提供速成的教师资格,地方学区的管理者很慌忙,因为他们还没有为法律的实施做好准备。仅是执行小学三年级缩小班级规模项目就需要雇佣 20 000 名教师,但是加州每年只能提供 5000 名传统的合格教师,学区的教师招收人员吸引其他学区、州甚至是墨西哥的教师以及临时的、退休人员充任教师。

2. 教师流失

加州教师年度教师流失率为 9%,占年度教师招聘需求的 88%。即使没有班级缩小项目,该州也需要在未来 10 年招募 41 500 名教师。仅考虑注册学生数的增长这一因素,加州每年需要 4 150 名新教师。每年加州流失教师人数在 11 000 到 15 000 人,特殊教育教师 2 以内流失率 36%,是普通教师流失率的 2 倍[②]。2014—2015 学年加州的学区已经报告他们面临严重的特殊教育教师短缺,新招聘的教师有 2/3 没有完成教师培养要求。

3. 教师教育项目注册人数下降

加州教师资格认证委员会报告加州注册教师教育项目的人逐渐减少,从 2001 年开始,全体教师教育项目的注册人数下降超过 70%,特殊教育教师项目培养从 2012—2013 年的 1 557 人下降到 2017—2018 年的 854 人[③],意味着很多进入特殊教育的教师没有经过很好的培养。

① Tortuous Routes,et al . Education Next [J]. Cambridge,2002,2(1):1-9.

② Yeunjoo Lee,et al. Perils to Self-Efficacy Perceptions and Teacher-Preparation Quality among Special Education Intern Teachers[J]. Teacher Education Quarterly,2011:61-76.

③ Learning Policy Institute. California's Special Education Teacher Shortage:Targeted News Service [EB/OL] . https://files. eric. ed. gov/fulltext/ED605225. pdf.

4．退休人员增加

长期的需求主要是因教师退休或流失导致的，1995 年这一年就有 7100 名合格教师退休，加州教师平均年龄超过 45 岁，1/6 的教师超过 55 岁，逻辑上来讲退休教师会不断增加。

教师短缺的解决办法是让一些培养不足的临时应急教师或实习教师资格证书获得者进入中小学课堂。不够标准的教师资格获准进入课堂，从 2013 年的 4 700 人到 2015 学年的 7 700 人，增加了 63%①。这样的教师对学生伤害很大。因为最需要高素质教师的是那些参加学校标准测试低于标准分数的学生，以及大部分低收入家庭的子女的孩子，然而这部分孩子的任教老师甚至没有获得教师资格证书。

（三）教师结构不均衡

据统计，2025 年将有 70% 的少数民族学生进入美国的公立中小学，特别是加州的奥克兰德少数民族学生将会达到一个令人惊讶的比例，贫困学生和英语学习者会不断增加。这种中小学人口变化需要教师为这种复杂的课堂环境做好准备。加州有 306 000 名教师，白人教师占 72.1%，非裔美国教师占 4.5%，西班牙裔教师占 14.5%；然而公立学校的白人学生占 31.3%，非裔学生占 8%，西班牙裔占 46.8%②，生师种族比不均衡。

（四）生活成本较高

虽然加州教师平均薪水比其他州相对较高，但是加州的很多地方生活成本更高，导致加州教师薪水在当地属于低收入阶层。加州新教师第一年薪水有 40% 的人不能租到一个单间公寓。毕业于名牌大学硕士学位，工作 8 年，薪水刚突破 6 万美元，虽然这个薪水比其他州高，但在这里生活很拮据③。生活成本较高是驱使人们离开这个地方的经济原因。

由于生活成本较高，对教学感兴趣的人可能会选择其他薪水更高的行业。同时，很高水平的大学生债务，已经迫使毕业生远离低薪水的教师职业。其他有色人种和其他低收入家庭的毕业生毕业因负担更多的学费贷款，债务压力更重，更愿意寻找更高薪水的

① Cathleen Rockstad. The Impact of Certification Programs on Teacher Retention and Preparation[D]. Concordia University Irvine，2018：20.

② Susanna Loeb & Luke C. Miller. A Review of State Teacher Policies：What are They，What are Their Effects and What are Their Implications for School Finance[R]. Institute for Research on Education Policy & Practice School of Education，Stanford University，2006：5.

③ Learning Policy Institute. California's Special Education Teacher Shortage：Targeted News Service [EB/OL]．https://files. eric. ed. gov/fulltext/ED605225. pdf.

职业而不是教师职业。因此,降低生活成本和大学贷款债务能有效帮助招聘和留住新教师。

此外,从经济的角度来看,教师劳动力市场的失败在于薪水支付太低以至于不能激励个人接受教师资格培训,承诺把教学作为职业。导致这种失败的不仅仅是薪水因素,还有劳动力市场的影响包括现存的费力的培训、严格的规则限制、工作条件以及薪水比例等。另一方面,薪水制定的政治性。教师薪水主要是地方教师工会与地方学区签署集体合同确定,主要采用集体谈判方式确定教师薪水机构,不能根据劳动力市场进行动态公平调整的机制。结果数学、科学和技术等领域的学位和技能获得者倾向于选择其他劳动力市场而离开教育市场。

(五)实习教师优势

加州实习教师项目有以下几个益处。

1. 实习教师项目招聘更多成熟的教师,同时实习教师可以一边全职工作,获取全额薪水,一边学习教学,强调理论与实践的结合;同时实习教师项目对于大学教师教育项目具有成本效益优势。

2. 实习教师留职率高于传统教师资格获得者,50%的传统教师资格获得者离开教师队伍,但90%的实习教师留在了教学岗位。

3. 地方学区可以把雇佣需求与全区领域直接建立联系,招聘合适的实习教师,包括学区内短缺的数学、科学、特殊教育科目教师。

4. 学区可以根据学区需求提供手把手的教学培训和指导。

5. 辅导教师也能从培养实习教师中获益。

二、实习教师项目使命与目的

(一)实习教师使命

加州实习教师项目承诺社会公正和平等培养未来教师,要求教师教育者开发一个清晰的平等使命,根据使命设计培养方案。同时为实习教师提供一个无缝隙的从职前教师到入职辅导的过程,把社会公正和平等融入实习教师的课堂教学实践中去。

(二)实习教师项目目的

一是通过吸引那些通过其他路径不能进入课堂的人扩大教师数量,包括:

1. 希望改变职业的人,包括转业军人;

2. 吸引大学主修数学或科学专业的人或希望从事特殊教育工作的人;

3. 吸引人们到很难招聘到教师的都市、乡村或偏远封闭地点从事教学;

4. 不能负担传统教师培养项目费用的人;

5. 来自少数民族或语言、文化方面的人从事有限英语技能学生教学的教师,扩大教师人才储备[①]。

二是能够使中小学快速对教师短缺压力性需求做出反应,同时为实习教师提供像传统教师教育项目一样广泛的、制度化的专业发展,为每一位实习教师建立教育理论与教育实践的联系,经历有益的教学实践经验。

三是提供一个建立在标准基础和绩效驱动的教学项目,提供有效的监督指导和广泛的支持,以便每一名新实习教师能够达到需求的目标,成为学区全职教师。

三、实习教师的招生选拔

(一)招生资格

加州教师认证委员会有责任使用各种考试进行选拔、管理和解释用考试满足教师资格证书的要求(表6-3)。加州教育法44225、44327 条款要求不论哪一种类型的实习教师项目都必须坚持同一个标准,包括招生录取标准和毕业标准。

一是加州高等教育实习教师教育项目需要经过西部学校和学院联合会认证(The Western Association of Schools and Colleges),联合会有3 个认证委员会评价高级学院和大学、初级学院和社区学院以及各种跨学院的系统。即使一个学院通过了西部学院和学校联合会认证的学士学位,申请教师资格的人还必须决定任教年级,以及是从事普通教育还是特殊教育教学。

二是申请实习教师项目的个人必须有一个学区雇佣的书面承诺,大学教育学院不承担安置实习教师的任务,大学实习教师安置的责任属于实习教师自己。

三是通过加州基本教育技能测试或者加州教师任教科目测试,所有这些测试都要求掌握基本的阅读、数学、写作技能。

四是经过科目能力验证,获得合格通过的测试分数。

五是获得加州教师资格认证委员会的清晰教师资格指纹审核。

六是满足美国宪法知识要求(大学实习教师项目)。

---

① Catherine A Lemmon. The Impact of Cohort Support on Learning to Teach Within California's District Intern Programs[D]. University of the Pacific,2000:36.

多学科和单一科目学区实习教师资格有效期 2 年,特殊教育学区实习教师资格有效期 3 年。如果学区需要实习教师额外的时间成功完成专业发展计划和经验要求的话,加州教师资格认证委员会可以延期 1 年教师资格有效期。

表6-3　加州实习教师项目招生条件①

大学为基础、学区为基础的以及加州教学项目	个人化的实习项目
1. 收到学区的雇佣通知	收到学区的雇佣通知
2. 获得学士学位	获得学士学位
3. 通过 CBEST(California Basic Educational Skills Test)	通过加州基本教育技能测试
4. 展示学科胜任能力(项目或测验)	展示学科胜任能力
5. 满足美国宪法要求	满足美国宪法要求
6. 获得性格和身份审核	获得性格和鉴定批准
7. 进入加州教师认证委员会 CCTC 批准的选择性教师项目	进入加州教师认证委员会认证的一个教师准备项目
	在最初雇佣的 90 天里与指导者开发一个两年制个人教师培养项目

(二)招生过程

首先,填写招生问卷,根据加州教学专业标准(The California Standards of the Teaching Profession)自我评价。申请者必须有来自学校管理层的推荐信,推荐信中表明按照加州教学专业标准教师完成了教师评级,承诺签署 3 年的服务合同。

其次,一旦实习生通过教育学院的审核过程,每一名申请者都需要通过一个面试委员会面试,委员来自学区和大学。如果他们面试成绩不好,或者学区不想录用他们,申请者就会出局。面试中通常要求候任教师有文化多样性的经验和知识,关注他们对这些问题的开放性反应。

最后,面试过程:实习教师项目并不是向任何人开放,实习教师适合那些之前有工作经验和拥有成熟的教学经验的人,主要采用两种面试方式②。

---

① Susanna Loeb & Luke C. Miller. A Review of State Teacher Policies:What are They,What are Their Effects and What are Their Implications for School Finance[R]. Institute for Research on Education Policy & Practice School of Education,Stanford University,2006:17.

② Helen L Kennedy,et al. Assessing Preservice Teachers:Developing and Implementing a Model[J]. Contemporary Education;2000,71(2):42-50.

一是谢赫特曼团体评价(Shechtman's Group Assessment)。包括90分钟,有2名评价者和8名申请者,申请者在90分钟通过介绍具有争议性的话题;在这个没有领导的小组中每一名小组成员都要给其他小组成员提供反馈。活动结束,小组成员被询问他们是否准确反思了在小组互动中他们是谁。评价者判断每一个人的交流能力、人际技能、领导能力。然后根据整体分数进行排名。

二是胡伯曼都市教师选拔面试(Huberman's Urban Teacher Selection Interview)。面试有以下几个指标:

1. 毅力。由2个问题确认对待教师日常工作的韧性、承诺和感觉。

2. 对权威的反映。决定一名教师希望支持学生学习甚至是面临反对学校政策的情况下也能支持学生学习。

3. 普遍性应用,评价面试对象能够在多大程度上陈述人类行为。

4. 接近危险学生方法,寻找是否申请者理解一位教师的专业责任,持续发现有效的课程和方法而不考虑危险中学生面临的问题。

5. 教学的个人和专业取向,提供一个深度了解申请者对学生的期望和他们需要来自学生的支持。

6. 倦怠。代表教师大量的身体和情感的消耗。

7. 易犯错误。考察申请者接受自己和他者的能力。

四、实习教师培养

加州的实习教师项目不论是大学的还是学区的都坚持同一个标准,必须参加2~3年的研究生层次的教育,通过州政府要求的一系列教师资格能力测试,同时获得教师资格证书和教学艺术硕士学位。

(一)职前培养

2007年12月,加州教师认证委员会要求多科目、单科、特殊教育实习教师在开始教学前完成120小时的职前教学服务。职前服务项目长度和质量有很大不同,职前教学服务项目每一个项目都需要解决班级管理、计划、课堂教学程序问题,发展问题和一般教育学技能,阅读教学技能和儿童获得语言的技能课程培训。

(二)大学课程

大学课程包括方法论和教育学原则。实习教师项目设计的目标是综合理论与实践,因此,课程需要调整以满足雇佣学区和实习教师教学需求。在加州州立大学约塞米蒂校区(Yosemite)实习教师项目经过全美教师教育认证联合会认证和美国教师协会认证,需要学习 34 个学分,在 1 年内毕业获得教师资格和教学艺术硕士学位,但是通常会用 3 个学期完成所有课程的学习。课程必须满足全美认证组织和州政府标准,加强实践和理论联系。

课程门类:①理解学习者、教学设计和评价;②课堂的文化和语言背景;③在 4~8 年级教学阅读和社会研究;④临床实践 A,每周 10 小时,共 15 周;⑤科学教学和技术应用;⑥数学教学和评价应用;⑦幼儿园到 3 年级阅读和艺术教学;⑧临床实践 B,每周 15 小时,共计 15 周;⑨差异教学和班级管理;⑩临床研究 C:最后教学实习(全职 15 周)①。

(三)驻校实习

所有的实习教师项目都要求为每一名实习教师提供临床教学辅导的支持和帮助,辅导教师主要是中小学有经验的教育者,为实习教师制订专业发展计划。实习教师按照教学小队的形式进行培养(表6-4)。小队被界定为一群学生开始在同一个项目学习,注册同样的课程跟着同一名教学辅导教师获得同样的教学经验,完成同样的学位或资格。有一半的项目提供每周一个下午 3~4 小时教学,有 1/4 的项目提供每周 2 个下午的教学。

表 6-4 实习教师培养②

输入 inputs	行动 activities	输出 outputs	成果 outcomes	影响 impact
大学提供的研究生课程材料	不同步讨论	实习教师合作	教师领导项目	使用21 世纪的工具,中小学生可以从这些复杂的、高水平的学习中获益
中小学辅导教师	与学校建立合作计划	实习教师与辅导教师合作	与技术经验丰富的专业人员建立学徒制	培训者项目培训的长期收益;与实习教师分享专业人员经验

---

① Paul Beare, et al. Examination of Alternative Programs of Teacher Preparation on a Single Campus [J]. Teacher Education Quarterly, 2012, 39(4): 55-74.

② Carol Adamec Brown. Use of Logic Models to Plan and Assess Graduate Internship Experiences [J]. TechTrends 2012, 56(6): 37-43.

续表 6-4

输入 inputs	行动 activities	输出 outputs	成果 outcomes	影响 impact
合作学校	协商专业培养	工作机会	教师技术专家提供工作岗位;课堂里有教学技术领导	在职合作和共享资源有利于 21 世纪的学习者
教学技术的理论基础	应用知识	理论到实践的经验	学校聘用教育者是教学设计制度的原则	教学实践原则应用到课堂教学
环境:多样性,特殊性;当与学生工作的时候,毕业生与学校管理者达成一致;同辈一起工作利益矛盾				
假设:所有的实习教师都能招聘到合格的外部辅导教师;学校的行政管理者将支持实习教师;实习教师有充分的有关临床教学技术的理论准备;实习教师能够在实习学校应用理论到实践的策略				

五、实习教师项目类型

(一)加州教师教育项目学术分类

从学术角度来看,加州实习教师项目的结构、课程和设计存在多样性,一部分项目强调培训的独特性,最大化教师举办者的知名度,其他的项目则增加便利性和降低项目的机会成本,抓住教师培训市场份额,培养专业化的和较少承诺高绩效的教师。从项目成本效益的角度分析,主要有 4 种类型的加州实习教师项目(表 6-5)。[①]

---

① Clara Amador-Watson,Joan P. Sebastian. The Professional Needs of Clinical Practice Supervisors[J]. Education. Educadores. 2011,14(1):137-165.

表6-5 教师教育类型①

名称	重新界定职前教学服务本质	
	不,越来越多的满足,问题是培养迫切需求的目标教师。(传统教师教育项目)	是的,这是一个改变整个教师培养文化的机会。(彻底改变教师培训项目)
面向用人单位营销	【类型1】 传统教育学院取向(类型1,School Oriented Traditional),主要关注教师雇佣单位,加州州立大学系统CSU,他们倾向于强调使用传统职前教师课程和指导系统,宣布创造了市场驱动的反应地方学区需要的项目。实习教师通常跟随同样范围和序列的传统教师教育课程,通常与传统教师教育项目一个班级。传统项目不会重新界定教师培养文化或本质。他们使用州政府补贴的目的是最大化地方学区对实习教师数量要求。然而满足地方学区需求能力方面,受到大学提供数量的限制。补贴可能意味着一部分额外需求需要满足,但不会重新改变教师培训类型 把实习教师项目融合到现存的教师教育项目中;使用已经建立的课程;降低成本;与学区合作培养《不让一个孩子掉队》法案的高素质教师;面向学区市场营销。 最大化:培养教师数量	【类型2】 学院取向的地方文化项目(类型2,School Oriented Local Culture),主要关注教师雇佣单位,这些项目倾向于重新界定教师培养的本质,一般在学区举办的项目中出现,由地方学区或县的教育办公室举办。培训主要由经验丰富的专业人员而不是大学教师提供。组织的目标是创造新的专业人员或实践的培训项目,实习教师被引入地方规范和学区特殊的教学实践而不是教育学理论或概念开发。这种项目倾向于界定教师教育项目,不满意传统的大学教师培养项目。他们使用地方学区的专业教育者而不是大学的专业人员作为项目的教师,强调课程的实践性,作为与大学教师教育项目的区别。 总之,与类型1不同,类型2倾向于使用补贴,创造一个完全不同于传统教师培训项目的项目满足地方学区需求 专业化的培训;从大学转移到地方教育管理机构;使用专业培训而不是学术培训者;面向学区行政管理者进行营销 最大化:学区专业规范

① Douglas E. Mitchelll and Lisa S. Romero. The Politics and Practice of Alternative Teacher Certification[J]. Educational Administration Quarterly,2010,46(3)363 - 394.

续表6-5

名称	重新界定职前教学服务本质	
	不,越来越多的满足,问题是培养迫切需求的目标教师。(传统教师教育项目)	是的,这是一个改变整个教师培养文化的机会。(彻底改变教师培训项目)
面向实习教师营销	【类型3】 实习教师取向的传统项目(类型3,Candidate Oriented Traditional),倾向于由私立机构和创业教育机构创建,提供多个地方的教师培训,使用在线教育课程,强调实习教师招生。他们面向实习教师进行便利性和灵活性进行营销。他们创建多种不同形式的教学选择包括在线教学。这些项目并不寻找代替教师培训的本质,课程大纲与传统的类型一样。相反,项目更加关注教学培训服务的可选择性,吸引实习教师,以便增加市场份额。这些项目通常采取扩大实习教师培训地点、灵活性以及多种不同可选择的教学内容,便利学生学习。类型3清晰的面向实习教师个人进行营销,强调项目的便利性和灵活性 组织冗余资源不是用来创造一个新的教师培训类型,而是增加市场份额。他们的创业型教育组织使他们能够更加灵活性地快速增加新的注册人数 在线教育注册人数增加但是成本仅增加一点或不增加。当注册人数增加之后,他们使用数量很多的兼职教师允许他们增加授课数量 多样性的运行;创建多个培训地点;优先使用在线教学;向实习教师推销成本和便利性;面向实习教师营销 最大化:市场份额	【类型4】 实习教师取向的高强度培训(类型4,Candidate Oriented Intensified Training),这一些类型也是实习教师取向的高强度培训项目,项目有严格的注册入学政策,关注提供科学、数学、英语单一学科,高中水平的教师培训,坚持实质性的预先编制项目,目标是提升而不是降低教学时间和努力,确保获得教师资格证书质量。为达到这一目标,项目严格限制实习教师不能接受超过60%的教学实习任务,以便他们有时间学习和承担更加严格的教师培训。项目很清晰的强调质量而不是数量,应用新的方法改变教师教育项目 类型4利用补贴主要是最大化项目培养机构的质量声誉。这种项目很清晰地表明他们的新方法就是改变教师培训项目的本质 主要面向实习教师个人进行营销,利用组织冗余资源提升项目的知名度,通过增加要求,他们更重视质量而不是数量 在内容和时间上进行高强度培训;实习采用增强的师范生教学实习;坚持职前培训,反对最后一刻注册;面向实习教师营销 最大化:机构知名度

1. 传统教育学院取向项目[1]

项目的特点是寻找把实习教师项目融合到教育学院现有的教师教育项目中,满足特定学区需求。加州州立大学系统更有可能开发学院取向的传统实习教师项目。

加州州立大学系统实习教师项目的经济逻辑是教育学院拥有稳定的固定成本,因为他们有终身教职和良好发展的行政管理系统,更重要的是历史上他们主导了加州的教师

---

[1] Douglas E. Mitchelll and Lisa S. Romero. The Politics and Practice of Alternative Teacher Certification[J]. Educational Administration Quarterly,2010,46(3)363 – 394.

培训机构,有很好的项目设置传统、人事指导和评价制度。教师教育项目主要接受州政府高等教育拨款,激发学生注册意愿。因此除了降低进入劳动力市场事实性的机会成本之外,与私立学院或者加州公立研究型大学相比,加州州立大学系统的候任教师培养负担是中等的,除此之外,这些教师培养机构有一个很长的历史,促进教师安置在一定地理区域内的地方学区历史,这就意味着他们与地方学区的行政管理者和教师有很强的社会关系。这就创造了一个经济逻辑建立实习教师项目来源于很强的与地方学区的工作关系,增加学生注册,降低学生的机会成本,确保安置实习教师到地方学区任教。

这种实习教师模式很容易与传统教师培养项目学生安置在同一个课堂中上课,或者建立与传统教师教育项目平行的实习教师小队。因为所有实习教师都可以接受来自州政府的补贴而不考虑是否他们履行法律规定的吸引非传统候任教师进入教师职业或者在很难招聘教师的高需求学校工作。从经济逻辑上来讲,加州州立大学的项目将所有在学区的申请者接受为实习教师,经过培养安置在这些学区的教学岗位。项目培训强调培养候任教师早期进入全职教学岗位,坚持州政府教师项目设计标准,允许候任教师很容易的从正常的职前培养项目,进入到实习教师资格地位,获得学区雇佣机会。

这种项目最大的挑战就是各学区争先恐后地在每年秋季学期开学时候补课,实习教师进入课堂的时间常常很晚。如果州政府要求实习教师确保雇佣合同和项目招生必须在每年的 7 月 15 日确认,那么这些现象就会很快消失。这将使学区生活更加困难,失去了等到开学的时候把学生数出来,再做招聘决定的能力。如果实习教师不能得到雇佣,可以转入正常的教师资格培训,抵消学区这种困难。

2. 实习教师取向的传统项目

项目特点是多种可以选择的项目、多个项目参与地点以及成本效益方面的竞争。从事教学而不是研究的私立学院和大学,在举办实习教师项目的时候,有非常不同的经济逻辑。

首先,私立大学和学院倾向于雇佣临时教师,通常是按照课程到课程的方式进行,而且仅在注册人数确定之后才进行。

其次,私立学院有很强的项目灵活性传统,能够快速适应市场条件变化。

最后,缺乏一般的注册补贴,私立院校经常处于经济不利地位,需要寻找其他的路径降低候任教师的成本,同时维持培训项目预算平衡。除此之外,私立院校很少根据加州特定地理区域培养实习教师,而是在加州各个学区自由流动地寻找合作对象。结果,他们强调实习教师招生,通过向学区获取他们何时和哪里需要教师的信息,改善候任教师进入教学岗位的机会。项目强调降低培训项目的非财政成本,并使用实习教师补贴平衡项目预算。对于实习教师来说的四个主要的成本(延迟进入劳动力市场的机会成本;自费就读、交通、书本、项目材料成本;参加课程的时间成本、交流成本、满足项目行政管理要求成本;以及努力掌握项目培训要求的成本),私立学院实习教师项目主要通过给予实习教师立即全职雇佣的机会降低劳动力市场的机会成本。

私立学院不能承受降低学费成本和平衡预算,这就意味着他们鼓励降低时间成本和努力成本,通过创建接近候任教师居住和生活的地方的培训地点,通过在线提供相当多的项目要求和培训服务,让候任教师可以在家或者工作地方完成行政管理要求,缩减实习教师的时间和交通成本。他们通过关注培训活动中最能够立即使用的传统教师培训的教学技能,回避抽象的和不需要的哲学的和理论的部分,降低实习教师努力成本。这样的项目强调鼓励实习教师把教学看成是一种技艺工作而不是专业工作,强调根据学生需求,开发创新性的项目。为改变这一趋势,强调实习教师在安置的学校环境中,与复杂的专业人员一起工作,而不是安置有具体挑战的问题学校。好在加州已经采取了步骤改变这种趋势,就是限制在同一学校的实习教师数量。

3. 学院取向的地方文化项目

项目特点是让实习教师社会化或适应地方教育机构的教学和雇佣的制度规范。地方学区或县教育办公室举办这一类实习教师项目,其经济逻辑如下。

一是这些机构没有持续的教师资格培训计划,他们希望留住和详细说明教师资格培训,积极申请实习教师培训资金,建设新的教师培训项目。

二是他们进入实习教师培训是因为他们批判大学基础的教师教育资格。

三是他们倾向于有大量的内部劳动力市场,包括大量的准专业工作者和代替或应急教师资格教师需要额外的培训,以便满足《不让一个孩子掉队》法案要求。

四是他们学区足够雄厚或者至少有很好的财务基础,在建立新教师培训项目的时候,代理机构提供初创资金和配套资金。

五是这些机构的行政执行官有第一手的技术知识,明白传统的教师培训项目的不足,他们还有创业型的职员希望从事和建立项目,克服传统大学教师教育项目的不足。项目强调这些经济条件鼓励地方学区和县的教育办公室培训教师履行技术的、社会的、文化的教学,支配地方学区,集中服务地方学区内部的劳动力市场,为现存职员创造向上流动的路径。建立教师教育项目与学校校长和其他一些经理人员的合作关系,因为他们与学区和学校行政管理者密切相关,教师培训者能够很快对任何候任教师表现出来的不足,做出合理迅速的反应。

六是贫困或地方社区面临教育变革压力,实习培训者能够很容易地说服发展特殊的教师教育项目模式,解决社区的关注。

简而言之,这些项目期望看到他们的使命是坚持这些优先权与立法或州政府实习教师项目存在一定的紧张关系。学区或县教育办公室强调技艺取向的,还是进行专业取向的支持,这要看学区支持者,是否已经在教师中间建立了专业取向的文化。除此之外,学区项目不可能反对安置实习教师到最具挑战的学校任教,把实习教师分配到学习困难学生、大量的英语学习困难的学生的年级。

4. 实习教师取向的高强度培训项目

为机构的知名度进行高强度培训和进行高质量教学,加州大学实习教师项目属于这一类型。

研究型大学实习教师项目进行高强度和创新性的培训模式,他们不是关注教师短缺,他们想利用实习教师项目重建教师培训过程。精英研究型大学建立实习教师项目主要目的是要成为高质量教师的领导者。他们的教师教育项目主要是展示项目,他们制定教师教育标准和给其他项目提供怎样完成教师项目的示范。因此,这些高校都有培养卓越教师的社会声誉,小心翼翼地守卫着所有教师教育领域。这就意味着这些实习教师举办者不会降低候任教师成本或克服学区或学校人员短缺的常规路径。

研究型大学教育学院教师项目的领导由大学教师提供,他们有责任培养和出版学术研究论文。尽管这些项目将培养优秀教师,但是州政府很难说服这些项目的领导者培养足够的实习教师,大幅度地影响整个州教学劳动力质量。项目要求限制实习教师承担的教学任务不超过60%,因此项目中的实习教师每周有2天时间学习教学技能,获得专业技能和意识。

(二)加州实习教师项目官方分类

加州官方把实习教师项目分为三种进行管理:一是大学实习教师项目依据《加州教育法》44450-44468条款建立的大学实习教师项目,项目由大学举办,实习教师需要在2年内完成教师资格,同时获得教学艺术硕士学位。二是学区实习教师项目,依据加州教育法44325-44329条款建立,由地方学区根据地方学区举办,由学区雇员和专业教育者进行培养,要求3年内获得教师资格和硕士学位证书。三是个性化实习教师项目,主要是满足部分实习教师资格要求,需要单独设计教师资格培养方案的项目。州政府为每一名实习教师在培训期间提供2 500~3 500美元的生活津贴,同时要求地方学区匹配同样标准的补贴,满足同样的教师资格认证标准。大学实习教师项目与学区实习教师项目比较,见表6-6。

表6-6　大学实习教师项目与学区实习教师项目比较[1]

大学实习教师项目	学区实习教师项目
经过认证的大学和学院学士学位	经过认证的大学和学院学士学位
通过加州基本教育技能考试	通过加州基本教育技能测试
最低的本科学分绩点2.67-2.75	最低学分绩点2.75
豁免多科目内容教师评价	多科目内容教师评价或大学颁发的课程证书
指定的先修课程	全职雇佣

---

① Clara Eugenia Amador–Watson. Cost–effectiveness Analysis of Two Multiple Subject Internhip Credential Programs in California[D]. University of Southern California, 2003:75.

续表6-6

大学实习教师项目	学区实习教师项目
两封推荐信和雇佣合同	职前服务课程
成功通过面试	申请学区实习教师
结核菌素检验	
清晰教师证书	

1. 学区实习教师项目

加州县教育办公室建立学区实习教师项目需要满足三个条件:一是地方大学在教师认证领域不能满足学区对高质量教师要求;二是允许学区开发项目直接解决学区学生的需求,如为低收入的都市学区培养教师;三是为一部分经济环境不允许进入传统项目的人或他们的生活经历和成熟足够使他们能够适应实践取向的项目,建立理论与实践的紧密联系,承诺为在职接受培训的人提供额外的进入教学职业的路径。

(1)学区实习教师专业发展规划与标准 学区实习教师项目一般持续2~3年,由地方学区、特许组织或县教育办公室咨询认证的大学和学院运行,在功能上独立于大学,由学区负责教师培养。在1998年之前,学区实习教师项目并不接受加州教师资格认证委员会治理。唯一的要求就是学区需要向加州教育董事会递交一份档案,说明为实习教师提供了充分的培训、支持和评价。在1998年立法后,要求学区实习教师项目必须满足与大学一样的认证标准。

学区实习教师项目需要咨询一个经过区域认证的大学,向加州教师认证委员会递交专业发展计划,经批准可以招生。专业发展计划必须在加州教师资格认证委员会存档备案。每一个专业发展计划必须包括以下5个方面。[①]

第一,在实习教师开始正式教学之前,要求实习教师完成最低120小时的儿童发展、教学方法和学科教学法、年级教学法培训;

第二,第一学期需要学习儿童发展课程;

第三,如果实习教师需要在双语课堂教学,第一年需要学习英语学习者教学方法和文化教学;

第四,学区董事会要求的必须满足本学区学生要求的其他课程;

第五,成功的学区实习教师年度评价。

成功完成专业发展计划和3年的课堂教学经验,实习教师被推荐授予专业清晰多科目教学资格证,学区董事会或实习教师雇主向加州教师资格认证委员会提交这一建议,双语项目要求实习教师展示口语能力。另外,学区实习教师要求完成专业发展计划规划

---

① Christian Roulland Kueng. California District – sponsored Multiple Subject Teaching Internship Programs Making the Grade in Alternative Certification[D]. University of La Verne, 2003:72.

的研究生课程 28 个学分,外加教学实践 6 个学分,共计 34 个学分。

(2)学区实习教师项目拨款 加州教师资格认证委员会为每一名实习教师在 2 年的学习时间里拨款 1 500 美元,学区也希望提供配套资金至少 1 500 美元。学区和县教育办公室作为领导资助者接受这笔资金。他们可能与商业、工会谈判组织和大学结成伙伴关系。立法机构要求按照以下标准提供资助。

一是按照地理区域分配资金;

二是展示对合格教师需求增长的证据;

三是项目服务的人数;

四是课程、教学、支持和评价质量;

五是成本效益[①]。

不同学区对实习教师支持力度不一。在洛杉矶学区为每一名实习教师免费提供学习机会,学区实习教师接受加州教师资格认证委员会资助的 2500 美元之后,再为每一名实习教师提供 5 000 美元补贴。学区支付所有的文本和材料费用,为个人、项目职员提供支持,以便实习教师不至于像传统的大学教师教育项目不得不支付学费。给所有的项目主任、项目专家、建议者、项目咨询者以及项目员工提供商业办公室和资金。

(3)实习教师招聘 由于实习教师项目由人力资源部门领导,他们负责所有实习教师的招聘和监督。人力资源部门的职员提供不同实习教师项目的面试信息,监督者确保申请者满足进入实习教师项目的要求,包括全部成绩评价和行为评价。招生的专业资格包括教育背景(学士学位、主修专业、大学水平的 8 门课程考试),录取之前,实习教师必须有成绩单评价、递交索引、通过个人面试。他们在进入实习项目之前,必须被一名实习教师培训地点的行政管理者选拔和雇佣。实习教师并不支付学费或支付课本或其他材料费,成本由学区承担。

(4)实习教师支持和责任 第一,学区实习教师项目通常建立小队结构(Cohort Structure)梳理教学问题,提供反思机会。在小队中设置同辈教练负责引导实习教师日常学校生活程序,告知校长教学经验。小队在学区实习教师项目中扮演重要作用,是学区实习教师项目取得成功的必要组成部分,主要提供同辈支持。在遇到困难的时候提供社会的、情感的和学术的同辈支持,鼓励学生参与学校内部和外部事务,提升教师留职率。第二,实习教师自由时间。同辈辅导教师有资格获得实习自由时间,负责观察有经验教师的课堂教学,参与设计学习事件等与专业发展计划相关的事务。所有的实习教师都接受实习学校校长的支持,他们类似一个辅导教师,经常性地与实践指导教师交流,讨论临床经验,指导实习教师实践。

大学教师特别是地方高校的教育学系系主任担任指导委员会成员,负责指导学区实

---

① Catherine A Lemmon. The Impact of Cohort Support on Learning to Teach Within California's District Intern Programs[D]. University of the Pacific, 2000:40.

习教师项目,他们提供项目结构,参与学区人员的对话,大力支持项目的概念。所有项目课程教师都是学区的模范教学实践者负责教学。

实习教师全职教学期间需要履行以下义务:

一是参加120小时的职前培训;

二是完成年度项目要求;

三是参加实习教学项目;

四是保留所有递交工作副本;

五是完成自我保持的6年级教学任务,出席学校会议;

六是参加所有课堂教学和保留教学工作档案;

七是保持专业行为和辅导教师合作;

八是出席项目结束的巅峰庆祝。实习教师不鼓励接受学校的临时任务,临时任务会增加实习教师时间,影响实习教师课程工作质量①。

(5)学区实习教师管理 学区实习教师项目管理主要归到县教育的人力资源管理部门。人事部门负责开发学区实习教师项目,提供人力资源助理督学,专家人员、行政管理者和教师资格证书主任,他们负责实习教师项目执行。教师资格主任成为学区实习教师的领导,还有一名工作人员支持。项目专家雇佣按照天执行。教学人员是从学区内的专家和课堂教学实践者中选拔出来的。

实习教师的支持服务。实习教师支持提供者是辅导教师,选拔出来并遵守立法指导纲要。辅导教师通过竞争性选拔过程产生,选拔的纲要是学区和教师工会签署的合同预先确定的。他们与实习地点的实习教师结成对子,并尽可能与实习教师在同一个学校。帮助实习教师学习课堂组织、管理、教学实践、学校程序等教学实践。支持提供者的辅导教师每年接受30小时的培训。一个培训是加州形成性评价和支持系统培训,每月为实习教师提供一次正式的帮助和反馈。同时要求实习教师反思他们自己的课堂教学实践。

其他层次的对实习教师提供的支持还有建议者、地点协调者和项目咨询者。每一个人都有特殊的角色支持实习教师。建议者负责回答问题或关注实习教师项目和教学内容。地点协调者监督培训地点人事和活动。地点协调者还有责任帮助和引导实习教师。项目咨询者被分配到特殊的地方给项目教师、建议者和地方协调者提供教学支持,他们的角色是建立中央办公室和地方培训地方的联盟,在工作日期间协调项目活动,给实习教师更多支持。实习地点校长用额外的专业发展计划支持实习教师专业发展。在自由时间,实习教师项目和校长分开参加工作坊和其他培训课程。

小队支持是另一个支持机制,实习教师参加同一课程的实习,教师从第一年、到第二年参加专业发展计划。他们有机会分享教学理论,展示在课程中,在第一年的教学学习

① Catherine A Lemmon. The Impact of Cohort Support on Learning to Teach Within California's District Intern Programs[D]. University of the Pacific,2000:115.

中互相支持。

(6)学区实习教师课程 课程主要由学区的人力资源管理部门、辅导教师、行政管理者以及其他的学区教师负责。课程培训通常以讲座和讨论的方式进行。学区为实习教师提供全部的履行小学教师职责的技能。包括能够做课堂计划、理解学校政策、作为学生和家长的资源、诊断和评价学生、保留和解释学生数据、参加会议,与同事一起工作,鼓励父母参与,完成专业发展计划和指导学生。有一个学区招收4名实习教师,仅通过讨论会、结构观察、各种支持机制、乡村设计的项目,包括5个内容领域:任教科目内容掌握、教学技术技能、学习者知识、专业发展和积累、社会机构中教育的功能和角色知识等。

(7)学区实习教师项目评价 实习项目评价分为内部和外部评价。内部评价开始于实习教师完成每一节课的评价,是否是有效的课堂和最好的教学实践。每一个课程结束的时候,实习教师完成调查,评价教学的有效性和满足课程目标的能力,辅导教师对实习教师课程得分进行评价,分成等级。这一项工作可以单独完成,并作为档案项目和任务的一部分。教学档案也要进行评价,一般每六周评价一次。判断实习教师是在开始阶段、发展阶段、成熟阶段或丰富经验阶段或者给出分数,被标注为不同等级。NP 为不熟练(Not proficient),PP 表示特别熟练(Partially Proficient),P 表示熟练(Proficient),A(Advancement)表示高级阶段。如果分数和评价表明实习教师还处于初级阶段,那么这个领域就需要继续提高至年末。外部评价,学区研究和评价部门负责课堂观察,查看实习教师材料、阅读项目行政管理者的编辑报告。

当学区实习教师成功完成专业发展计划,教学绩效评价(Teaching Performance Assessment)、阅读教学能力评价(The Reading Instruction Competence Assessment,如果需要的话),以及相关经验要求,雇佣实习教师的学区董事会将建议学区实习教师获得经过授权的合适的实习教师资格证书,包括英语学习者多科目教学资格证书、双语学习者多科目教学资格证书、英语学习者单一科目教学资格证书、双语学习者单一科目教学资格证书、英语学习者特殊教育教学资格证书。

授权颁发单一科目实习教师资格证书包括农业、艺术、生物科学、商业、化学、英语、普通基础科学、普通数学、地理科学、健康科学、家政学、产业与技术教育、数学、音乐、体育教育、物理学、科学(生物科学、化学、地理科学、物理学)、社会科学、世界语(英语语言发展)等。

2. 大学实习教师项目

大学实习教师项目一般要求2年毕业,实习教师经过2个夏季学期和1年的有辅导的实习教学以及研究生课程学习,获得专业教师资格证书和硕士学位。在大学实习教师项目中,开学时间通常在春季学期,实习教师的选拔也在春季进行。大学的实习教师项目完成教师教育研究生课程18个学分,外加临床经验和指导实习教学17个学分共35个学分。

大学实习教师项目要求实习教师在录取时必须与学区或县教育办公室签署雇佣合

同,确保实习教师完成项目后被学区或县教育办公室雇佣。同时为全职实习教师提供新教师全职薪水的67%～100%的比例的生活补贴,其他福利还包括学区健康包、大学生生活费、工会成员要求,学区提供专业教学、支持、监督和评价服务。

在加州84个大学实习教师项目中,加州州立大学系统有23个校区,加州大学8个校区、53所私立学院或大学举办①。

(1)大学实习项目招生　大学实习教师招生要求获得学士学位,经过加州教师资格测试,符合美国宪法要求,愿意在高需求地区教学的美国公民就可以经过申请、面试等环节后进入项目学习。

在加州大学圣地亚哥校区实习教师项目中,大学将招生简章寄送到所有圣地亚哥县25个联合学区和中学学区,其中有8个学区需要人事主管和教师工会代表举行招生会议。在协商过程中,工会和学区的行政管理者表达了不同的优先关注事项。工会会员关注工作分配和工作转移的政策,现任教师想确保教师有转移到渴望的工作岗位权利,行政管理者想用最有素质的教师填补岗位。学校行政管理者的主要动机是招收合格的实习教师。工会支持项目是因为项目能够为很难招聘到教师的岗位提供合格教师,为现任在职教师提供免除一部分上课任务或者为实习辅导教师提供津贴。最后有4个学区同意参与圣地亚哥校区实习教师项目,其中一个都市学区有40所中学,另外一个农村学区有2所中学,2个郊区学区有6所中学,共计48所中学参与项目。

(2)专业支持　大学实习教师项目为实习教师提供综合支持服务,每一名实习教师都会分配一名与实习教师任教科目一样的大学辅导教师,临床实习学校也会匹配相关辅导师,并组建实习教师支持委员会,会上对实习教师需求进行评价,据此建立一个个人化的实习支持计划(An Individual Intern Support Plan)。在一个分等级指导纲要指导下,使用学校的新教师支持服务计划,包括对实习教师课堂教学支持、访问班主任教师课堂、参加工作坊和培训班,来自实习学校辅导教师会对实习教师进行一对一的班级管理支持。辅导教师可直接进入实习教师课堂,提升实习教师教学技能,并进行评价。实习教师支持委员会对实习教师集中指导,通常每年仅建立3个实习教师支持委员会,委员会第一次会议之后,至少组织一次专门对个人化实习教师支持计划评价的会议(图6-1)。

① Sabine B. Robertson-Phillips. Beginning Teacher Support and Assessment Programs, Intern Programs and Teacher Attrition[D]. La Sierra University, 2010:41.

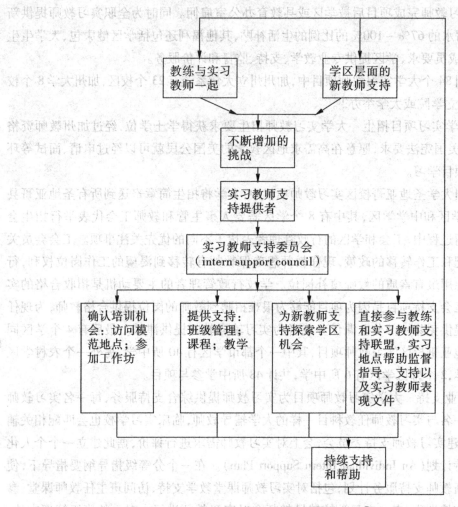

图6-1 大学实习教师项目支持等级制度①

首先,大学辅导教师。实习教师有机会观察明星教师的示范课,大学的辅导教师安排实习教师参加明星教师示范课学习。大学辅导教师主要是最近退休的大学教师以及过去项目毕业的知名校友,每学期对每一个实习教师课堂访问3~6次,实习教师需要向指导教师递交教案,然后实习教师为指导教师公开上课供其观察②。辅导教师和实习教师会讨论课堂观察效果。实习教师需要参加专家设计的重要活动,活动由大学辅导教师负责协调。大学辅导教师主要通过教学方法、临床观察、课堂辅导、讨论会实现对实习教

① Patricia A. Cegelka, Jose Luis Alvarado. A Best Practices Model for Preparation of Rural Special Education Teachers[J]. Rural Special Education Quarterly,2000,19(3/4):15-29.

② Lasisi J. Ajayi,et al. Perceptual Difference between Intern Teachers and University Supervisors on the Expectations and Preferences for the Fieldwork Program[J]. Education,2005,126(2):259-274.

师指导。辅导教师还负责协调临床辅导教师,他们在实习教师进入正式的课堂之前,为实习教师提供观察、辅导和实习教学实践。

其次,中小学临床辅导教师。加州教育法第五篇要求所有的加州实习教师必须分配一名学区临床辅导教师,被称为支持提供者(Support Provider),以专业咨询者身份参与实习教师项目,每年获得1 000美元工作补贴。他们与大学辅导教师商议共同负责,帮助实习教师完成学校各种表格、预定教学材料、设置班级环境,执行实习教师观察,课程评价、教案、档案袋评价,提供反馈,完成实习教师绩效评价,标准课程的模块模式和建议,以及各种教学策略和建议,帮助发展临床实践能力。支持提供者为实习教师提供通识教育与具体教育合作的经验指导,促进实习教师与辅导教师的互动。中小学辅导教师与实习教师任教同一科目,在同一地点工作。辅导教师每10周从事一次正式的课堂观察,向实习教师展示课程以及共享资源与材料,与实习教师共同确定每10周的进步目标,需要哪些资源帮助实习教师达到目标。中小学临床辅导教师与大学辅导教师密切合作,并作为大学的临时教师参与每周的讨论班聆听实习教师的关注和帮助实习教师分析问题,做出最好的处理问题决策(表6-7)。

表6-7　辅导教师为实习教师提供的建议[1]

支持类型	实习教师百分比	实习教师数量
教学策略	57%	67
个人化教育计划培养	52%	61
课程修改	45%	53
合作	41%	84
评价技术	41%	48
填写表格	42%	50
助理教育者	32%	38
课程	31%	36
定制材料	30%	35
示范课	30%	35
学区手册	27%	32
班级布置	26%	31

① Belinda D. Karge, et al. Quality Alternative Certification Programs in Special Education Ensure High Retention[J]. Journal of the National Association for Alternative Certification,2014,9(2):24-43.

中小学辅导教师必须具备加州完全教师资格证书,至少有 5 年教学工作经历。临床辅导教师参加大学举办的入职辅导学习,了解他们担任的角色、期望,包括每一个季度要撰写完成指导实习教师进步的论文,建立工作坊,关注实践中出现的问题。

最后,大部分中小学临床辅导教师使用的问题解决方法可以分为这四类,即模仿、重新演练、角色扮演、个人故事。模仿是最流行的一个战略,100% 的实习生都认为辅导教师使用了这一策略。所有参与的实习生都认为模仿这一方法可以有效帮助实习教师处理他们关注的问题。辅导教师处理这些问题的时候,扮演一种非常冷静和提供方法的角色,实习生的教学实习很大一部分是通过观察辅导教师的行动学习的。

重新演练,通过实习生探索和进一步清晰化问题,以及接受临床辅导教师反馈,用语言重建特定事件,鼓励实习教师发展对他们在教室内的行动和行为的反思能力。重新演练为实习教师提供了清晰地说出他们问题的方式,学习问题处理方法和技巧。实习教师通过与中小学辅导教师对话的方式,解释为什么采取那样的反应和采取一定的行动,以及他们的成果是什么,后果是什么。除此之外,这一方法为他们提供了大量思考机会,以更深刻的方式理解事件和问题,通过对问题深刻的理解,选择最好的方法解决问题。实习生在使用重新演练问题解决策略的时候,经常通过与朋友和父母讨论问题的方式解决。

角色扮演,这种解决问题的策略是临床辅导教师和实习生教师假设一定角色处理真实情景中的问题。有 34% 的实习生报告稿采用了这种角色扮演的方式与辅导教师合作学习怎样处理问题。在角色扮演中,他们用不同的视角审视问题,获得对环境更深刻的理解,大部分实习教师都认为他们采用这一方法是想弄清楚他们的临床教师获得事件和环境的整体面貌。

个人故事,个人故事法允许临床辅导教师与实习生共享他们的课堂经验。辅导教师积累丰富的个人故事和经验与实习教师分享,很多故事与实习教师所处环境类似。一位实习教师认为:我以前是以自我中心的,就认为只有我自己才经历这样的问题,当听说我的辅导教师也经历类似的问题的时候,我才认识到类似这样的问题其他人也碰到过,你可以通过个人故事学习怎样处理这些问题[①]。

(3)大学课程 大学实习教师项目主要有加州大学、加州州立大学、加州私立大学和学院提供,不同的大学在提供实习教师课程的时候由于授予的教师资格证书的科目类别不同,每一所大学项目使命不同,差异很大。由于加州州立大学实习教师项目具有一定的代表性,在此以小学实习教师项目课程为例进行介绍。

①约塞米蒂校区小学实习教师项目:在加州州立大学约塞米蒂校区小学实习教师项目中,实习教师需要在 1 年时间内学习 32 个学分,实习教师需完成州政府要求研究实践

---

① Louis L Warren. Teaching Effective Problem Solving Strategies for Interns[J]. Educational Research Quarterly,2005,29(2):48–54.

和理论标准,以及州政府教师期望、倾向、被地方学区确认的,对专业发展至关重要的技能。每一门课程大纲不会因为任课教师的改变而改变。约塞米蒂实习教师项目培训在下午或晚上的大学课堂上。

首先,项目设置了多元文化基础课程,确立清晰的、平等的、公正的课程目的,开发实习教师文化能力,帮助他们批判性地分析不平等和不公正的社会经济文化基础,课程内容主要是培养未来教师的文化意识。大学课程包括每周的平等讨论会、阅读任务等。多元文化基础课程所有的阅读和任务都关注平等的某个方面和在多样性课程背景中教学问题。课程包括三个单元,第一个单元引导实习生关注平等、偏见的概念,成绩差距的现实以及种族的、优先权的和权利的差距现实;第二单元关注学生和知识基础概念;第三单元解决教师怎样进行一个差异性和强调平等的教育学。其次,课堂管理课程主要关注创建有效的课堂环境,发展与学生家长有效的沟通渠道,教师对学生成绩的期望,管理特殊需求的学生等。

②圣何塞州立大学小学实习教师项目:圣何塞州立大学实习教师模式(图6-2、表6-8)第一年实习教师把时间分为两部分,一部分学习大学课程,另一部分在中小学从事实践教学工作。第一年结束,实习教师申请在实习学校担任教师岗位,一旦合格就可以获得在这个学区任教的资格。在这种模式中,大学和学区都投资了实习教师的职前培养。在第二年,教师就有资格获得初任教师资格证书。

首先,实习教师需要在夏季学院进行培训,同时周六参加大学举办的讨论班。在这些讨论班中,大学教师提供高级教学方法课程与实习教师互评课堂教学,中小学辅导教师通常也会出席这样的讨论班。

其次,前2年所有实习教师都需要学习心理学基础、班级管理、小学数学、多元文化基础、英语学习者教学、语言艺术和识字、安置讨论会等。其中语言艺术和识字以及讨论会持续1年,其他课程持续一个学期。

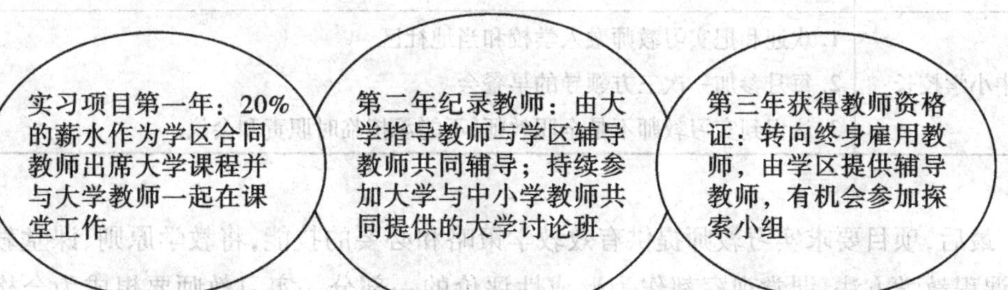

图6-2　加州圣何塞州立大学实习教师模式①

---

① Morva A. McDonald, The Integration of Social Justice: Reshaping Teacher Education[D]. Stanford University, 2003:104.

表6-8　圣何塞州立大学实习地点的课程安排①

参与者	要求与责任
实习教师	1. 6月份参加介绍会 2. 8月份参加为期2天的方向指导会 3. 实习合同期间每周工作2天半到3天 4. 在9月底之前,每周教学1天 5. 用教师能力持续发展,按照一定频次至少每年进行3次自我评价 6. 在教室内参加家长会 7. 如果有可能的话观察学生会 8. 第二学期完成全职教学
临床辅导教师	1. 6月份参加介绍会 2. 8月份参加为期2天的方向指导会 3. 每两周参加一次大学教师主持的执行会议 4. 按照一定频次,根据教师能力持续发展标准评价实习教师 5. 年终参加实习教师档案袋分享会 6. 每周1天支持和辅导新教师或学区的项目
大学辅导教师	1. 每周一次从事实习地方教学研讨会教学 2. 每两周一次与合作教师开会一次 3. 在每一个实习生小队中监督指导1半的实习生 4. 与学校校长建立熟悉的个人关系 5. 成为来自合作教师和实习教师问题的解决者和建议者 6. 观察实习教师提供书面反馈 7. 评价实习教师档案和视频课堂 8. 每学期结束前进行一次与合作教师、实习教师三方参与的教师专业成长和教学有效性的形成性评价
中小学校长	1. 欢迎和把实习教师融入学校和当地社区 2. 每月参加一次三方领导的早餐会 3. 认识到实习教师不是全职教师,不能承担临时职责和会议

　　最后,项目要求实习教师提供有效教学策略和必要的技能,将教学原则、课堂教学设计、课程教学方法、课堂观察都作为形成性评价的一部分。实习教师要想成为合格的教师必须具备有效的演讲教学技能,这些技能都通过大学的课堂模式得以展示,而且必须由实习教师持续地展示。

---

①　Morva A. McDonald, The Integration of Social Justice: Reshaping Teacher Education[D]. Stanford University, 2003:106.

（4）项目管理

实习教师按照小队编制，由一个小队长负责学术指导。小队利用每个月的一个周末开会一次，接受辅导教师的指导和支持。小队主要有三种，一种是封闭的小队，学生在一起学习所有预先安排好的一系列课程；二是开放小队，学生在一起学习核心课堂，然后主持额外课程满足他们各自的学习需求；三是流动的小队，学生可能进入一个小队在不同的时间点。实习教师协调者负责组织和监督指导这些培训。

（5）项目评价

新教师表现评价标准总结如下：一是使学生能够综合性理解科目内容；二是评价学生学习；三是在学生学习中参与和支持学习；四是为学生设计教学和学习经验；五是为学生创造和保持有效的学习环境；六是作为专业教育者的发展[①]。

大学教师和项目学区共同对实习教师进行评价。对实习教师的评价包括微教师样本、教学视频、写作课程笔试、工作样本、班级观察、档案积累维护、能力排名。在每一个评价周期结束，对实习教师能力评价进行排名，排名靠后和分数较低的实习教师将有一个提高计划，这些实习教师会接收到通知建议，认为实习教师的教师资格已经处于危险中。

此外，实习教师还接受实习地点行政管理者的州政府教师评价标准的评价，他们不得不达到满意的地位或高于满意的地位才能维持继续雇佣的资格，如果不能获得实习地方学区或学校雇佣，实习教师将离开实习教师项目。

3. 个性化实习教师

加州还有一种个人化的实习教师资格。这一教师资格授予那些满足所有实习教师项目入学要求的个人，因为他们已经完成了一部分教师培养的课程，需要针对个人设计教师教育项目培养方案。

个人与雇佣学区以及大学教师培养项目三方达成协议，为个人开发一个教学计划，完成剩下的课程、临床经验和考试。大学和学区同意提供与其他实习教师一样水平的支持和监督指导。如果个人满足所有实习教师前提条件要求，通过教学基础考试，免学实习教师教育学课程，获得学区雇佣资格，那么个人就可以进入教学表现评价阶段，较早完成实习教师项目。

六、实习教师评价

实习教师评价主要有大学辅导教师评价、中小学辅导教师评价、中小学校长副校长评价以及外部评价者等。

---

① Lasisi J. Ajayi, et al. Perceptual Difference between Intern Teachers and University Supervisors on the Expectations and Preferences for the Fieldwork Program[J]. Education, 2005, 126(2): 259-274.

(一)评价原则

实习教师评价由大学辅导教师和临床辅导教师进行,要求评价能力的时候确保一个能力指标要有 2 个二级行为指标。如学生行为评价能力包括监督学生表现和及时给学生提供合适的反馈两个行为动作,班级管理能力包括立即开始和结束讲课以及最小化教学时间流失两个二级指标。

(二)评价方式

为教师提供理解设计、运行和评价有意义的学习经验在教师培养项目中相当重要。加州议会 2042 法案要求实习教师必须通过教学绩效评价。教学绩效评价包括每一名实习教师的形成性评价和终结性评价,形成性评价的数据是给实习教师的,在职反馈帮助实习教师报告他们的教学和需要提升的领域。终结性评价就是实习教师的教学实践表现,用于项目行政管理和评分,提供颁发实习教师教师资格的主要依据。专业表现评价标准包括专业知识、教学计划、教学策略、差异化教学、评价策略、评价使用、积极的学习环境、学术挑战环境、专业主义、交流等。

(三)评价材料

合格的实习教师必须获得学士学位。一旦所有的教师资格要求都已经具备,申请教师资格的人必须向加州教师资格认证委员会递交所有需要的实习培训期间的文件,这些文件包括:①所有学历的成绩;②完成经过批准的教师资格项目证明;③通过所有考试并获得要求的分数;④实时扫描指纹和身份验证;⑤完整的教师资格申请。

七、辅导教师辅导

(一)辅导教师类型与职责

加州实习教师项目立法要求为实习教师分配大学实习辅导教师和临床实习辅导教师,在互相信任的基础上促进实习教师的专业成长和发展。辅导教师的任命建立在他们的教育和课堂教学经验的基础上。

1. 辅导教师职责

辅导教师应该具有 5 个关键的性格特点:共享知识的意愿;专业辅导能力;促进成长

的意愿;诚实;给予批判性的、积极的和建设性的反馈意愿。其职责见表6-9。

(1)与实习教师一起评价实践要求;

(2)通过观察前咨询和观察后会议提供支持;

(3)就他们的教学档案的问题帮助实习教师;

(4)评价实习教师在实习中的表现;

(5)提供对实习教师完整的评价形式副本;

(6)给实习教师任教年级实习经历评分①。

表6-9 2018—2019学年教师教育项目实践要求②

要求	高等教育传统教师教育路径	高等教育实习教师路径	地方教育机构实习教师项目
在从事实习教学之前要求有指导的临床教学时间(师范生模式)	114小时	没有申请要求	没有申请要求
师范生实习要求	570小时	没有申请要求	没有申请要求
作为课堂记录教师从事教学之前要求有指导的临床经验时间(实习教师模式)	没有申请要求	134小时	77小时
作为课堂记录教师要求的教学年数	没有申请要求	2年	2年
在1学年高等教育机构中职员要求全职指导临床经验指导数量	441.2	286.1	21.5
在1学年中高等教育机构中临时指导教师临床经验指导数量	2303	1385	136
在1学年中合作指导教师指导临床经验数量	15 554	6042	278
候任教师获得指导的临床经验数量	14 563	6920	628

---

① Lasisi J. Ajayi,et al. Perceptual Difference between Intern Teachers and University Supervisors on the Expectations and Preferences for the Fieldwork Program[J]. Education,2005,126(2):259-274.

② Tine Sloan,et al. Annual Report Card on California Teacher Preparation Programs for the Academic Year 2018-2019[R]. Commission on Teacher Credentialing,2020:7.

2. 辅导教师类型

大学的辅导教师一般是对指导实习教师感兴趣,作为大学的临时教师从事指导工作,主要提供任教科目内容辅导;评价 K-12 学生学习;参与和支持所有的学习者;教学计划;班级组织与管理;职业操守和态度等加州教学职业标准的核心领域。

地方学区也提供中小学辅导教师,负责指导实习教师课堂教学、评价等工作,通过逐步增加实习教师教学责任,提供专业的、生活的、情感的、心理的支持(表6-10)。

表6-10　实习教师项目辅导教师工作①

项目名称	多科目教师资格(K-8 年级)	单一科目教师(9-12 年级)
实习教师临床实践	32 个观察报告	32 个观察报告
大学辅导教师	4/6 的其他联系人包括邮件、电话会议、面对面会议,以及 12/16 的课堂观察,8/12 教案文件	4/16 其他的接触邮件、电话会议、面对面,以及 12/16 的课堂观察,8/12 教案文件
中小学辅导教师	4/16 的其他接触包括邮件、电话会议、面对面会议以及 12/16 的课堂观察,8/12 教案文件	4/16 的其他接触包括邮件、电话会议、面对面会议,12/16 的课堂观察,8/12 教案文件

(二)实践辅导教师

1. 实践教师指导类型

实践辅导教师是中小学为实习教师分配的辅导教师,主要有 6 种不同的实践指导类型②。

(1)直接指导,指导者的角色是直接指导和告知模范教师的教学行为,并作为评价者行动。

(2)选择性指导,指导教师建议一定数量的、选择性行动方案,在这些方案中实习教师可以自由选择。

(3)合作指导,指导教师与实习教师一起工作解决课堂中遇到的问题。

(4)非直接指导,指导者作为行动的理解者,允许实习教师得出课堂矛盾的解决

① Clara Amador-Watson, Joan P. Sebastian. The Professional Needs of Clinical Practice Supervisors[J]. Education. Educadores. 2011,14(1):137-165.

② Lasisi J. Ajayi, et al. Perceptual Difference between Intern Teachers and University Supervisors on the Expectations and Preferences for the Fieldwork Program[J]. Education,2005,126(2):259-274.

方案。

（5）创新性指导，指导者使用前述各种指导方法的综合，或者使用其他临床实践领域的观察。

（6）自助探索指导，实习教师在自己临床实践经验的基础上，批判性反思自己作为教师，在这里教师本人是自我观察者。临床辅导教师支持次数要求（见表6-11）。

表6-11　实践辅导教师支持次数要求①

名称	实习教师项目	特殊教育实习教师项目
	平均数	平均数
在过去3年中每年与实习教师一起工作的次数	2.82	5.75
在整个实习教师临床实践的所有时间内您访问支持的次数	13.28	9.02
临床实践期间平均每一名实习教师进行课堂观察的次数	13.09	7.57

2. 课堂观察反馈指导过程

实践辅导教师最常见的支持类型是课堂观察反馈。课堂观察有时候采用观看视频的方式进行，实践辅导教师每年必须对实习教师进行最低9次直接课堂观察或间接课堂观察（观看视频）。每一位实习教师每个学期都需要录制3个时长为45分钟的视频。辅导教师和实习教师利用系统的观察制度分析每一个视频的10分钟，观察实习生技能经历一段合适时间之后的提升情况。

视频评价主要从以下几个方面进行评价：

（1）内容教学法；

（2）直接教学时间；

（3）每一分钟的学生反应；

（4）赞扬、规则、提醒的比例；

（5）准确或合适的学生反应；

（6）管理问题行为；

（7）相关核心课程；

（8）展示其他的有效教学策略。

---

① Clara Amador-Watson, Joan P. Sebastian. The Professional Needs of Clinical Practice Supervisors[J]. Education. Educadores. 2011, 14(1): 137-165.

　　辅导教师还要求实习教师观察自己的教学视频,促进他们自我评价和自我反思。同时还和其他的实习教师一起评价视频,比较分析,反思行为,开发提高战略。除此之外,辅导教师给他的实习教师谈话,帮助他们获得资源,进行支持和帮助,每4~6周辅导教师和实习教师会举行半天的会议,评价实习教师的进步,确认与解决面临的困难。

　　在这些支持和评价中,对实习教师最有效的支持有班级管理、课时和单元教学计划,有效教学策略以及时间管理,包括对步骤和转换的建议,管理时间和压力,提供支持和鼓励(图6-3)。

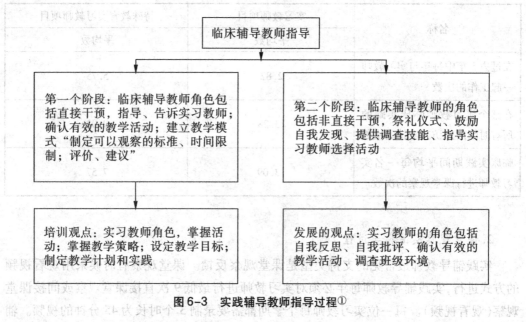

图6-3　实践辅导教师指导过程①

(三)新教师入职辅导

　　实习教师即使完成了项目要求,获取了教师资格,根据1997年议会1422法案要求(SenateBill 1422),所有任教1~2年的新教师都必须参与入职辅导项目即初任教师支持和评价项目,因此实习教师任教后仍然会接受辅导支持。入职辅导项目对新教师提供教育学的、课程的、心理学的、逻辑学的和班级管理事务,提升新教师的教学策略和分析教学实践,确认新教师的优势和不足的目的。主要从6个方面进行辅导:

　　1.参与和支持所有学生学习;

　　2.为学生学习创造和保持有效的学习环境;

　　3.理解和组织科目材料为学生学习;

　　① Lasisi J. Ajayi,et al. Perceptual Difference between Intern Teachers and University Supervisors on the Expectations and Preferences for the Fieldwork Program[J]. Education,2005,126(2):259-274.

4. 为所有学生制订教学计划和设计学习经验;

5. 评价学生学习;

6. 作为专业教育者的发展。

(四)实习学校领导支持

实习学校的领导者(学校校长、管理人员等)需要欢迎实习教师在他们学校实习,帮助他们顺利实现从教育理论到教学实践的转变。实习学校需要采取 7 种策略支持欢迎实习教师[①]。

1. 在学校的入口处写上欢迎词。这让实习生感觉到实习的价值。当实习教师第一次来到学校,看到来自学校的欢迎词,说明这所学校希望并欢迎他们。

2. 使学生家长认识到这批客人将会访问校园。辅导教师也应该鼓励号召家长或者寄信到家里告知家长即将到来的客人。

3. 邀请实习教师进行一个入职辅导或者欢迎早餐,作为一种帮助他们与其他老师和职员见面的方式,这些老师和职员是以后实习教师要一起工作的人。很多中小学校长都会在第一天为实习教师安排一个 30 分钟到 1 个小时欢迎会。

4. 在实习教师进驻学校的时候,解释学校的政策、程序和着装规范。这种入职辅导程序帮助实习教师了解学校的氛围和获得学校期望的行为意识,确保实习教师有一个成功的实习经历。

5. 给实习教师游览学校机会,帮助他们消除害怕的感觉或者降低他们不合群的感觉。在欢迎会结束之后,很多校长都会步行带领实习生参观校园,让实习生知道学校的基本信息,包括宿舍在哪,在哪可以找到咖啡馆以及在哪里带学生,这样可以把混乱降低到最小限度。

6. 校长需要经常步行查看课堂教学情况,保持与临床辅导教师和实习教师经常见面机会,感受课堂学习氛围。当实习教师看到校长,就认为校长相信学校的教学质量。即使在最好的学校环境中,实习教师教学实践也会出现困难,要求学校领导参与其中,营造一种高质量学习的文化氛围、社区建筑文化氛围以及个别辅导文化氛围。

7. 校长可以与辅导教师一起检查评价实习教师。作为教学领导,学校校长都有自己的专业优势,通过正式的或非正式的会议,帮助辅导教师一起监督辅导实习教师,确保实习辅导过程对实习生是成功的。学校的校长可以给辅导教师提供有帮助的指导,如怎样提供反馈、怎样讲示范课以及怎样鼓励提升。示范课讨论能够帮助辅导教师变得更加有效。学生讨论案例通常涉及数据分析和行为观察。当辅导教师有案例时,可以与校长讨

---

① Bryan Zugelder. Remember When You Were an Intern[J]. Childhood Education,2010,86(3):167–168.

论这一辅导过程。当辅导教师能与校长讨论什么是实习教师喜欢的,校长就能够帮助辅导教师,提供具体的有价值的反馈,确保实习教师的专业成长。

在大多数情况下,校长忙于日常行政管理事务,需要抽出时间参与学校的实习过程,这样对实习教师和辅导教师都非常有益,也是一种最好的吸引最新成员进入专业的方式和文化,同时也是一种很好的确保无论是谁进入到学校,都需要明白高质量的学习是每一个人的优先权。当校长积极参与所有进入学校的人的活动,清晰的沟通交流,就可以让所有人都感觉到学校是一个温暖的学习和专业发展社区。

(五)辅导教师制度存在不足

1. 大学辅导教师与中小学实践辅导教师不一致

大学的辅导老师与中小学的辅导教师在辅导实习教师的过程经常商议辅导方案,产生一致性的影响,但是通常两种类型的辅导教师不能互相进行有效沟通,导致为实习教师提供的反馈互不关联,甚至不一致现象。

2. 实践辅导教师与实习教师意见不一致

实践辅导教师和实习教师很少能在有效的教学活动方面达成一致。因为辅导教师在教学活动的角色是为实习教师提供安全的、有信心的课堂教学实践,但是他们在临床教学中,什么是有效教学活动,存在感知方面的差别。

3. 辅导教师面临的挑战

辅导教师作为支持提供者面临的最大挑战如下:

(1)来自实习地点实习支持者的观察、观察之后的回报时间、有时间做所有观察,同时坚持全职工作。

(2)实习教师抵制新的教学策略,与实习教师、学校实习地点以及辅导教师的三方会议时间、访问的限制等。

(3)包括太多的书面工作、与实习地点支持者同行的交流、安排观察时间。

八、实习教师奖励措施

教师作为公共事业服务的专业人员,不能根据市场的准则获得较高薪水,导致薪水较低,采用财务奖励和非现金激励措施可以吸引更多优秀的人从事教育事业。主要三个方面的奖励措施:一是加州对实习教师提供了 2 500 ~ 3 500 美元的实习教师奖学金,并要求各地匹配同样数量的奖学金;二是加州实习教师经过短暂的夏季学期培训,通过加州教师资格考试,获得基本的教育教学技能之后,获得转移教师资格证书,在公立学校全职薪水任教,作为回报要求实习教师需要承诺 2 ~ 3 年的教学服务。三是提供其他奖励,包括支付培训费用,免除硕士学位学费\健康保险等。

(一)全职薪水

加州实习教师项目要求实习教师经过夏季培训、加州教师资格级别技能考试和任教科目考试之后,可以全职在中小学课堂任教,获取全职薪水,降低实习教师的教师资格成本和硕士学位成本,吸引优秀的人从事教师工作。因此,加州实习教师项目采用短暂培训,就可以以课堂记录教师身份获得全职薪水,弥补未从事其他职业的机会成本。

(二)实习教师津贴

补贴是一个用来激励组织行为的政策工具,可以通过克服劳动力市场的不足,帮助克服教师薪水刚性和机会成本过高的缺陷。2018—2020 年,加州议会拨款 5 000 万美元给每一位实习生 2 500 ~ 3 500 美元的补贴。地方学区匹配支持 5 000 万美元,黄金州教师拨款项目(The Golden State Teacher Grant program)提供 9 000 万美元,为新教师在高需求科目提供服务奖学金[①]。地方学区行政管理者同意每年支持 12 ~ 12.5 学分课程学费,同时支付学习期间全部学费以及夏季学院需要的生活费。

九、实习教师雇佣

(一)雇佣

实习教师必须拥有学士学位,完成一定的任教科目内容课程,通过加州教师基本技能考试,性格身份审查,在职教学 1 年获得初任教师资格证书,全职在中小学学习,同时获得教师资格证书和硕士学位证书。一般实习教师被所在学校雇佣,但大学实习教师项目不一定确保被实习学校雇佣,需要实习教师自己寻找工作,但 97% 的大学实习教师项目被所在学校雇佣。在加州有 96% 的实习教师被安置在洛杉矶联合学区。

(二)预算削减

加州最近经历财政困难,要求大幅度削减学区教育拨款。工会合同规定,那些没有

---

① Learning Policy Institute. California's Special Education Teacher Shortage: Targeted News Service [EB/OL]. https://files. eric. ed. gov/fulltext/ED605225. pdf.

教师资格证书的教师是最后一个被雇佣、第一个被解雇的人,导致学区很难雇佣实习教师。很多学区都会给实习教师颁发应急教师许可,以便符合《不让一个孩子掉队》法案要求的高素质教师。加州州立大学海沃德校区实习教师项目主席菲尔·杜伦(Phil Duren)[①]认为预算削减影响大学实习教师项目学生就业和项目本身发展。

十、结论

(一)加州实习教师项目特点

实习教师项目作为应对教师短缺,有别于大学传统教师教育培养模式的项目具有以下几个特点:

1. 实习教师项目由大学和合作的中小学共同制定计划和合作培养教师;

2. 实习教师项目强调通过高强度的监督指导和讨论班与平行进行的实际教学经验一起促进实习教师的专业发展。

3. 实习教师可以获得教师资格证书,实习教师可以独立面对课堂里的学生,这是与师范生实习不同的地方。

4. 实习教师在一个给定的环境签署教学合同。实习教师与学区董事会签署实习合同。通常情况下实习教师可以接受或拒绝提供的教学岗位。一部分实习教师项目要求实习教师在被允许进入项目之前必须接受教学岗位。

5. 实习教师可以单独承担一部分教学任务。

6. 实习教师接受一定的服务薪水。所有的实习教师合同安排都为实习教师提供一定的津贴,按照加州标准为 3 500 美元。很多学校给实习教师薪水是正常教师薪水的一半或 2/3,一部分学校给付全部新教师薪水。

7. 学术能力较强。实习教师具有学士学位,具有任教科目能力,通过完成加州教师资格认证委员会批准的科目课程项目或者通过加州教师科目测试展示这种能力。

8. 培养年限不同。在加州传统的教师培养项目通常会在第五年获得教师资格。实习教师项目通常 2~3 年在职获得教师资格和教学艺术硕士学位。

9. 雇佣方式不同。两者最明显的不同就是传统的教师教育项目面向所有学校培养教师没有满足特定学区的需求,传统大学教师教育项目不能保证毕业生就一定获得雇佣机会,但是实习教师项目能基本保证获得雇佣机会。

---

① Suzanne Pardington. California School Districts Expect to Hire Fewer Teachers [N]. Knight Ridder Tribune Business News, 11 Feb 2003:1.

(二)较高留职率

实习教师都获得了全职教师岗位合同,越来越多的实习教师将获得实习学校永久教学岗位,实习教师拨款项目也要求每一个实习教师小队都要提供实习教师留职信息,最近拨款项目提供的数据显示,在过去5年实习教师超过了1万名。在这些教师中1年留职率在98%,2年留职率93%,3年的留职率91%,4年留职率85%,5年留职率77%[①]。与全加州的新教师有50%的5年流失率相比高出很多[②]。

实习老师留职率较高的原因有三个方面:首先是因为进入实习教师项目的教师年龄较大和具有承诺从事教学职业获得资格证书;其次是他们在生命较晚的时期进入教师队伍;最后他们收到了来自课程教学者、同事以及小队成员的支持。

(三)质量较高

加州教师资格认证委员会对学区实习教师项目进行过2次有效性的评价,一次是在1987年,一次是在1996年,实习教师和毕业生在他们的课堂观察和完成问卷,调查结果向州立法机构报告。1987年的学区实习教师项目报告认为项目总体上是有效的,在课堂有效性评价总体上是有效的。1996年的调查中实习教师在好和优秀的指标11个中占据8个[③]。

(四)成本较低

实习教师项目成本较低主要表现在以下几个方面:首先,实习教师项目不论对大学还是对学区都有较高额度的拨款;第二,实习教师在通过加州相关教学技能测试之后可以获得临时教师资格,全职在课堂上任教并带薪获得初任教师资格证书和硕士学位;第三,加州政府对实习生有2 500~3 500美元的生活补贴,地方还有配套补贴以及硕士学位学费减免,大幅度降低实习教师的经济负担;第四,实习教师年龄较大、中途改变职业者较多,带薪接受培训可以增加就业,实现较高的就业率。

①　Michael D. McKibbin. One Size Does Not Fit All: Reflections on Alternative Routes to Teacher Preparation in California[J]. Teacher Education Quarterly,2001,28(1):133-149.

②　Jose Smith and Randall Souviney. The Internship in Teacher Education [J]. Teacher Education Quarterly,1997,24(2):5-19.

③　Christian Roulland Kueng. California District - sponsored Multiple Subject Teaching Internship Programs Making the Grade in Alternative Certification[D]. University of La Verne,2003:59.

(五)种族与文化多元

实习教师项目将继续成为最重要的一种加州满足教师需求的培养项目,把具有丰富工作经验的人带到教师行业,提供多样性的教师劳动力。实习教师项目在吸引代表性较低的族群进入教师队伍方面相当有效,超过46%的实习教师来自少数民族,这是全加州传统教师教育项目的2倍。30%的小学教师是男性教师,是传统教师项目的3倍。

(六)实习教师项目反思

在加州,很多实习教师项目没有提供任教科目内容教学或者扩展的教学实践,新教师的实习期包括第一年的教学。教育学培训倾向于较低限度,关注一般教学技能而不是具体科目教学法,关注具体的即时性的建议而不是研究和理论。

1.不足之处

尽管全加州的教师教育项目的标准要求都是一致的,实习教师还是面临多个挑战。

(1)若学区实习教师项目没有经过西部学校与学院联合会认证,当他们离开加州,在其他州寻求雇佣的时候,可能不会被认可。

(2)对实习教师模式批评最多的是实习教师是在学习一种技艺而不是教师专业发展知识和技能。

(3)在实习教师项目过大的时候,大学辅导教师和辅导教师实习教师选拔质量不高和专业教学都将不能获得较好的支持。加州教师资格认证委员会的调查也证实了实习教师项目最弱的地方就是对实习教师的支持领域[①]。地方学区通常缺乏足够的有效的富有经验的辅导教师。

(4)所有进入实习教师项目的教师不考虑原来的工作经历,都必须从最低档次的工资开始,降低了对职业转换者的吸引力。很多的数学和科学教师之前是工程师,担任教师之后只能拿到刚刚毕业的薪水。

(5)大学与学区的关系并不总是热情的,在很多情况下建立信任和必要的互相尊重需要花费时间和精力。

2.应对措施

(1)实习教师项目坚持高标准招生,提供更多的奖励激励措施,加强对实习教师辅导支持力度,紧密结合理论与实践,不断提升实习教师质量。

---

① Christian Roulland Kueng. California District - sponsored Multiple Subject Teaching Internship Programs Making the Grade in Alternative Certification[D]. University of La Verne,2003:59.

（2）实习教师不应该成为代替传统大学教师教育项目。传统大学教师教育项目将继续培养大部分教师，可以培养有本科学习经历的年轻人成为教师。学区和大学需要建立联盟，提供任何类型的教师教育，教师必须在真实环境中获得教学的机会、学习的机会、修改的机会、反思的机会和成长的机会。不同的教师教育学习模式都可以成为有效教师培养模式。

第七章

美国实践取向的教师教育模式运行体制机制

美国实践取向的教师教育起源于常识教师教育和解制取向的教育思潮,运用进步的新自由主义哲学,是把追求教育公平、解决教师短缺寄托在市场机制的一种哲学思想。实践取向的教师教育是大学与中小学合作共同商议教师教育培养方案,一般招收学士学位获得者,在短期培训之后,全职或兼职安置在中小学的课堂里,进行有辅导的教学实践,同时在大学注册教育学硕士学位课程,利用周末或晚上或周五时间学习,成功完成项目获得初任教师资格证书和教学艺术硕士学位。美国实践取向的教师教育模式与传统大学教师教育模式有着明显的不同,其以能够较快地培养地方学区需求的教师,受到政府、社会、贫困地区公立学校以及慈善机构的支持,其运行机制主要表现在项目的设立、师范生招生与选拔资格、教师教育标准、突出实践的课程体系、重视辅导教师机制、项目评价方面体现出独特特点。未来,美国教师教育发展取决于教师教育社区怎样批判和增强教学专业化发展方向,也取决于美国怎样在私有化、规制和解制政策上的公共辩论。

一、实践取向的教师教育原因分析

美国实践取向的教师教育能够成为与传统大学教育学院相提并论的教师教育模式,主要有以下几个原因。

(一)受教育人口变化

尽管实践取向的教师教育有较为悠久的传统,但真正促进实践取向的教师教育迅速风靡美国的一个重要原因就是美国受教育人口发生了历史性变化,传统白人为主的教师不能满足日益增长的少数民族学生的需求。现在美国有 5 005 万拉丁裔美国人,在过去30 年增长了 350%,进入 21 世纪拉丁裔美国人贡献了美国增长人口的一半,到 2020 年拉丁裔美国人将会接近 6000 万,代表美国五分之一的人口①。没有哪一个地方能比学校更能看出美国的拉丁化。在公立 K-12 学校中有 25% 的学生是拉丁裔美国人,到 2050 年拉丁裔学龄儿童将增加 2 倍,拉丁裔年轻人将成为美国公立学校中最大的一个群体②。但拉丁裔美国学生的增长并没有伴随着学业的进步,有 24% 的拉丁裔美国成年人受过不到9 年的教育,几乎 25% 的拉丁裔 16～24 岁的年轻人没有进入高中或不是高中毕业生,接近一半的拉丁裔学生不能在 4 年内完成高中教育,大部分不能为接受高等教育做好准备。结果只有不到 13% 的拉丁裔是大学毕业。美国人口组成结构的变化造成两个结果,一个是快速增加的拉丁裔美国人也成为"褐变美国"(Browning of America),另一个是拉丁裔社区大面积的学校失败,对美国教育者和社会都是一个巨大挑战。

在美国教师中有 83% 的是欧洲裔白人教师,仅有 7% 的教师是拉丁裔美国教师③,尽管有部分非拉丁裔教师能够熟练教授拉丁裔年轻人,但是有色人种学生在有色人种教师的辅导下将会获得学术的、心理学的、社会的收益,有色人种教师将对少数民族学生有更高的期望值,把更多的知识价值和文化价值带到学校,他们进入学校将会加强有色人种学生的学术成绩。他们更有可能在少数民族学生集中、深度贫困的学校任教。这样就能理解吸引、培养、支持和保留拉丁裔美国教师的重要性。

(二)学者们研究的影响

1.解制教师教育思想的影响

解制的教师教育思想重视教师的教学内容和专业能力,认为这些知识可以通过师徒的方式在教育教学工作中获得。因此,解制的教师教育思想推动建立实践取向的教师教育项目,把教师教育项目从以大学、学院为基础转移至中小学进行。④

解制教师教育思想在实践中体现在较为保守的利益集团的推动下,其目的是破除大学为基础的教师教育的垄断地位,建立实践取向的教师教育项目,形成有效的教师教育市场。解制的学者认为目前的教师教育项目要求、州级教师执照颁布机构扮演着阻止聪

---

① Jason Irizarry and Morgaen L. Donaldson. Teach for América:The Latinization of U. S. Schools and the Critical Shortage of Latina/o Teachers[J]. American Educational Research Journal,2012,49(1):155-194.

② Jason Irizarry and Morgaen L. Donaldson. Teach for América:The Latinization of U. S. Schools and the Critical Shortage of Latina/o Teachers[J]. American Educational Research Journal,2012,49(1):155-194.

③ Jason Irizarry and Morgaen L. Donaldson. Teach for América:The Latinization of U. S. Schools and the Critical Shortage of Latina/o Teachers[J]. American Educational Research Journal,2012,49(1):155-194.

④ Tom O'Donoghue,Clive Whitehead. Teacher Education in the English-speaking World:Past,Present and Future[M]. Charlotre:Information Age Publishing,Inc,2008:8.

明的年轻人进入教师职业的角色。①

2. 传统教师不能有效提高高需求地区的教学质量

从理论方面来讲,学者们对教师教育的研究,导致对传统教师教育有效性的质疑。如美国学者珊·威尔逊(Suzanne Wilson)等人对教师的任教学科知识、教育学知识对学生成绩的影响中发现,任教学科知识和教师有效性之间,没有关于其质量的确凿证据②。无独有偶,1994 年马丁·哈伯曼(Martin Haberman)也指出,传统的教师教育培养的教师在高需求地区学生的教育方面是失败的。因此,他指出要改革传统的教师教育项目,挑选、检查能够在高需求地区使学生获得成功的教师成为时代发展的需要。马纳·米勒(Marna Miller)等人比较了 70 名传统的教师教育项目和实践取向的教师教育项目毕业生在教学行为、学生成绩以及教师自我感觉方面的表现,发现他们之间没有明显的区别③。这些研究证明了传统大学为基础的教师教育,以输入的方式不断增加修业年限,强调任教学科知识、强调教师的专业地位,并不能够有效提高教师在高需求地区的教学质量。

3. 学者们对传统教师的批判

大量个人或组织通过发布报告、举办会议,对传统教师培养的质量和教师资格认证的必要性提出质疑,如艾贝尔基金、太平洋研究所及进步政策研究所都发布过相关报告。托马斯·福特汉姆基金会曾发布过一份题为《我们需要的教师及如何获得更多的教师》(*The Teachers We Need and How to Get More of Them*)的声明,并由教师教育当权者的各派批判者签名支持,美国企业研究所(American Enterprise Institute)的弗雷德里克·赫斯也写过大量的报告、书籍和社论,宣扬我们要拆除传统教师资格认证的高墙。其他批判者如赫希(E. D. Hirsch)、拉维奇(Diane Ravitch)则质疑教师培养项目课程内容质量,经济学家戴尔·巴鲁(Dale Ballou)和迈克尔·博德古尔斯基(Michael Podgursky)也对教师资格认证垄断性,教师资格考试的弱相关性和肤浅思想等提出挑战。全美教师教育质量委员会的凯特·沃尔什(Kate Walsh)也写过关于教师教育当权者的评论,如最新发表的《教育学院没有教过的阅读知识、小学教师没有学过的知识》(*What Education Schools aren't Teaching about Reading and What Elementary Teachers aren't Learning*)指出有关教师教育的课程挤占了未来教师们过多的时间,减少了他们在大学学习学科知识的机会。

---

① Marilyn Cochran-Smith. Policy, Practice and Politics in Teacher Education [M]. California: Corwin Press, 2006:30.

② Liz Bills, et al. International Perspectives on Quality in Initial Teacher Education: An Exploratory Review of Selected international Documentation on Statutory Requirements and Quality Assurance[R]. EPPI-Centre Social Science Research Unit Institute of Education University of London, 2008:6.

③ D. John McIntyre, David M. Byrd. Research on Effective Models for Teacher Education: Teacher Education Year Book [M]. California: Corwin Press, inc. 2000:197-199.

(三)教师短缺的时代困境

美国的教师短缺是最近 25 年经常出现的问题,主要有以下 3 个方面的原因造成的。

1. 小班化教学

首先,美国在 20 世纪 80 年代中期有 20 个州开展了小班化教学,导致短时间内需要补充大量的新教师。加州在 1996 年采用小班化教学立法,但地方政府和学区没有做好准备,导致当年就缺乏大量中小学教师。

2. 传统教师教育具有很高的流失率和很高的花费

美国很高的教师离职率是导致教师短缺的主要原因。美国教育部的教育统计信息中心显示,35% 的 1999—2000 年的教育学系毕业生在毕业后 1 年中没有从事教学职业,25% 的学士学位的教育学系毕业生甚至就没有准备从事教学职业。一些教师 3 年内有 1/3 离任,5 年内学区和中小学负责雇佣老师有一半离任①。在教师薪酬方面,美国教师的薪水与一般职员的薪水相当,丝毫没有竞争力。加上教师的工作量很大,又没有很高的社会地位和经济地位,导致教师离职率很高。另外,教师退休也增加了教师数量短缺。仅仅 1995 年加州就有约 7 100 名教师到了退休年龄,现任教师中超过 50% 的人年龄超过 45 岁,1/6 的年龄超过 55 岁,未来几年的教师退休人数还会不断增加。

3. 教师培养、雇佣和认证的结构性问题

美国是一个联邦国家,各州都有不同的教师教育政策,大学、政府和学区在教师教育的过程中所起的作用各不相同(图 7-1)。州政府通过认证教师教育项目,制定各种政策对教师教育进行监督,成为教师教育市场的调节者和监督者。大学教育学院成为教师的提供者和培育者。大学培养的教师具有较强的普适性,但是缺乏对某一学科、某一地区的针对性。

---

① C. Emoly Feistritzer. Teaching While Learning Alternate Routes Fill the Gap[J]. Phi Delta Kappa International. 2009,5(2):8.

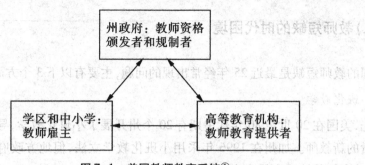

图 7-1 美国教师教育系统①

因此,传统的美国教师教育三者之间的联系比较松散,没有一个机构能够控制另一个机构。三者分别决定谁有资格培养教师,谁可以成为教师和谁雇佣教师。地方学区往往把新教师看作商品,任何能够获得合适的教师资格证书的人都被认为是适合教师空缺岗位的,忽视了教师的需要,导致教师离职,形成教师的结构性短缺。

总之,教师短缺使得实践取向的教师教育应运而生。研究表明实践取向的教师教育比传统的教师教育模式省钱和有效,也可以对低质量的教师起到管理的作用。② 政府可以把实践取向的教师教育项目订单化,按照不同地区、学科、类型学校的需求建设这种项目。这样能帮助新教师在特殊的背景中学习他们的工作,这也是为什么实践取向的教师培养模式往往是学校基础的和学校取向的主要原因。

(四)提高教师质量的政策诉求

1. 提高学生成绩

1965 年,联邦政府颁布《基础和中等教育法案》(*The Elementary and Secondary Education Act*),开始为提高低收入家庭孩子的学习成绩进行资助。联邦政府要求资助的项目需要通过评价显示项目对这些孩子学习的有效性。20 世纪 70 年代,美国中小学生早期学术性向测验(SAT)的分数下降,公众对美国公立学校的积极看法发生改变。尽管大学入学委员会 1977 年研究证实分数下降是由于低收入家庭和少数民族的学生进入大学所致,而不是教育质量下降所致,但美国还是开展了最低限度测试的运动。到 20 世纪

① Robert Reichardt. Alternative Teacher Education: Trends and Implications in Policies and Practices [R]. Western Interstate Commission for Higher Education [EB/OL], http://dropout. heart. net. tw/.../information/3-2AltTeacherEducation. pdf,2021-6-21.

② Pauline Musset. Initial Teacher Education and Continuing Training Policies in a Comparative Perspective: Current Practices in OECD Countries and A Literature Review on Potential Effects[EB/OL]. www. oecd. org/edu/calidadeducativa,2021-6-19.

80 年代,美国已经有 37 个州采取行动对升级和高中毕业生实施最低限度竞争标准。1983 年,联邦政府颁布《国家在危急中——教育改革势在必行》的报告。报告认为最低限度的竞争标准是一个问题,因为最低限度往往成为最高限度,降低了基础教育的标准。为此,很多州采取了以课程为基础的毕业要求,延长上学时间、增加家庭作业和进行测试办法提高教育质量。不断增加的对学生学习成绩的追求导致以 20 世纪 90 年代标准为基础的改革。这次改革关注课程在培养学生的推理、理解和应用知识的能力方面的作用。改革者认为对学生成绩,在评价形式和内容上进行变革能够防止教学为了测验的负面影响,能够反映出重要的学习目标。

21 世纪初,美国政府颁布《不让一个孩子掉队》法案,主要目的是通过提高问责标准,提升学校绩效,以及提供给父母更灵活的选择学校的权力提升美国公立中小学教育教学质量。法案规定对所有 3 年级到 12 年级的学生进行测验[1],对学区进行成绩排名。空前的强调教学质量的标准和问责的社会环境,使教学质量成为学校、地方学区和教师共同追求的目标。

不仅是政府在推动高质量教育,而且美国公众支持标准和问责制度,所有的人都认为高质量的教学决定高质量的教育,91% 的美国人都希望更多和更好的老师,支持教师教育改革以便教师能够不断学习和成为更好的老师。[2] 在这种社会环境的影响下,美国公立学校要把提高学生标准测验分数作为教育的主要目标甚至是唯一目标。导致美国公立学校系统把标准化和标准化测验作为改革的模式,新教师只有能够使学生提高分数就能得到教师职位。政策制定者认为在对学生学习结果的测试上获得的分数来看,大学为基础的教师教育与实践取向的教师教育对学生的成绩影响没有什么不同[3]。特别是在高需求地区,实践取向的教师往往更有优势。

2. 提高教师质量的政策回应和民间建议

(1)政府政策支持

美国虽然有教师教育各种改革议程,他们提出教师教育改革的各种设想,但有一点是达成共识的,那就是提升教师教育质量。在过去 20 年标准派与解制派合作推动了一系列有影响力教育政策,2001 年《不让一个孩子掉队》法案要求全美国的每一间教室都要有高质量的教师,并对各州的教师教育进行干预。法案对高素质教师进行了定义:高素质教师是通过州的教师资格考试或者获得州教师证书,拥有教学证书,而不是应急、临时、短暂的证书。拥有任教学科精深的专业知识,有深刻理解学生学习的知识;能够展示

① Cynthia A. Lassonde, et al. Current Issues in Teacher Education: History, Perspectives, and Implications[M]. Charles C Thomas Pub Ltd. 2008:192.

② Marilyn Cochran-Smith. Policy, Practice and Politics in Teacher Education[M]. California: Corwin Press, 2006:71.

③ Cynthia A. Lassonde, et al. Current Issues in Teacher Education: History, Perspectives, and Implications[M]. Charles C Thomas Pub Ltd. 2008:224.

帮助所有学生达到高标准的必要技能;创造一个积极的学习环境;运用多种多样的评价策略对学生的学习需要做出回应和诊断;运用现代技术支持学生学习;和同事、父母和社区成员合作提高学生学习;拥有反思性实践的能力,提高奖励的教学和学生学习;不断追求任教内容和教育学知识获得专业成长;提高学生学习热情①,奥巴马政府的《力争上游计划》用联邦政府的资助迫使50个州接受学科领域标准和高风险标准测试,作为教育改革的核心政策。立法还提供联邦基金支持实践取向的教师教育,使职业改变者、退伍军人绕过大学为基础的教师教育经过几周的集中培训,获得教师资格证书②。这种实践取向的教师教育项目与特许学校运动同时进行,让薄弱学校,有权选择退出当前公立教育系统,决定他们自己的课程和未来,通过选择引入竞争机制,提高美国公立教育质量。

2002年,联邦教育部发布《迎接高素质教师的挑战》(*Meeting the Highly Qualified Teachers Challenge*)鼓励州发展新的教师训练模式——地方的、实践取向的路径的项目,培训急需的教师。

为培养高素质教师,政府加强了对教师教育的问责制度。联邦层面要求教师教育遵守高等教育法第一条规定,要求各州通过学生的成绩评价的方式对教师教育项目评价并进行排名。③ 联邦政府要求各州要对本州范围的教师教育候选人进行评价,全美国所有的州每年都必须向联邦政府报告一次该州教师教育的质量。传统的大学为主的教师教育项目必须证明本校的师范生对提高中小学学生学习成绩有效。因此,很多教师教育项目就更加重视自己毕业生的中小学的教学实践,通过这种方式提高教师的质量。④

总之,今天的教育政策把教师教育者和教育者作为最好的解决社会的、政治的和经济问题的工具,通过与规则制定机关以及审计实践,让教师教育屈服于外部控制,把他们的学生和他们自己作为一种高质量的数据进行展示。

(五)财务支持与培训成本较低

1. 各级政府财务拨款支持

教育部长罗德·佩奇建议为应对教师短缺联邦政府承诺4 165万美元支持实践取向

---

① Tony Townsend, Richard Bates. Handbook of Teacher Education:Globalization Standards and Professionalism in Times of Change[M]. Netherlands:Springer,2007:285.

② Jory Brass. English,literacy and neoliberal policies:Mapping a contested moment in the United States [J]. English Teaching:Practice and Critique,2014,13(1):112-133.

③ Fred L. Hamel,Carol Merz. Reframing Accountablity:A Pre-service Program Wrestles With Mandated Reform[J]. Journal of Teacher Education,2005,56(2):158.

④ Tony Townsend, Richard Bates. Handbook of Teacher Education:Globalization Standards and Professionalism in Times of Change[M]. The Netherlands:Springer,2007:103

的教师项目①。2002 年联邦政府为支持的实践取向的教师教育项目,拨款教师质量提高助学金 8 890 万美元,教学津贴 4 530 万美元。2009 年,奥巴马政府宣布投资 43.5 亿美元用于《力争上游》(*Race to The Top*)方案,该方案也表明了对实践取向的教师教育的支持。地方政府也积极响应,2001 年华盛顿州立法机构根据专业教育者标准理事会(the Professional Educator Standards Board)建议创建了实践取向路径的教师教育项目。从 2001—2003 年两年拨款 200 万美元支持辅导实习、免除在校学习学费。拨款要求助学金 5 000 美元。在获得教师资格证之后第一年再补贴 3 000 美元,辅导教师津贴为一学年 500 美元。

加州为了留住教师,规定任教 4 年及其以上有权获得 250 美元到 1500 美元的税收抵免,在全美教学专业标准理事会获得者的教师可以收到 10 000 美元的奖金,最后,州教育董事会为在低绩效教师工作的合格教师提供 20 000 美元的奖金。马萨诸塞州新教师定向奖金项目(The Massachusetts Signing Bonus Program for New Teachers)是全美知名的项目,项目在马萨诸塞州新教师学院[The Massachusetts Institute for New Teachers(MINT)]经过 7 周培训之后的新教师提供 20 000 美元的奖金。2002 年项目修改为新教师项目在 3 个州教育学院进行为期 1 年的培训代替 7 周的培训,尽管如此,招募这些人员在 4 年中每人花费超过 50 000 美元。每年招募的申请者从 783 人到 950 人不等,大部分来自马萨诸塞州和附近的州。所有的奖金教师(Bonus Teachers)将被分配到高需求的城市内城。

2. 实践取向的教师项目负担较轻

实践取向的教师教育项目提供了一个低成本的方式进入教学职业。因此,对把教学作为短期职业的人很有吸引力②,主要招聘一些获得学士学位的中年职业变革者,通过犯罪记录审核,作为全职薪水或兼职薪水的方式完成教师资格,而且时间较短,大大降低了没有经过教育学专业培训的人进入教师职业的机会成本,同时大幅度降低或消除了被培训者学习期间没有薪水的困难。

(六)建立实践取向的教师教育全国通用资格证书

首先,成立美国卓越教师证书理事会。由理事会美国教育部资助建立,目的是开发一种面向实践取向教师教育项目的、新的、低成本、可转学的教学证书。这种证书建立在对学科内容和教育学知识进行测试基础上,可以跨州使用,表明该获得证书的教师是高素质教师。

---

① Sarah E. Birkeland and Heather G. Peske. Literature Review of Research on Alternative Certification [R]. National Education Association,2004:1.

② Robert Reichardt. Alternative Teacher Education:Trends and Implications in Policies and Practices [R]. Western Interstate Commission for Higher Education [EB/OL], http://dropout. heart. net. tw/.../ information/3-2AltTeacherEducation. pdf,2021-6-21.

其次,国家替代证书中心(The National Center for Alternative Certification)。在 2003 年美国教育部向国家教育信息中心提供资助,建立国家替代证书中心,这是成为全美第一个关于获得教师证书替代路径方面提供全面和独立的信息机构。该中心是一个可以互动搜索的数据库,允许提供实践取向的教师证书项目的个人,在网站公布他们项目的数据和信息,也允许那些愿意从事教学工作的人员在网站上搜索合适的实践取向的教师教育项目,包括每一个项目准入和要求,跨州教学资格互换和互认的信息和实践取向的教师项目参与者的统计数据。2004 年秋季,该中心为各州提供技术援助。

二、招生与教师资格要求

(一)招生要求

尽管实践取向的教师教育项目主要招募具有学士学位的工作变换者,但为保证教师的学术知识能够达到任教学科的要求,美国各州制定了较为严格的对候选人学术背景知识进行考核的要求。不同的州、不同的项目要求并不一致,但一般会要求具有学士学位、通过任教科目考试,并进行犯罪记录审查、是否为美国公民,同时提供财务激励措施鼓励申请人在职完成教师资格证书申请和教学艺术硕士学位的完成。录取的人中更多中途改变职业者、多种族教师、科学、数学、特殊教育领域的教师。

(二)实践取向的教师教育资格证书要求

进入 21 世纪,美国颁布《不让一个孩子掉队》法案,承诺实践取向的教师教育项目培养的教师是高素质教师,实践取向的教师教育项目可以获得联邦政府的拨款支持。至此,实践取向的教师教育获得了最高立法机构的认可。尽管实践取向的教师教育是一种实践为基础的教师培养项目,但美国大部分州都制定了较为严格的教师资格证书颁授标准。因各州教师资格颁授部门的法律地位不同,实践取向的教师教育在各州的要求差别很大,有的要求大学毕业,并通过州的教育考试才能获得证书;有些州要求获得如数学、科学和特殊教育紧急证书;还有一些州开发了几周的短期课程,提供临时证书。

美国地方政府为保障实践取向的教师教育质量,一般都对实践取向的教师证书的时间跨度、证书能否更新等方面提出要求,促使教师证书获得者在有效期内从事教师职业。如果想继续从事教师职业,就必须不断学习,获得可以更新的证书,或者有效期更长的证书,以达到不断提高教师质量的目的。

从美国实践取向的教师教育资格证书的有效时间来看,有 38 个州集中在 1 ~ 3 年,只有 19 个州明确要求这种证书可以更新,但是有 25 个州要求实践取向的教师教育证书不能进行更新。因此,实践取向的教师资格证书并不是一种永久性证书,很多州还是把这种证书看作一种临时性证书,并作为大学教师教育证书获得者的一种补充证书来看待(表7-1)。

表7-1 美国实践取向的教师教育项目现状①

州名	实践取向项目名称	确保掌握任教内容的方法				实践取向的教师资格证书的有效范围	获得的实践取向的教师资格证书是否可以更新
		任教科目内容测试	任教科目主修领域证书	课程评价成绩单	项目的变化		
阿拉巴马州	选择性	是				1年	否
阿拉斯加	没有官方项目						
亚利桑那州	应急证书					1年	是
阿肯色州	非传统教师资格项目	是				2年	否
加州	实习教师项目	是				2年	是
科罗拉多州	选择性教师项目或驻校教师	是				项目要求不同	否
康涅狄格州	选择性驻校教师证书	是				90天	否
特拉华州	选择性教师资格证书	是				2年	否
哥伦比亚特区	临时教师资格证书	是				3年	否

---

① Susanna Loeb & Luke C. Miller. A Review of State Teacher Policies: What are They, What are Their Effects and What are Their Implications for School Finance[R]. Institute for Research on Education Policy & Practice School of Education, Stanford University, 2006:17.

续表 7-1

州名	实践取向项目名称	确保掌握任教内容的方法				实践取向的教师资格证书的有效范围	获得的实践取向的教师资格证书是否可以更新
		任教科目内容测试	任教科目主修领域证书	课程评价成绩单	项目的变化		
佛罗里达州	佛罗里达学区选择性教师资格项目	是				3 年	否
佐治亚州	佐治亚选择性教师培养项目	是				3 年	否
夏威夷	应急教师					1 年	否
爱达荷州	培训教师批准书				是	3 年	否
伊利诺伊州	初任选择性教学资格证书	是				4 年	否
印第安纳州	应急许可教师	是				1 年	否
爱荷华州	实习教师执照			是		1 年	否
堪萨斯州	限制教学许可		是			3 年	否
肯塔基州	7 个选择性项目名字不同				是	1 年	是
路易斯安州	路易斯安州选择性教师资格	是				3 年	否
缅因州	条件性教师资格			是		1 年	是

续表 7-1

州名	实践取向项目名称	确保掌握任教内容的方法				实践取向的教师资格证书的有效范围	获得的实践取向的教师资格证书是否可以更新
		任教科目内容测试	任教科目主修领域证书	课程评价成绩单	项目的变化		
马里兰州	驻校教师证书	是		是		1年	是
马萨诸塞州	马萨诸塞州初任新教师	是				1年	否
密歇根州	1233 法案许可		是			1年	是
明尼苏达州	档案袋证书	是				5年	是
密西西比州	密西西比选择性教师资格项目等	是				1~3年或5年	否
蒙塔纳州	北部平原教学过渡证书			是		3年	否
内布拉斯加州	临时教学证书			是		1年	是
内华达州	选择性教师	是				3年	否
新罕布什尔州	选择性 3、4、5	是				3年	是
新泽西州	临时教师项目			是		2年	是
新墨西哥州	选择性教师资格			是		3年	是
纽约州	选择性教师资格项目	是				3年	不
北卡莱罗纳州	北卡莱罗纳州教学		是				

续表 7-1

州名	实践取向项目名称	确保掌握任教内容的方法				实践取向的教师资格证书的有效范围	获得的实践取向的教师资格证书是否可以更新
		任教科目内容测试	任教科目主修领域证书	课程评价成绩单	项目的变化		
北达科他州	临时或应急教师		是			1年	
俄亥俄州	条件性或选择性教师资格	是				2年	否
俄克拉荷马州	俄克拉荷马选择性安置项目	是				3年	是
俄勒冈州	不让一个孩子掉队批准的选择性教师路径许可	是				3年	否
宾夕法尼亚州	实习教师资格证书		是			3年	否
罗德岛州	没有官方项目						
南卡莱罗纳州	选择性教育者资格项目	是				3年	否
南达科他州	项目有不同名称	是				不同项目要求不同	否
田纳西州	选择性教师资格		是			1年	是
德克萨斯州	选择性或加速教师资格	是				不同项目要求不同	
犹他州	选择性教师执照	是				3年	否

续表 7-1

州名	实践取向项目名称	确保掌握任教内容的方法				实践取向的教师资格证书的有效范围	获得的实践取向的教师资格证书是否可以更新
		任教科目内容测试	任教科目主修领域证书	课程评价成绩单	项目的变化		
弗蒙特州	同辈评价项目			是		3 年	是
弗吉尼亚州	职业转换者选择性执照项目	是				5 年	是
华盛顿州	州政府合作伙伴选择性项目	是					
西弗吉尼亚州	选择性教师资格证书	是				1 年	是
威斯康星州	经验的或选择性教师资格证书	是				不同项目要求不同	不同项目要求不同
怀俄明州	选择性教师资格			是		1 年	是
全部	50	31	6	8	2		20
没有数据		2	2	2	2	3	5

（三）美国卓越教师证书

2001 年秋,美国教育部拨款 500 万美元与全美教师质量委员会(The National Council on Teacher Quality)和教育领导者委员会(The Education Leaders Council)共同建立了美国卓越教师证书理事会(The American Board for Certification of Teacher Excellence)。美国卓越教师证书委员会是在美国教师严重短缺的背景下产生的,其认证标准和程序与美国传统的教师认证组织有很大不同,它主张降低教师入职门槛,规定凡是具备本科学历,没有不良记录的人,只要愿意并通过学科知识和教学技能知识的考试就可以获得认证当教师。这当然有利于美国扩大教师来源渠道,让更多的人成为教师,解决教师数量不足的燃眉之急,同时创造一个全美 50 个州都认可的教师资格证书。

美国卓越教师理事会颁发教师资格证书的过程创新了教师资格证书颁发方式。

1. 理事会在任教学科内容标准和专业知识测试是综合评价各州和全美 K—12 教育的标准和证书要求基础上开发而形成的。同时专家还对弗吉尼亚州、马萨诸塞州、加州的教师资格证书进行了认真的研究,颁布了相关教师资格证书标准。美国卓越教师资格证书理事会主席凯瑟琳·马迪根(Kathleen Madigan)明确提出这一教师资格证书根据教师是否知道任教的学科内容知识和班级管理技能授予,要求申请者通过严格的候任教师任教科目内容测试和最好的教育实践测试。

2. 证书同时降低了进入教学职业的障碍,申请这一教师资格证书的人不需要参加教育学院教师项目就可以获得资格证书,将使数以万计的有才能的大学毕业生和中途改变职业的人无须承担沉重的负担和研究生教育花费就可以进入教学行业。

宾夕法尼亚州是第一类认可美国卓越教师资格证书理事会颁发教师证书的州,拥有教师资格证书通行证的人可以在该州公立学校任教。新罕布什尔州、科罗拉多州、南卡莱罗纳州、佛罗里达州、北卡莱罗纳州、亚利桑那州、弗吉尼亚州、阿拉斯加州立法机构都在考虑认可这一教师资格证书。

美国卓越教师证书委员会证书主要有两类。第一类是教学证书通行证,教学证书通行证被理解为获得教师入职资格证书通行证,是一种可以通过花费较少、灵活便当的方式获得的实践取向的教师入职的资格证书,全美国通用。该证书主要面向新任教师,即那些获得本科学历又想转换职业担任教学工作的人,或者是那些已经拥有临时或应急教师资格证书而又想持正规证书的人,如公立学校教师、私立学校教师、辅导教师、星期日学校教师、日托中心工作者、家庭学校的家长以及一般家长。申请该证书的门槛很低,凡是有本科学位证书没有犯罪记录的人都可以申请,通过任教学科知识考试和专业教学知识考试便可以获得证书。主要有 8 个学科领域包括生物学(6~12)、化学(6~12)、初等教育(K-6)、英语语言文学(6~12)、一般科学(General Science 6-12)、数学(6~12)、物理学(6~12)、特殊教育系。

第二类是熟练教师证书,相当于高级教师证书或优秀教师资格证书,全美国通用。颁发该证书的目的是帮助造就各类学校和教育机构中的优秀教师,并对他们进行甄别,进一步提升美国教师质量。[①] 该证书必须满足四个条件:牢固掌握学科知识,能够进行高质量的教学(可由公正客观的课堂观察者做出评价),能对学生的学习进步产生有意义的影响,愿意支持并参与校长和学区安排的工作。高级证书应是优秀教师专业教学和课程知识水平的质量证明,同时也代表专业教学的一种荣誉。这种荣誉是建立在教师促进学

---

① [美]埃伦·康德利夫·拉格曼,花海燕等译. 一门捉摸不定的科学:困扰不断的教育研究的历史[M]. 北京:教育科学出版社,2006:279.

生学习进步的基础上的,除了必须通过任教专业考试之外,还要提供证据表明自己的教学确实促进学生学习取得了进步。

三、实践取向的教师教育项目类型

实践取向的教师教育项目每年为美国培养 20 万名教师。一般分为学区举办的和大学举办的实践取向的教师教育项目。

(一)学区举办的纯粹实践取向教师教育项目

一个纯粹的学区举办或非营利性组织举办的实践取向的教师教育项目一般包括以下几个部分。

一是实践取向的教师教育项目候选人要在学术领域有竞争力,没有受过教师教育课程,被雇佣在学区作为一个全职的、负责的支付薪水的记录教师(Teacher of Record)。

二是候选人通过所在州的和地方学区的雇佣标准,包括书面测试、面试、健康和犯罪记录审查,教育学课程并不包括在雇佣标准中。

三是候选人任命到一所学校,分配全职的、正常的初任教师工作任务。

四是候选人被分到一位辅导教师那里。

五是设有工作坊或安排好的讨论会帮助候选人解决初任教师面临的问题,如班级管理、与学生家长合作交流问题、完成书面作业、遵守学区程序等。讨论会主要是促进教师工作。没有学分课堂,也不是任何学位的一部分,这样的会议或工作坊限制在一周一次或者更少,因为候选人的时间都关注教学和各种教学相关的任务。

六是候选人被安置在有空缺的岗位,这就意味着他们被安置在最有挑战性的位置,而不是专业发展中心。

七是评价候选人建立在实际教学绩效的基础上,包括孩子们的进步,而不是他们怎样做作业或第二课堂的任务。

八是候选人不要求进入大学项目,除非他们选择这样做。

九是候选人教学,还是解雇,都使用学区初任教师评价标准和程序。

十是向州政府建议授予候选人教师资格来源于学区或地方机构而不是大学①。

① Martin Haberman. What Makes a Program "Alternative Certification?" An Operational Definition[J]. National Association for Alternative Certification Online Journal,2006,1(1):5-11.

（二）大学举办的混合型实践取向的教师教育项目

大学举办的实践取向的教师教育项目除了具备上述要求之外，通常会要求学生注册大学教师教育项目，一般在周末或周五、晚上学习大学课程，同时承担中小学课堂教学任务，在大学辅导教师和中小学辅导教师双重指导下学习，承诺一定的教学服务期限，成功完成项目所有要求之后获得教学艺术硕士学位或教育学硕士学位和初任教师资格证书。

（三）实践取向的教师教育项目的其他分类

实践取向的教师教育项目类型多样、运行机制不同、教师资格要求不一、财务激励和奖励措施各异，凯瑟琳·雷蒙（Catherine A. Lemmon）教授对这些教师教育项目进行了九个类型的分类（表7-2），具体如下。

表7-2　实践取向的教师教育项目的类型①

类型	特征
类型一	1.项目是为吸引教育学专业之外的学士学位获得者； 2.从事中小学教学； 3.经过培训的辅导教师参与项目； 4.在一个学年中提供正规的教学理论和实践，有时候放在夏季学院之前或之后； 5.没有严格限制在短缺的年级和科目
类型二	1.项目目的是吸引非教育专业学士学位获得者； 2.中小学任教； 3.有经过培训的辅导教师； 4.在一个学年中提供正规的教学理论和实践，有时候放在夏季学院之前或之后； 5.严格限制短缺领域或者中学的年级和科目领域
类型三	1.如果可以申请，评价申请者的学术背景，通过在职和学习课程达到教师资格证书要求； 2.州政府或地方学区承担项目的主要责任

---

① Catherine A. Lemmon. The Impact of Cohort Support on Learning to Teach within California's District Intern Programs[D]. University of the Stockton, 2000:25.

续表 7-2

类型	特征
类型四	1. 如果可以申请,评价申请者的学术背景,通过在职和学习课程达到教师资格证书要求; 2. 高等教育机构承担项目　设计承担主要责任
类型五	高等教育机构的学士后项目
类型六	应急路径——允许个人没有任何在职指导或监督,同时学习大学教育学课程
类型七	主要为不需要履行传统教师教育路径要求的人准备的,如获得教师资格的人从一个州迁移到另一个州
类型八	使一部分人拥有特殊的资格如知名作家或诺贝尔奖奖金获得者,从事一定科目的教学
类型九	除了批准大学教师教育项目路径获得教师资格之外,别无选择

四、课程设置

(一)课程设置

实践取向教师教育课程核心是涵盖大学与中小学课堂情景化课程,结合了大学教师专家知识和中小学教师的实践智慧,具备教师专业化社群的特征。课程主要为教师课堂中需要的特殊实践技能和知识,课程强调任教学科知识内容、教育学、班级组织与管理、教育理论、儿童发展等,各个项目并不一样。这些课程主要由大学教育学院、实践取向的项目校友、地方学区资深教师、行政官员等提供。

(二)专业辅导

实践取向的教师教育项目最重视课堂教学临床实践的反馈和指导,通常会配备两种类型的指导教师:一种是大学教师或工作人员,另一种是中小学临床教师。在校辅导老师是全职的教师,通常并不是在某一个学校点居住,他们的全职工作就是辅导 4~5 名教师。尽管辅导教师是项目设计的一个正式的组成部分,由于受项目设计、经费、学区等各方面因素影响较大,有很多项目参与者报告他们没有得到来自辅导教师或得到辅导教师帮助较少。

首先,实践取向的教师教育往往把师范生编制成一个小队,充分利用小队教学同辈

辅导支持的优势,不仅提供教育教学技能方面的支持,还提供生活情感等非教学方面的支持;

其次,实践取向的教师教育都会设置一个机制为所有教师配备大学辅导教师或项目自身培养的校友以及中小学实践教学辅导教师,加强理论学习与实践知识的结合,帮助项目教师不断提升教育教学技能。教师们都认为来自辅导教师的帮助是成功完成项目的关键因素。在2年的实践取向的教师资格项目中,辅导教师的支持和高质量的辅导在第一年更为关键。

五、实践取向的教师教育认证与评价

(一)认证标准

为不断提高教师教育质量,美国的两大教师教育认证协会以及地方州政府都对实践取向的教师教育项目的认证中强调师范生的实践技能,提出了一些以实践证据为基础的认证标准。①

1.美国实践取向的教师教育认证标准

美国教师教育认证联合会临床教师培养联盟(The NCATE Alliance for Clinical Teacher Preparation)2010年成立的时候有8个州宣布加入包括加州、科罗拉多州、马里兰州、纽约州、俄亥俄州、俄勒冈州以及田纳西州,保证执行临床的教师培养,承诺开放交流临床教师培养,设计了10条临床教师培养指导纲要:

(1)以学生学习为中心;

(2)在教师培养的每一个方面使用临床经验;

(3)持续的候任教师和项目绩效评价;

(4)培养教师成为学科内容专家,以及一名创新者、合作者和问题解决者;

(5)在一个互动的专业社区学习;

(6)严格选拔和培养来自大学和中小学的教师教育者和教练;

(7)指定和资助特定的学校地点以支持强大的临床经验;

(8)使用技术;

(9)数据基础的决策;

(10)学区、教师培养项目、教师工会以及州政府的政策制定者的战略合作伙伴关系。

---

① 徐来群.美国教师教育的认证标准的演进发展和认证过程[J].商丘师范学院学报,2013,29
(8):110-113.

2.跨州新教师评价标准

跨州新教师评价和支持联合会(the Interstate New Teacher Assessment and Support Consortiu)主要是为全美国实践取向的教师教育项目提供教师资格证书,跨州新教师评价和支持联合会原则为全美教师教育项目和教师制定标准。教师的知识、技能和态度主要表现如下。

(1)教师能够理解任教学科核心概念、探究工具和学科结构,能够创造让学科问题成为学生学习的有意义学习经验。

(2)教师理解儿童怎样学习和发展的,能够提供学习机会支持他们智力的、社会的和个人的发展。

(3)教师理解学生不同的学习方式,创造教学机会适应多样性学习者。

(4)教师理解和使用各种教学策略鼓励学生发展一种批判思维、问题解决和表现技能。

(5)教师运用对个人和小组动机和行为的理解,创造一个学习环境,鼓励积极的社会互动、积极参与的学习和自我动机。

(6)教师使用语言、非语言和媒介交流技术鼓励积极探究、合作、支持课堂互动。

(7)教师能够在学科知识、学生知识、社区知识和课程目标知识基础上计划和进行教学。

(8)教师理解和使用正式的和非正式的评价策略评价和保证学习者持续的、智力的、社会的和身体的发展。

(9)教师是一个反思性实践者,能够持续评价他的选择和行动对他人的影响(在社区内的学生、父母、其他专业人员),积极寻找专业成长机会。

(10)教师为支持学生学习和福利能够建立与学校同事、父母、社区代理机构良好关系。

总之,美国民间组织在对教师教育进行认证的时候,往往倾向于以实践为基础,让被认证者展示教育教学活动的证据作为认证的必要程序,大大提高了教师教育项目认证的科学性。

(二)认证程序

全美教师教育认证协会对教师教育项目的认证一般会经过申请、准备认证、撰写自评报告和概念框架文件、准备证据材料专家实地审查、专家组结论和学校反馈报告等几个步骤。

第一,申请认证。教师教育项目所在单位要申请认证,通常需要2到3年的认真准备,向协会递交认证申请书,经协会批准即可进入准备认证的前提条件环节了。

第二,准备认证的前提条件。需要认证的教师教育项目所在单位准备认证的各种文件资料,证明其符合该协会认证的前提条件。这个过程需要大约 1 年或者更多的时间来准备。这些资料包括学校管理层为教师教育项目所作的讲话,信件以及学校的相关政策,质量监控系统、招生标准、政府的批准文件、所在地区的项目认证文件等。

第三,撰写项目报告和概念框架两个文件。项目报告主要包括有关教师教育项目的基本情况、项目的质量保障等方面的内容。概念框架是对教师教育机构的使命等方面的描述。上述两个报告需要几百页的文本,然后把这些文本复印件送到全美教师教育认证协会。协会审查后会做出是否认证,是否需要进一步提供材料的决定。如果批准申请,那么下一步就需要准备相关证据材料。

第四,准备证据材料。需要认证的教师教育单位需要展示证据证明该项目符合该协会的各种认证标准。针对每一个标准协会都会建立一个专家委员会进行评估。所有的证据资料都会存放在一个单独的房间。在准备认证材料的过程中,协会的专家委员会会对认证单位进行指导,以便他们能够满足协会的要求。上述所有材料准备完毕,协会会组建一个专家委员会进行实地调查。

第五,专家实地访问。专家委员会通常由一个教师教育学院的院长或系主任作为首席专家,专家组成员一般由 3 到 8 人组成,对认证学校进行为期 5 天的考察。专家委员会会对认证单位的纸质文件和自评报告进行评价,然后再到教师教育学院进行实地考察,搜集相关数据以评价是否满足了协会的标准。专家组成员的相关信息会在即将认证的时候通知给学校。目的是避免认证学校与专家组成员进行私下沟通。

第六,专家认证结论和学院反馈报告。专家组实地考察后会对评估单位撰写一个评估报告,评估单位也会针对专家组的评估报告,撰写一个反馈报告。这些文件会送到单位认证委员会,由该委员会做出认证的最终结果,该委员会会做出通过认证、暂停通过认证或不予通过的结论。认证的机构如果对认证结果不服可以向申诉委员会(Appeal Board)申诉,并对申诉事由做出最后的裁定。

目前,阿拉斯加州、阿肯色州、马里兰州、北卡罗来纳州要求所有进行教师教育的学院必须通过美国教育者培养认证委员会的认证。乔治亚州、密西西比州、南卡罗来纳州以及西弗吉尼亚州要求所有的州立教师教育项目必须通过美国教育者培养认证委员会的认证,阿肯色州、夏威夷、俄亥俄州、华盛顿州把他们对学院的评价完全依靠美国教育者培养认证委员会的评价。

(三)评价原则

实践取向的教师教育项目不同于传统大学教师教育项目,更多强调教师的课堂教学实践技能知识和相关能力培养,注重项目教师表现性评估(Teacher Performance Assessment,简称 TPA),即在教学实习或短训过程中基于师范生实习表现的评估,特别注重辅导教师的日常评价,实习教师的教案、上课、作业等相关文件资料、视频资料为依据评价是否实习教师具备了课堂教学的技能和能力,掌握了任教科目内容,是否会采用文化回应性教学,具有追求教育公平的理念等方面进行评价。

(四)评价类型

实践取向的教师教育项目评价既包括政府对项目毕业生的留职率、提升学生成绩、教育经费评估的政府评价,也包括教师教育认证机构根据相关认证标准进行的认证评价,发挥专业协会的优势促使教师专业发展,同时也有根据提升学生成绩程度的市场评价。按照评价的类型既有嵌入在夏季学院、专业实习教学中的形成性评价,也有是否授予教师资格证书的终结性评价。

第八章
美国实践取向的教师教育模式运行成效

一、实践取向的教师教育项目的特点

1983 年美国有 8 个州报告他们有某种类型实践取向的教师教育项目。2005—2006 年美国全部 50 个州和哥伦比亚特权都提供了实践取向的教师教育项目的教师,有 59 000 名实践取向的教师教育项目教师进入教师队伍,当年全美有 485 个实践取向的教师教育项目教师项目。2006 年全美 15 万名新雇佣教师中有 1/3 来自实践取向的教师教育项目路径。

美国实践取向的教师教育项目教师教育自 1983 年开始实施以来,从星星之火发展到对传统大学为基础的教师教育构成挑战,已经成为美国教师培养的新路径。实践取向的教师教育项目教师教育项目是美国教师教育发展过程中出现的一种新的以证据为基础,以辅导教师辅导为核心,以教师雇佣为前提,以中小学校教学实践为中心的教师培养模式。这种教师教育模式具有很好的灵活性、针对性,花费较低,能够开展订单式的教师培养的优势,深得危机时代美国各级政府的偏爱。不足之处在于过于重视实践经验,忽视教育理论知识的学习,降低了教师资格的门槛,削弱了教师职业的专业地位。未来美国的教师教育项目将继续沿着多样化的趋势发展,传统的教师教育与实践取向的教师教育教师教育之间的界限将更加模糊。

(一)实践取向的教师教育教师具有较高的留职率和多样性

参与实践取向的教师教育教师教育的教师在高需求地区或学科(如科学、数学等学科)具有较高的留职率。1997 年,诺顿(Norton)和安德森(Andersen)在研究了美国 11 个西部州实践取向的教师教育教师教育项目毕业的教师在第一年的教学中发现,参与这些项目的老师比传统教师教育项目的教师有更高的留职率。2009 年,美国教育信息中心统计也表明有 85% 的实践取向的教师教育教师教育的毕业生在 5 年之后仍然继续从事教师职业。他们更希望在难以留住教师的内城或者偏远农村地区的学校任教,更愿意承担中学的科学和数学等课程以及特殊教育的课程。在新泽西、福罗里达州、加州、得克萨斯州 85%～90% 的通过实践取向的教师教育教师教育项目进入教师职业的 5 年之后仍然留在教师岗位。[①] 因此,有学者认为实践取向教师教育项目为美国中小学教育的未来准备了永久的教师。

实践取向教师教育项目的教师比传统教师具有多样性。D. 约翰·麦肯达(D. John Mclntyre)等人的研究认为实践取向教师教育项目吸引了更多的少数民族人士加入教师队伍。研究显示 87% 的实践取向少数民族教师在城区学校工作,而只有 40% 的白人教师在城区学校工作。随着美国受教育人口的变化,将会有越来越多的非白人教师进入美国的基础教育系统,招募更多的非白人进入教师队伍,已经成为美国政府和社会各界关注的问题。实践取向教师教育项目为少数民族教师进入教师队伍提供更多的机会,满足了美国教师教育发展的需要。

(二)实践取向的教师教育具有针对性

实践取向的教师教育最重要的特点就是根据实际经验和地方对教师的需求设计项目。实践取向的教师根据地方学区对教师的需要,让新教师承担教学任务,既可以满足教师实践的需要也解决了地方学区教师短缺问题。实践取向的教师教育关注新教师所在学校的课程、学校政策和程序以及其他的有关地区的信息。实践取向的教师教育所在学校具有一个互相支持的工作氛围,可以在导师的指导下观察其他教师讲课、讨论专业问题、解决问题以及编制课时计划。这些都使选择性教师培养具有很强的针对性。

(三)实践取向的教师教育具有灵活性

实践取向的教育最显著的特点就是根据项目环境而具有灵活性。这反映为在项目招募时很多非传统型教师进入教师职业。他们往往被雇佣或者有家庭以及其他义务要承担,这使得他们无法完成传统的教师教育项目的要求。尽管有大部分实践取向的教师教育项目是以大学为基础的,但是几乎所有的实践取向的教师教育项目都是通过所在地区、社区学院以及通过远程教育获得教师证书。项目为适应候选人的需要,往往提供晚上或者周末课程,满足学生的需要。

(四)实践取向的教师教育具有实践性

实践取向的教师教育项目要求具有广泛的实践经验,而且非常关注来自经验丰富教

① D. John Mclntyre, David M. Byrd. Research on Effective Models for Teacher Education: Teacher Education Year Book [M]. California: Corwin Press, inc. 2000:197-199.

师的指导。辅导教师对新教师培养起关键作用,学生可以通过师徒般的交流,学习各种教学技能技巧以及理论知识。辅导教师所起的作用还包括为学生提供情感支持,指导怎样教学,对学生进行评价,等等。

(五)实践取向的教师教育项目具有经济性

不论是以大学为基础的还是以中小学为基础的实践取向的教师教育项目都有一个基本的特点,那就是得到地方学区的雇佣,在工作中完成教师教育课程,达到州或者民间组织的教师教育标准,获得教师资格证书。对于候选人来讲,每一位候选人可以在学习和工作的过程中获得地方学区、项目本身或者其他资金的资助,帮助他们顺利完成学业,减少上学的费用。如,2001—2003 年华盛顿州为第一年参与选择性教师教育项目的教师发放 22 654 美元的助学金。[①] 美国军转教师项目,政府为退伍军人提供 5 000 美元的奖学金,让他们以选择性的方式获得教师资格,美国国防部还将提供 1 万美元的奖金奖励那些留在高需要的学区的合格教师。对于地方学区来讲,实践取向的教师教育项目可以减少因教师流失带来的花费。据国家教学和美国未来委员会统计,仅芝加哥公立学校系统每离开一位教师就需要地方学区花费 13 650 美元,这样每年需要花费 6 450 万美元去招募、审查、安置、培训和支持新教师[②]。波士顿地区新教师有 47% 在任教的前 3 年流失,这给地方学区造成的经济损失达到每年 330 万美元。实践取向的教师教育项目具有较高的留职率,从另一个侧面减少了地方学区因招收教师所带来的花费。因此,不论对于选择性教师的参与者还是地方学区为招收教师花费,实践取向的教师教育项目都具有一定的经济性。

二、实践取向的教师教育运行成效

(一)建立教师教育的市场机制,激发教师教育活力

现在美国教师教育市场化改革是更大范围的教育、健康医疗以及其他公共和消费者服务私有化的一部分。20 世纪 80 年代中期的消费主义社会中,教育本身成为商品。意

---

① Shannon Matson. Alternative Routes to Teacher Certification in Washington State. [EB/OL] http://www. wsipp. wa. gov/rptfiles/04-12-2901. pdf,2012-08-01.

② Barnett Berry, et al. Creating and Sustaining Urban Teacher Residencies: A New Way to Recruit, Prepare, and Retain Effective Teachers in High-Needs Districts [EB/OL]. http://www. eric. ed. gov/PDFS/ED502406. pdf . 2012-08-01,10-25.

味着教育市场中的摊主可以在市场中竞争性售卖商品,父母可以自由选择学校,提出一部分流行的特许学校将会不断扩展,贫困的学校将会消失。

在教师教育方面,美国一直面临中小学教师短缺问题困扰,特别是贫困地区公立学校或数学、科学、特殊教育领域的教师。美国教师教育从 20 世纪以来,按照专业化建设的指导思想实现了从师范学校向大学教育学院的转变,强调专业知识、专业技能和专业能力的培养,但这些师范生主要面向一般学校培养,不能满足都市中心区域和偏远乡村地区以及科学、数学、特殊教育领域教师需求。

在各方支持下,实践取向的教师教育项目开始以传统教师教育的竞争者面貌出现。他们的教师来自教学之外的其他职业、年龄比较大、种族更加多样化、大部分是男性,更希望在难以留住教师的学校教学——内城或者偏远农村地区以及科学和数学以及特殊教育任教科目。

2001 年纽约成立的完全绕开大学的接力教育研究院面向特许学校、“为美国而教”项目、纽约教学队伍项目培养教师,授予硕士学位的做法,彻底形成了大学外教师教育机构。这一机构的成立具有历史性意义,在一定程度上促进了美国教师教育双轨制的发展。一轨面向普通学校、年轻人培养的大学教师教育,另一轨是面向都市中心区域或乡村地区培养教师,通常是中途改变职业者、多种族背景、数学、科学、特殊教育领域的教师,二者的互相竞争将会不断提升教师教育质量。

(二)部分解决教师短缺

实践取向的教师吸引了更多的教师在都市、贫困、少数民族学生或很难招到教师的学校任教,或者找到有效的实践取向的教师解决学非所用的任教学科问题。[①] 他们有更高的留职率,能够大幅度降低贫困地区公立学校教师短缺问题。

1. 留职率较高

实践取向的教师教育通常采用财务激励的方式,包括全职薪水、生活津贴、免除硕士学位学费等方式换取项目教师承诺在一定区域任教几年,建立贫困地区教师旋转门制度,从一定程度上解决了贫困地区教师短缺问题。在新泽西、福罗里达州、加州、得克萨斯州有85% ~90%的通过实践取向的教师教育项目进入教师职业的 5 年之后仍然留在教师岗位。2009 年统计表明有85%的实践取向的教师教育项目的毕业生在 5 年之后仍然继续从事教师职业。

2. 不能根本解决教师短缺

用实践取向的教师教育项目解决教师短缺,并不能从根本上解决美国公立中小学教

---

① Lora Cohen-Vogel, et al. Qualifications and Assignments of Alternatively Certified Teachers: Testing Core Assumptions[J]. American Educational Research Journal, 2007, 44(3): 732-753.

师短缺的复杂问题。

　　首先，美国解决教师短缺主要是改变对高素质教师的界定，任何有学士学位，通过任教科目考试和基本技能测试经过短暂培训就可以以临时教师资格的方式全职从事中小学教学工作。这些教师就一边教学一边拿教师资格证书。很不幸的是，一个教师拥有任教内容的知识并不能保证高质量的教学。

　　其次，实践取向的教师教育缺乏对教师职业的长久认同感。全美的统计显示新教师可能成为一种短期的持续转换的职业，而不是一生的追求。"为美国而教"项目和纽约教学队伍项目的队员大部分来自精英高校，他们暂时进入教师职业主要是作为改变或从事领导或其他高新工作的一种跳板。这在德克萨斯州的实践中证明实践取向的教师比传统教师更有可能离开教学专业[①]。

　　最后，教师短缺从根本上讲是美国公立教育拨款制度和学区制，使得贫困地区没有足够的资源提升公立学校的教育教学，要彻底扭转教师短缺，最根本的办法是增加拨款、提升教师的经济地位和政治地位，改善贫困地区公立学校的资源短缺状态。因此，实践取向的教师教育项目在满足教师短缺，建立教师补充的旋转门制度方面并不能根本上解决教师美国贫困地区公立中小学教师短缺问题。

（三）实践取向的教师质量存在争议

　　一方面，实践取向的教师教育项目与传统的教师教育项目培养的教师，可以减少教师短缺、提高教师质量、不断增加教师供给的多样性；另一方面，实践取向的教师教育政策降低了教学的专业地位，最终妨碍学生的学习。

　　美国教育研究协会（The American Educational Research Association）调查认为实践取向的教师教育与传统的教师，在通过课堂表现的有效教学方面不存在差别，临床实践是最重要的提高教师课堂教学有效性的手段之一。胡佛研究所的研究院把"为美国而教"项目教师与休斯敦地区新教师乃至学区内所有教师进行对比研究，发现从3年级到5年级，该项目培养的教师交出来的学生明显比其他项目教师学生成绩高。

　　也有相反的研究结果显示，实践取向的教师教育整体质量堪忧。1999—2000年达林-哈蒙德（Darling-Hammond，etc2003）等人对胡佛研究所调查的德克萨斯州休斯敦的同一学区的研究显示50%的休斯敦新教师在调查的样本中是没有教师资格证，35%的新雇佣教师甚至没有学士学位，因此"为美国而教"项目的教师是与异常没有充分准备的教师进行比较的。这也是为什么胡佛研究所没有报告"为美国而教"项目教师怎样与这些

---

　　① Berry Barnett. Recruiting and Retaining "Highly Qualified Teachers" for Hard-to-Staff Schools[J]. National Associationof Secondary School Principals,2004,88(638):5-27.

受过训练的和合格教师比较的原因(表8-1)。①

表8-1　学者比较传统与实践取向的教师教育的成效

研究	样本	小组比较	结果
达琳-哈蒙德(2000)	44个州的4~8年级	实践取向的教师与传统教师比较	传统的教师培养能够积极地和有效的影响州政府标准测试成绩分数
戈德哈伯和布鲁沃(Goldhaber and Brewer)(2002)	全美12年级的科学和数学领域	实践取向的教师与传统教师	没有证据证明传统标准的教师资格教师表现超过实践取向的教师资格
拉克佐-科尔和波丽娜(Laczko - Kerr and Berliner)(2002)	亚利桑那州109名3~8年级教师配对研究	没有教师资格证的教师包括"为美国而教"教师与有教师资格证的教师	合格教师指导学生比不合格教师指导的教师在阅读、艺术和数学方面低20%
米勒、麦肯娜(Miller, Mckenna)	乔治亚州5年级与6年级的9对教师	实践取向的教师资格与传统教师资格	在数学与阅读成绩方面没有差别
雷蒙德·弗莱彻等(Raymond Fletcher)(2002)	得克萨斯州休斯敦186所小学和34所中学	"为美国而教""非为美国而教"教师	"为美国而教"教师对学生成绩产生积极的影响,但是不具有统计学的差异
皮尔彻和斯蒂尔(Pilcher and steel)(2005)	乔治亚州教师	"为美国而教"教师与"非美国而教"教师	正常教师确实比"为美国而教"教师好

　　2003年,教育周刊在实践取向的教师教育项目中发现调查,只有13个州要求任何形式的课堂培训,只有19个州要求辅导教师支持,其中只有9个州要求辅导教师要与培训教师所要任教的学科要一致,5个州提供了辅导教师空闲时间进行辅导(Release Time)。辅导的频率从纽约州的每月1次到肯塔基州的每年23次。一些州要求有辅导教师,但是没有提供必要的培训,也没有考虑师范生应该在走进自己的课堂中应该知道什么。得克萨斯州有27个实践取向的教师教育项目,其中的一些甚至没有SAT最低分数限制,没有任教学科主修要求,实际上没有一个辅导支持的指导纲要。有部分实践取向的教师在任教学科中没有学士学位与研究生学位或者任何的工作经验。新泽西40%的实践取向的

　　①　Berry Barnett . Recruiting and Retaining "Highly Qualified Teachers" for Hard-to-Staff Schools[J]. National Associationof Secondary School Principals,2004,88(638):5-27.

项目教师任教学科与他们主修专业或研究领域或工作领域没有关系。在班级管理方面，50%的实践取向的教师在班级管理和课程计划方面受到了关键的支持，50%没有接受支持，导致部分实践取向的教师教育项目较差。

（四）实践取向的教师教育对传统构成一定的挑战并提供发展机遇

1. 存在挑战

一是实践取向的教师教育也称为最低能力模式，可能导致教学或教师教育的去专业化。这种教师教育模式不能实现高质量的教学和专业发展，限制专业问题解决能力、批判思维能力、积极性等专业素养的形成和发展（表8-2）。[①] 知名教师教育专家达林-哈蒙德认为实践取向的教师项目，允许没有获得教师证书提前进入教室，总体上会降低教师质量。

二是实践取向的教师教育主要是打破传统教师教育壁垒，鼓励学术天赋和种族多样性的教师候选人进入教学力量，但部分项目花费巨大。有研究显示"为美国而教"的教师流失率比起传统的和条件性的教师在2年内小于3%，但是远远高于传统的教师教育在3年后达到60%，5年后达到80%。[②] 2000—2008年，"为美国而教"经费从1 000万美元上升到1.15亿美元。参与"为美国而教"项目的社区要支付两倍于新教师的工资，这等于增加了地方学区的负担。每一位为美国而教的教师2006年的招募花费为2.25万美元。每一位教师离开还要花费1.5万美元，军转教师项目的花费个人超过2.5万美元。实际上两年的花费超过7万美元，应该把服务承诺由2年提高到5年，降低重新招募的麻烦。"为美国而教"项目教师只占美国350万教师的0.2%。80%的流失率意味着只有很少的学生能够从这种有效教师中受益，学区则为这种高流失率买单。[③]

---

① F. Buchberger et al. Green Paper on Teacher Education in Europe：High Quality Teacher Education for High Quality Education and Training[J]. Thematic Network on Teacher Education in Europe, 2000：20.

② Julian Vasquez Heilig, et al. Teach For America：A Review of the Evidence[J]. The Great Lakes Center for Education Research & Practice, 2010(June)：9.

③ Julian Vasquez Heilig, et al. Teach For America：A Review of the Evidence[J]. The Great Lakes Center for Education Research & Practice, 2010(June)：13.

表8-2　大学教师教育、混合教师教育、独立实践取向的教师特征①

特点	大学教师教育	混合教师教育	独立实践取向的教师教育
招聘	最少的地方候任教师	实践取向的教师教育项目	独立的实践取向的教师教育组织
社会公正	探索社会问题	探索社会问题、精英机构	或许探索或不探索社会问题
学校人口统计	各种各样的机构	2~3年教学承诺	精英机构
工作时长	潜在的职业选择	可能继续在这一领域工作	2~3年的承诺或更长时间
学位	教育学学士或教育学硕士	教学艺术硕士	教学艺术硕士
服务类型	职前,学位在课程完成之后获得	在职,在获得学位之前拥有教学岗位	在职,在学位完成之前拥有教学岗位
津贴	无	薪水	薪水
项目时长	1~2年	5~7周入职辅导,2~3年的有辅导的大学课程学习	5~6周的入职辅导,模式化学习
教学方法	因材施教	指定性和因材施教	指定性
他们来自哪里	主要是地方	招聘主要来自全美和地方	招聘主要来自全美和地方

三是实践取向的教师教育易导致教育实践神圣化,认为在实践中培养教师是解决所有问题的唯一途径和必然选择②。主要有三个方面。

(1)传统大学教师教育项目缩减理论课时,增加实践教学的比重,导致专业理论课程薄弱,不利于教师长期的专业发展。

(2)部分项目纯粹的实践而没有理论指导和辅助以监督性的、评论性的、指导性的教师辅导,通过新教师个人试误的方式学习教学,最终会导致实践取向的教师在高需求的都市中心学校、多种族学生、班级管理复杂的班级里缺乏必要的技能而退出教师职业。

(3)实践取向的教师教育项目往往采用防教师课程,运用技术性的手段,采用标准化的教学技能、教学流程、教案等无法发挥新教师创造性和积极性。

(4)实践取向的教师教育项目需要建立大学与地方学区公立学校之间紧密的合作关系,但现实情况往往出现一些教师培养方面的衔接问题,大学举办的实践取向的教师教育不能很好地调动地方学区参与教师培养的积极性,地方学区举办的教师教育项目缺乏大学教师的全力支持,导致一定的矛盾。

---

① Angus Shiva Mungal. Hybridized Teacher Education Programs in NYC:A Missed Opportunity[J]. Education Policy Analysis Archives,2015,2(89):1-31.

② 李才静,陈时见.美国选择性教师教育改革及启示:基于美国"纽约市教学伙伴"项目的研究[J].教师教育学报,2017,4(2):95-103.

（5）以学生成绩为主要依据评价教师专业素质和教师教育项目质量不可学。一方面,学生成绩的取得,受各种条件因素的影响,教师只是其中的一部分,如家庭背景、学生学习基础、语言等,用学生成绩评价教师质量不合理。另一方面学生的发展有多个方面,如身体发展、心智发展、情感发展等,仅以学生的心智发展的标准评价教师质量,将会以偏概全,蒙蔽教师专业发展。

（6）实践取向的教师职业的短暂性。实践取向的教师教育在美国的兴起,激起哈佛大学教育学院研究兴趣,他们认为 21 世纪的教师将包括把教师作为暂时职业而不是终身职业。实践取向的教师教育在教学法方面给予最低的要求,吸引那些把教学作为短暂职业的人参与其中。"为美国而教"项目的教师在 2 年之后大部分都离开了教师职业,其他实践取向的教师教育项目大多是中途转换职业者,而且年龄较大,他们认为教师职业只是一个临时性的职业。而且在实践取向的教师证书的有效期有 17 个州限制在一年,有 25 个州的实践取向的教师资格证书不能更新,这都给人一种实践取向的教师只是一个短暂的职业或者过渡性职业的感觉。

2. 机遇——混合教师教育项目

混合教师（Hybrid Teacher）是指综合的教师教育项目的候任教师同时在实践取向的和传统大学基础的教师教育项目参加培训、不断增加的一般实践取向的教师教育,迫使他们建立与大学教育学院的合作伙伴关系,这种混合的教师教育项目提供了核心的资产,有助于两种形式的教师教育项目的生存和发展。

（1）实践取向的教师教育项目贡献夏季学院、辅导、临床培训、募集资金、模块学习课程、教学岗位。大学教育学院贡献的特定需求的课程包括课堂管理、作为课堂记录教师需要的基础和方法。实践取向的教师教育项目强调规定的方法促进学生学习,可以被视为更加清单式的学习,大学教育学院强调学习模式的差异性提倡教师专业性。

（2）实践取向的教师教育项目部分解决了大学教师教育项目生源不足问题,同时增加了大学教师教育项目的市场适应性能力。大学教育学院院长认为与实践取向的教师教育项目合作可以提供教师支持,州政府批准的课程以及产生更多的财务收入和增加注册学生数。同时一部分院长认为招收"为美国而教"、纽约教学队伍项目学生可以增加大学教育学院精英高校的毕业生。

（3）混合的教师教育项目更有可能留在教学岗位,但是这些岗位是领导岗位而不是课堂教师岗位。"为美国而教"校友更有可能进入指令性领导和政策岗位,成为政策活动者,从培养教师转变培养公民领导人成为模范项目的目标。

（4）它们各自存在弱点。大学教师教育学院项目倾向于地方的年轻一些的师范生,他们注定要参加太长、太多重复性的课程以及不充分的临床教学实践。实践取向的项目被看作太短的教育学培训,仅关注任教内容、太短的任教承诺服务期、缺乏根本基础、太多的规定性教学方法,对多样性重视不够。

未来的建议是有经验的教师成为新手教师的教练,大学和学院为基础的教师教育主要责任是设计和指导更广泛意义的教学法和理论上的教学理论。实践取向的教师教育更多地运用中小学进行教学实践,二者亲密无间地一起工作。学术专家提供直接的背景化的和解释的知识或背景信息思想,临床辅导教师手把手地进行教授班级、教学计划、实践教学①。

(五)实践取向的教师教育项目成本优势

首先,实践取向的教师教育大都实施在职培训,经过5~7周的岗前培训获得基本的班级管理和儿童发展培训之后,就可以获得临时教师资格证书担任课堂教师,虽然不同的项目新教师担任课堂教学任务的程度不同,所获得的薪水也有所不同,但是这一模式确实适合那些职业改变者,有家庭负担人获得教师资格,降低了他们获得教师资格证书或教育学硕士学位的成本。

其次,在职培训期间不仅可获得教师资格证书,还可以获得硕士学位,项目会根据承诺的教学服务期限减免不同比例的硕士学位学费。

最后,学习期间的生活津贴,在加州所有实习教师都可以获得2 500~3 500美元的州政府津贴,同时加州要求地方学区匹配同等金额的资助或补贴,辅导教师除了获得教学工作量减免外,还能获得从1 000美元到5 000美元不等不同程度的现金津贴,"为美国而教"教师所获得的津贴和学费补贴以及联邦政府补贴2年内高达几万美元,这样就吸引精英高校的毕业生进入贫困地区的公立学校任教。

(六)教师教育集权管理体制改革

美国历史上公立学校治理权力授权给地方学校董事会,地方学校董事会享受着相当多的教育政策决策自治权,包括雇佣谁、教什么、何时开学、怎样分配教育资金。

首先,分权的治理制度受到批判,认为地方学校董事会是没有效率并且是过时的。在教育周刊上一个栏目《现场对话》(Live Chat)《学校董事会过时了吗》(Are Local School Boards Obsolete),随后发表一篇题为《一个被忽视的机构努力保持相关性》的文章。《匹兹堡邮报》(the Post Gazette of Pittsburgh)发表《学校董事会值得质》(School Boards' Worth in Doubt)、《华盛顿邮报》的《谁需要学校董事会》(Who Needs School Boards?)、基督教科学箴言报(the Christian Science Monitor)的题目是《学校董事会:民主的理想还是时代的错误》(School Boards:Democratic Ideal or a Troubled Anachronism),对学校董事会批判最知名的就是切斯特·芬恩,认为学校董事会比恐龙更糟糕,他们更像是教育陷阱,是一种反

---

① Christopher J. Lucas. Teacher Education in America:Reform Agendas for the Twenty-first Century [M]. New York:St. Martin's Press,1997:275.

常和不合时宜的现象。芬恩号召政策制定者把这种不正常的安排从痛苦中解脱出来,增加州政府和联邦政府对其工作的监督,在极端情况下,被州政府官员完全接管地方学校董事会。

其次,从美国地方公立学校历史来看,地方学区保留了很大的权力,但是考试分数落后,州政府和联邦政府关于进入了教育政策领域经常遏制地方学校董事会的权力和影响力。随着联邦和州政府权力的不断增加地方学校董事会的权力不断下降。在都市地区芝加哥市、波士顿市、纽约市等美国的主要城市学区都进行了从学区董事会向市长办公室转移管理中小学公立学校的权利的现象。芝加哥、纽约、波士顿这些城市的市长有权任命公立学校董事会成员、关闭低效的公立学校,推动特许学校管理组织管理低效学校的改革。与此同时,这些城市推动了都市教师教育项目,纽约教学队伍项目、"为美国而教"项目、芝加哥驻校教师项目的都市队员一般安排在各个都市的特许学校中任教,提升这些学校的教育质量。

三、结论与建议

(一)加强教师教育问责

1.严格认证标准

首先,美国实践取向的教师教育质量并没有预想的那么好。巴内特·贝瑞(Barnett Berry)揭穿了实践取向的教师教育的三个神话:

(1)教师唯一需要的知识是任教学科知识;

(2)实践取向的教师教育项目能吸引高质量的教师;

(3)实践取向的教师资格项目能够大量生产有效的教师,他们能够提升学生的学习成绩。贝瑞认为真正高质量的实践取向的教师教育项目是那些能够同时提供任教科目知识和教育学知识、密集的临床经验,并要求参与者满足州政府标准问责要求的高质量教学。

其次,严格标准。实践取向的教师教育项目必须被严密评价和认证除非这些项目保证他们的候选人掌握一系列核心的知识和技能。联邦政府能够把这一期望授权给认证组织。州政府应该关闭不能满足严格认证标准的项目和拒绝授予没有完成认证项目的师范生教师资格证书。应该有数据追踪系统评价项目在培养候选人进入和留在教学岗位效果,展示很好的评价绩效。教师教育应该针对这一建议采取步骤加强他们的课程和临床工作;州政府和机构应该保证实践取向的教师教育报销和资助达到与其他医学、工程专业的临床项目一样的金额或比例。

联邦政府应该提供激励——就像在医学领域那样支持在都市和贫困社区培养高质

量教师,国会应该提供独立的专业权威与州政府专业标准一起工作开发全美的绩效基础的测试项目,评价教学实践和教学知识进而授权授予教师资格。国会应该为州政府提供激励合作评价他们的资格过程。在短缺领域和短缺区域工作的教师,联邦政府应该实质性地扩展服务奖学金和免除贷款补助,并对这些师范生提出最低服务4年的要求。州政府和联邦政府应该资助高质量的入职项目帮助新任教师获得专业经验和留在教室内。这些项目应该包括培训辅导教师,期望他们辅导和提供教学示范,减轻他们的教学负担、合理的绩效评价以便指导师范生。

2. 协调政府、专业和市场取向的教师质量问责体制

第一,以学生成绩为基础建立国家、专业和市场取向的教师教育问责体系[①]。政府取向的教师教育问责主要是根据《不让一个孩子掉队》法案要求提升学生成绩和公平性的诉求,是政府保障每一个课堂里都有高质量教师,是保障公民受教育权的基本体现。专业取向的教师教育质量保障主要从教师专业发展的角度,为学生进行有意义学习提供高质量教师,保障经过专业认证的教师教育机构和项目培养的教师具有专业知识、能力和专业道德,促进学生学习,提升教师专业地位和声望的要求。市场取向的教师教育质量主要是通过可以测量的学生成绩提升,运用市场手段为高需求地区和学科招聘高质量教师,把学生成绩与教师绩效薪水联系起来,体现教师劳动的市场价值,而不是单纯看教师的学历和资历。

第二,尽管三者都是以学生成绩为标准,但是各自的关注点不同,国家问责与专业问责都是以K-12学生学业标准为依据和主要参照标准,市场取向的学生成绩问责主要体现在学生成绩增值这一标准,通过数据记录表现出来。政府问责根据学生成绩进行横向的外部评估,每个州公布教师任教班级和科目学生成绩排名,市场取向的根据学生成绩进行纵向评估,把学生学业进步作为标准,评估不同时间段学生学业进步进行评估,专业取向的主要根据同行专业标准进行评估是一种内部评估。教师教育三种问责方式结合起来,以学生成绩为基础,以教师专业标准为参照点,综合运用政府、专业和市场的方式确保教师教育质量。

(二)强调教师实践智慧

一是辅导教师需要从学习者的视角看问题的能力,展示教育学思维,在课堂中对于任何行动的调整能力。辅导教师站在与师范生对话关系立场上。学生就可以通过教师的辅导更深刻地理解教学问题。经过一段时间,这种理解就能为经验问题提供解决办法。

二是注重三个领域的社区实践。包括知识领域、社区里的人们以及社区人们开发创

---

① 赵萍.美国教师知识合法化进程研究[M].北京:北京师范大学出版社,2017:226.

造的实践三个部分。在社区知识领域成员建立信任和个人关系,鼓励他们的意愿、帮助分享他们的想法。利用信任关系促进教师专业劳动学习。社区实践产生的实践性命题知识和程序性知识,新手可以在辅导教师的帮助下学习实践知识。教育学相关知识的社区正式和非正式学习参加各种社区实践活动,如科目专家小组,这些镶嵌在背景中的非正式发展和专业实践判断,也可以掌握一定的概念。如果一个特定的实践被知觉为特定方式从专家传递到新手,一定的实践概念就会被吸收。

三是加强三个层次的反思①。第一个层次是关注达到州目标的具体技术,也称为技术反思。这些州的教师教育目标是当然的,反思的标准限制在技术问题,关注教师怎样熟练地展示教学技术以及哪些工作能够满足学校的要求,通过关注教学技术发展再生产有限的教师角色,鼓励很强的个人主义。第二个层次的反思师范生关注教育原则与教育实践的关系。在这个阶段需要关注展示和澄清个人教育信念和行动的意义和影响。教师仅仅是知识的消费者,结果严肃思考教育原则和目标不能反映一个给定学校的和社会的价值。第三个层次坚持承诺解决结构和思想意识问题,解决作为教育话语一部分的道德和政治关注。反思作为一种知识表达,其目标不仅是澄清教育意义和结果,而且更重要的是批判性的审查教师潜在认可和解决教师角色、内部价值,以及权力和结构关系,公正、平等、关照、解放被作为标准考虑教育目标、课程内容和教学实践的价值。在这个层次上师范生开始确认课堂生活与广泛的社会力量和结构的关系。尽管对具体技术的反思是师范生必需的,但是同等重要的第二次、第三次的反思在教师教育项目中一样重要。

教师教育要深入发展就必须彻底摆脱那种关注知识、技能和理论的实体性思维,实现从知识论培养观向实践智慧培养观,从实体思维向实践思维的转学。实体思维将教师专业素质预设为客观存在的实体、品质,他们或是理论知识、学科知识,或是教学知识、技能技巧,以此诠释教师专业成长,从而忽略教师发展过程的意义,而实践智慧更加注重事物与情景的特殊性,教师的教育实践状况和专业判断,因为它认为教师时刻存在于教育现场之中,存在于无数关系和场景中,教师教育能力通过在关系与现场中的实践活动而不断发展其教学能力与实践智慧的。一句话,教师能力在实践中生成②。

(三)教育是培养人的事业,不能完全市场化

第一,如果说教堂关乎人的心灵,医院关乎人的身体,法院关乎社会正义,学校则是传授知识和训练年轻人心智的③。教师需要体面的生活,但并不全是为了钱,为了更好从

---

① B. Robert Tabachnick and Kenneth M. Zeichner. Issues and Practices in Inquiry - oriented Teacher Education[M]. London:the Falmer Press,1991:57.

② 龙宝新.当代教师教育变革的文化路径[M].北京:北京师范大学出版社,2012:22.

③ 洪明.美国教师质量保障体系历史演进[M].北京:北京师范大学出版社,2010:235.

事教育事业,需要为教师提供更高的薪水,为学校提供更多的资源,促进教师专业发展。

第二,市场政策建立在竞争、选择、胜利者与失败者、发现肇事者,然而教师必须认为所有的儿童都能够学习,因此不会有胜利者与失败者[1]。运用市场话语表达出一系列反对教师教育者的口号。这种口号与各种各样的危险左派、不了解情况的学术界、挥霍浪费公共资金联系起来。这些叙事与任何理性对话都不沾边,而是在政治语言争论中充当领导角色。尽管市场取向的公共改革经常是以服务于平等的印象展示给公众的,但是他们实际上是向社会上层再分配财富,收益最大的是财富精英和公司,这样可以减少社会服务的公共资金。

因此,摆脱教育市场化和教师教育市场化,教育政策制定者和行政管理者需要认识到这一问题复杂性,接受多种评价方式支持教师教育,吸引雇佣新的高质量、将能更好地服务于政策制定者和行政管理人员。

(四)开展教师巡课

教师巡课和临床模拟教师巡课参照的是医学教育中"共同巡诊",采用教学巡课的方式促进不同教师之间、师范生与专业指导教师之间、师范生与临床指导教师之间以及指导教师之间观摩切磋的一种教师教育形式,以示范课为表现形式,结合研讨活动、教学反思等现代教师教育理念的一种有效的教师教育培养方式。

(五)建立混合教师教育

实践取向的教师教育并不是全部绕开大学教育学院完全在中小学进行教师培训,教师培训应该是学术教师教育者和丰富课堂经验的实践者真正的合作事业[2]。前者的主要职责是教学法教学,后者的主要技能是帮助新手教师开发实践教学和管理技能。大学最擅长的是创造和传播基础知识,学习成为教师必需的实践技能,但是学术机构不能很好地传播这些实践技能。大学培训通常是不成熟的。师范生认为不能希望通过教师教育者告诉怎样教学就能够成为教师。实践取向的教师教育是以中小学基础的有效的教师教育模式,研究证明这种训练方式能够与学校的特殊需要联系起来,特别是绩效为基础的和同行评价的教师教育项目。这种模式使教师教育更加灵活:这种模式主要目的增加合格教师的供应,国家可以把这些项目订单化按照不同地区、学科、类型学校的需求建设

---

① 　Nicholas M. Michelli and David Lee Keiser. Teacher Education for Democracy and Social Justice[M]. New York:Routledge Taylor&Francis Group,2005:42.

② 　Christopher J. Lucas. Teacher Education in America:Reform Agendas for the Twenty-first Century [M]. New York:St. Martin's Press,1997:271.

这种项目。但是无论从实践来看,还是从美国的政策来看,实践取向的教师教育都只是传统教师教育的一种有益补充。

未来美国的教师教育项目将继续沿着多样化的趋势发展,传统的教师教育对时代的要求做出了积极回应,也开始建立大学为基础的实践取向的教师教育项目。[1] 传统的教师教育与实践取向的教师教育之间的界限将更加模糊。实践取向的教师教育作为美国重要的教师教育改革运动,缓解了美国教师短缺,促进了教师队伍的多元化,打破了传统教师培养的垄断,体现了教师教育民主化的发展趋势。美国实践取向的教师教育的开展是美国对教师教育改革进行的一次积极的探索。

关于我国教师教育改革,在宏观上,教师教育应由国家主导,统筹规划;在中观上,教师教育应建立"实践取向"的课程门类,把教师的在职学习纳入终身学习体系;在微观上,教师教育应建立高校与中小学联合体,形成教师教育协同创新机制,使基础教育和教师教育相互促进,共同发展。[2]

① C. Emoly Feistritzer. Teaching While Learning Alternate Routes Fill the Gap[J]. Phi Delta Kappa International. 2009,5(2):8.

② 关松林. 发达国家教师教育改革的经验与思考[J]. 教育研究,2014(12):101-108.

参考文献

一、中文参考文献

[1]埃伦·康德利夫·拉格曼.一门捉摸不定的科学:困扰不断的教育研究的历史[M].花海燕,等译.北京:教育科学出版社,2006.

[2]卡特里娜·弗里德(Katrina Fried).美国教师:教室里的英雄[M].唐静,译.北京:教育科学出版社,2018.

[3]玛丽莲·斯密斯,沙伦·费曼-尼姆塞尔,约翰·麦金太尔.教师教育研究手册:变革世界中的永恒问题(上卷、下卷)[M].范国睿,等译.上海:华东师范大学出版社,2017.

[4]美国教育部中学后教育办公室.美国教师质量报告:如何培养高质量的教师[M].朱旭东,等译.北京:人民教育出版社,2016.

[5]白玫.从 NCATE 到 CAEP:美国职前教师教育认证的价值反思[J].外国教育研究,2018,5(4):30-42.

[6]李才静,陈时见.美国选择性教师教育改革及启示:基于美国"纽约市教学伙伴"项目的研究[J].教师教育学报,2017,4(2):95-103.

[7]操太圣,卢乃桂.伙伴协作与教师赋权:教师专业发展新视角[M].北京:教育科学出版社,2007.

[8]陈永明.教师教育学科群导论[M].北京:北京大学出版社,2013.

[9]谌启标.美国教师教育制度变迁与改革实践[J].比较教育研究,2003(7):66-71.

[10]戴伟芬.学术性与师范性的抉择与融合:美国教师教育课程思想流变[J].教师教育研究,2012,24(1):93-97.

[11]戴伟芬.美国教师教育课程思想30年[M].北京:北京师范大学出版社,2012.

[12]冯剑峰.美国中小学教师流失的特点、原因及其治理[J].教师教育研究,2018,30(2):121-128.

[13]付淑琼.美国中小学卓越教师职前培养质量保障机制研究[M].上海:华东师范大学出版社,2016.

[14]关松林.发达国家教师教育改革的经验与思考[J].教育研究,2014,35(12):101-108.

[15]管培俊.我国教师教育改革开放三十年的历程、成就与基本经验[J],中国高等教育研究,2009(2):3-11.

[16]郭志明.美国教师教育200年[M].北京:中国社会科学出版社,2017.

[17]韩雪军.波士顿教师驻校模式:美国教师教育发展的新趋向[J].高教探索,2017

（11）:89-92.

[18]何菊玲.教师教育范式研究[M].北京:教育科学出版社,2009.

[19]洪明.教师教育是否会退出大学专业教育行列[J].高等教育研究,2014,35(1):50-56.

[20]洪明,王佩璐.美国教师资格考试制度的重大变革:"基于实习的教师入职评估"述评[J].比较教育研究,2016,38(8):43-49.

[21]洪明.教师教育的理论与实践[M].福州:福建教育出版社,2007.

[22]洪明.美国教师质量保障体系历史演进研究[M].北京:北京师范大学出版集团,2010.

[23]黄建辉,洪明.解制取向的教师培养质量的评估及其争议:美国NCTQ《教师培养质量评估报告(2013)》[J].外国教育研究,2015,42(3):109-117.

[24]黄崴.教师教育体制:国际比较研究[M].广州:广东高等教育出版社,2003.

[25]黄学军,崔岐恩.历史与逻辑:美国教师教育变革中的联邦角色[J].大学教育科学,2010(4):69-74.

[26]贾雪姣.美国选择性教师教育路径研究:以"为美国而教"计划为例[D].东北师范大学,2012.

[27]贾雪姣,索丰."为美国而教"的价值承当:社会与个人的双赢[J].外国教育研究,2012,39(1):75-80.

[28]靳希斌.教师教育模式研究[M].北京:北京师范大学出版社,2009.

[29]李学农,张清雅.教师教育世纪转型与发展[M].南京:南京师范大学出版社,2014.

[30]刘静.20世纪美国教师教育思想的历史分析[M].北京:北京师范大学出版社,2009.

[31]龙宝新.当代教师教育变革的文化路径[M].北京:北京师范大学出版集团,2012.

[32]罗福益,洪明.后教育学院时代的美国教师培养模式:芝加哥大学"城市教师教育计划"研究[J].外国教育研究,2015,42(4):66-75.

[33]罗艺.基于社会公平的当代美国支教项目研究:以"为美国而教"项目为例[D].西南大学,2011.

[34]吕琛辰.中美非营利组织在大学生志愿者管理方面的比较研究:以"为美国而教"组织为例[J].今日财富(中国知识产权),2019(3):193-196.

[35]邵华云,孙焦.芝加哥驻校模式:美国教师教育发展的新方向[J].现代中小学教育,2014,30(2):111-114

[36]舒志定,陈永明.教师教育哲学[M].北京:北京大学出版社,2012.

[37]宋萑,袁丽.21世纪的教师教育改革[M].北京:北京师范大学出版社,2017.

[38]宋萑,钟秉林.走向实践与技艺化危险:中美教师教育模式改革研究[J].高等教育研究,2011,32(9):64-69.

[39]索磊.美国以"临床实践"为中心的教师培养模式研究[J].宁波大学学报(教育科学

版),2014,36(3):53-57.

[40]滕大春.美国教育史[M].2版.北京:人民教育出版社,2001.

[41]王丹.美国选择性教师资格制度浅析[J].比较教育研究,2008(3):51-55.

[42]王凯.专业品性:美国教师教育标准的新元素[J].教育研究与实验,2011:76-80.

[43]王萍.美国中小学教师教育发展研究[M].武汉:武汉大学出版社,2014.

[44]谢赛.美国教师教育问责制的两次转型[J].清华大学教育研究,2011,32(2):89-93.

[45]徐春妹,洪明.解制取向下的美国教师培养新路径[J].外国教育研究,2007,34(7):24-28.

[46]徐来群.美国教师教育的认证标准的演进发展和认证过程[J].商丘师范学院学报,2013,29(8):110-113.

[47]徐来群.美国实践取向的教师教育兴起之原因分析[J].煤炭高等教育,2013,31(4):24-27.

[48]徐来群.美国选择性教师教育的类型及特点[J].教育理论与实践,2013,33(23):29-31.

[49]荀渊.迈向专业的教师教育[M].上海:华东师范大学出版社,2018.

[50]杨之岭,林冰,苏渭昌.中国师范教育[M].北京:北京师范大学出版社,1989.

[51]张伶俐,洪明.特朗普时代"为美国而教"计划发展趋势探析[J].比较教育研究,2019(8):92-98.

[52]张霞.关注实践:美国中小学教师培养模式的价值取向[J].天津师范大学学报(基础教育版),2016,17(4):63-67.

[53]张燕镜.师范教育学[M].福州:福建教育出版社,1995.

[54]赵华晔.教师教育专业化危机与应对[J].教师教育学报,2018,5(12):8-16.

[55]赵萍.美国教师知识合法化进程研究[M].北京:北京师范大学出版社,2017.

[56]赵英,黄娟.美国教师教育临床实践标准的基本框架及其启示:基于CAEP教师教育临床实践标准的案例研究[J].外国教育研究,2017,44(7):60-71.

[57]钟秉林,宋崔.专业化与去专业化:美国教师教育改革悖论[J].高等教育研究,2011,32(5):56-61.

[58]周成海,朱宁波.美国教师教育新模式:"教师巡课"与"临床模拟"[J].比较教育研究,2016,38,(11):40-46.

[59]周钧.美国教师教育理论与实践[M].北京:北京师范大学出版社,2015.

[60]周钧.美国教师教育认可标准的变革与发展:全美教师教育认可委员会案例研究[M].北京:北京师范大学出版集团,2009.

[61]朱旭东,袁丽.教师资格考试政策实施的制度设计[J].教育研究,2016(5):105-110.

[62]祝怀新,赵梦蝶."为美国而教"计划的实施与影响探析[J].外国教育研究,2010,37（10）:78-82.

[63]卓进,蔡春.混合教育趋势下的未来教师:慕课时代的教师分流、转型与教师教育思考[J].高教探索,2015(4):105-110.

二、英文参考文献

[1]AHMANN C. And that's why I Teach For America:american education reform and the role of redemptive stories[J]. Text&Talk 2016; 36(2):111 - 131.

[2]AJAYI L J,et al. Perceptual difference between intern teachers and university supervisors on the expectations and preferences for the fieldwork program[J]. Education,2005,126(2):259-274.

[3]ALHMAR K K. Mapping the terrain:Teach For America, charter school reform, and corporate sponsorship[J]. Journal of Education Policy,2014,29(6):742-75.

[4]AMADOR - WATSON C,SEBASTIAN J P. The professional needs of clinical practice supervisors[J]. Education. Educadores. 2011,14(1):137-165.

[5]Amador-Watson C. Cost-effectiveness analysis of two multiple subject internhip credential programs in california[D]. University of Southern California,2003.

[6]ANDERSON G A. Teach For Hartford:the role of the alumni champion in the Teach for America movement[D]. Tufts University,2006.

[7]AYERS J B,BERNEY M F. A practical guide to teacher education evaluation[M]. Boston:Kluwer Academic Publishers,1989.

[8]BACKES B,HANSEN M. Teach For America impact estimates on nontested student outcomes [R]. National Center for for Analysis of Longitudinal Data in Education Research,2015.

[9]BARNES M C,et al. Teach For America's long arc:a critical race theory textual analysis of Wendy Kopp's works[J]. ,Education Policy Analysis Archives,2016,24(14):1-40.

[10]BEARE P,et al. Examination of alternative programs of teacher preparation on a single campus[J]. Teacher Education Quarterly,2012,39(4):55-74.

[11]BECK J S. Investigating the third space:a new agenda for teacher education research[J]. Journal of Teacher Education,2020,71(4):379 - 391.

[12]BECK J S. Changing the narrative of teacher preparation:a case study of faculty methods at an urban teacher residency[D]. George Mason University,2014.

[13]BECK J S. The complexities of a third-space partnership in an urban teacher residency [J]. Teacher Education Quarterly,2016,43(1):51-70.

[14]BERKOVITZ I,SHALEV-VIGISER Y. Alternative teacher training programs in Israel:background, mapping, and conceptual analysis [D]. The Van Leer Jerusalem

Institute,2012.

[15]BERRY B,MONTGOMERY D. Creating and sustaining urban teacher residencies:a new way to recruit,prepare,and retain effective teachers in high-needs districts[R]. The Aspen Institute,2008.

[16]BERRY B,MONTGOMERY D. Urban teacher residency models and institutes of higher education:implications for teacher preparation[R]. Center for Teaching Quality,2008: 1-31.

[17]BIRKEL S E,PESKE H G. Literature review of research on alternative certification[R]. National Education Association,2004.

[18]BOGGESS L B. Home growing teacher quality:district partnerships with urban teacher, residencies[D]. The Pennsylvania State University,2008.

[19]BOGGESS L B. Tailoring new urban teachers for character and activism[J]. American Educational Research Journal,2010,47(1):65-95.

[20]BRASS J. English,literacy and neoliberal policies:mapping a contested moment in the United States[J]. English Teaching:Practice and Critique,2014,13(1):112-133.

[21]BROUWER N. Alternative teacher education in the Netherlands 2000 - 2005:a standards - based synthesis[J]. European Journal of Teacher Education,2007,30(1): 21-40.

[22]BROWN C A. Use of logic models to plan and assess graduate internship experiences[J]. TechTrends 2012,56(6):37-43.

[23]BRUBACHER J S. A History of the Problems of Education[M]. New York:McGraw-Hill Book Company,1966.

[24]BUCHBERGER F,et al. Green paper on teacher education in Europe:high quality teacher education for high quality education and training[J]. Thematic Network on Teacher Education in Europe,2000.

[25]BURNEY,N M,HOLLOWAY B E. A tale of two cities:reality check on mayoral control of urban school districts[J]. International Journal of Educational Policy, Research, & Practice,2004,5(1):79-98.

[26]CASEY L E,et al. The state of teacher diversity in american education[R]. Albert Shanker Institute,2015.

[27]CEGELKA P A,Alvarado J L. A best practices model for preparation of rural special education teachers[J]. Rural Special Education Quarterly,2000,19(3/4):15-29.

[28]COCHRAN-SMITH M. Policy,practice and politics in teacher education[M]. California: Corwin Press,A SAGE Publications Company,2006.

[29]COFFMAN A N . Teacher residencies:redefining preparation through partnerships[R].

NEA Center for Great Public Schools Teacher Quality Department,2014.

[30] COHEN E,et al. Human capital in Boston public schools:rethinking how to attract, develop and retain effective teachers [R]. The National Council on Teacher Quality,2010.

[31] COHEN – VOGEL L,et al. Qualifications and assignments of alternatively certified teachers:testing core assumptions[J]. American Educational Research Journal,2007,44 (3):732–753.

[32] CRADE J H. A logic of practice in the development of Teach for America:1989–1992: ellites,social capital and urban and rural teacher education[D]. University of Wisconsin– Madison,2007.

[33] DARLING–HAMMOND L,et al. Does teacher preparation matter? evidence about teacher certification,Teach for America,and teacher effectiveness[J]. Eeducation Policy Analysis Archives,2005,13(42):1–50.

[34] DARLING–HAMMOND L,et al. Variation in teacher preparation:how well do different pathways prepare teachers to teache[J]. Journal of Teacher Education,2002,53(4): 286–302.

[35] DARLING–HAMMOND L. Who will speak for the children? how Teach for America hurts urban schools and students[J]. The Phi Delta Kappan,1994,76(1):21–34.

[36] DENNIS D V. A Teacher residency melds classroom theory with clinical practice[J]. The Phi Delta Kappan,2016,97(7):14–18.

[37] DI C L. Corps members' perspectives of teaching in a new Teach for America region[J]. Journal of Urban Learning,Teaching,and Research,2018:18–26.

[38] DONALDSON M L. Teach For America teachers' careers:whether,when,and why they leave low–income schools and the teaching Profession[D]. Harvard University,2008.

[39] DONOGHUE T,Whitehead C. Teacher education in the English–speaking world:past, present,and future[M]. Charlotte:Information Age Publishing,2008 .

[40] EDWARDS A,Gilroy P,Hartley D. Rethinking teacher education:collaborative responses to uncertainty[M]. London:RoutledgeFalmer,2002.

[41] FEISTRITZER C E. Teaching while learning alternate routes fill the gap[J]. Phi Delta Kappa International,2009,5(2):8.

[42] FLORES B M. Pre–service teacher micro–hegemonic construction of literacy teacher identity[D]. University of South Florida,2018.

[43] FOOTE M Q,et al. Are we supporting teacher success:insights from an alternative route mathematics teacher certification program for urban public schools[J]. Education and Urban Society,2011,43(3):396 – 425.

［44］GARZA R，et al. Developing a mentoring framework through the examination of mentoring paradigms in a teacher residency program［J］. Australian Journal of Teacher Education，2019，44（3）:1-22.

［45］GLASS G V. Alternative certification of teachers［D］. Arizona State University，2008.

［46］HABERMAN M. What makes a program "alternative certification?" an operational definition［J］. National Association for Alternative Certification Online Journal，2006，1（1）:5-11.

［47］HAMEL F L，Merz C. Reframing accountablity: a pre-service program wrestles with mandated reform［J］. Journal of Teacher Education，2005，56（2）:158.

［48］HANSEN M. The impact of Teach for America on non-test academic outcomes［J］. Education Finance and Policy，2018，13（2）:168-193.

［49］HEILBRONN R. Teacher education and the development of practical judgement［M］. Norfolk: Continuum International Publishing group，2008.

［50］HEILIG J V，et al. Teach For America: a review of the evidence［J］. The Great Lakes Center for Education Research & Practice，2010（June）:11.

［51］HERBERT H. Teach for America: a pancea for the ills of American education［D］. Dartmouth College，2015.

［52］HIGGINS M，et al. Creating a corps of change agents: what explains the success of Teach for America［J］. Education Next，2011，11（3）:18.

［53］HILL-JACKSON V，LEWIS C W. Transforming teacher education: what went wrong with teacher training and how we can fix it［M］. Virginia: Stylus Publishing，LLC. 2010.

［54］HOBAN G F，edited. The missing links in teacher education design: developing a multi-linked conceptual framework［M］. The Netherlands: Springer，2005.

［55］HUNT J B，et al. What matters most: Teachng for America's future［R］. The National Commission Teaching & America's Future，1996.

［56］IRIZARRY J，DONALDSON M L. Teach for América: the latinization of U. S. schools and the critical shortage of Latino teachers［J］. American Educational Research Journal，2012，49（1）:155-194.

［57］JACOBSEN R，et al. Cultivating political powerhouses: TFA corps pembers experiences that shape local political engagement［J］. Education Policy Analysis Archives，2016，24（18）:1-38.

［58］Johnson D D，et al. Trivializing teacher education: the accreditation squeeze［M］. New York: Rowman & Littlefield Publishers，Inc，2005.

［59］JONES A，BARNES C P. The California Consortium: a case study on seeking change in teacher education［J］. Journal of Teacher Education，1984，36（6）:5-10.

[60]KARGE B D,MCCABE M . Quality alternative certification programs in special education ensure high retention[J]. Journal of the National Association for Alternative Certification, 2014,9(2):24-43.

[61] KEISER D L. Learners not widget: teacher education for social justice during transformational times[J]. ResearchGate,2005:80

[62] KELLY S, NORTHROP L. Early career outcomes for the "best and the brightest": selectivity,satisfaction,and attrition in the beginning teacher longitudinal survey[J]. American Educational Research Journal,2015,52(4):624 - 656.

[63] KENNEDY H L, et al. Assessing preservice teachers: developing and implementing a model[J]. Contemporary Education; 2000,71(2):42-50.

[64]KLEIN E J,et al. Finding a third space in teacher education:creating an urban teacher residency[J]. Teaching Education,2013,24(1):27-57.

[65] KRAEMER - HOLLAND A M. Framing teaching in retrospect: a qualitative study of educational philosophies and teacher socialization through the Teach for America experience[D]. DePaul University,2019.

[66]KRETCHMAR K,et al. The power of the network:Teach For America's impact on the deregulation of teacher education[J]. Educational Policy,2018,32(3)423 - 453.

[67]KUENG C R. California district-sponsored multiple subject teaching internship programs making the grade in alternative certification[D]. University of La Verne,2003.

[68] LAHANN R, REAGAN E M. Teach for America and the politics of progressive neoliberalism[J]. Teacher Education Quarterly,2011,38(1):7-27.

[69]LASSONDE C A. ,et al. Current issues in teacher education:history,perspectives,and implications[M]. Springfield:Charles C Thomas Publisher Ltd. 2008.

[70]LEE C C,AKIN S;GOODWIN A L. Teacher candidates' intentions to teach:implications for recruiting and retaining teachers in urban schools [J]. Journal of Education for Teaching,2019,45(5):525-539.

[71]LEMMON C A. The impact of cohort support on learning to teach within california's district intern programs[D]. University of the Pacific,2000.

[72]LEON M R. Distributed mentoring:preparing preservice resident teachers for high needs urban high schools [J]. Journal of Urban Learning Teaching & Research, 2014: 101-117.

[73]LISTON D P,ZEICHNER K M. Teacher education and the social conditions of schooling [M]. New York:Routledge,1990.

[74]LOUGHRAN J, RUSSELL T. Improving teacher education practices through self-study [M]. London:Routledge Falmer,2002.

[75] LUCAS C J. Teacher education in America: reform agendas for the twenty-first century [M]. New York: St. Martin's Press, 1997.

[76] MALONEY P A. Schools make teachers: the case of Teach For America and teacher training[D]. Yale University, 2012.

[77] MATSON S. Alternative routes to teacher certification in washington state. [EB/OL] http://www. wsipp. wa. gov/rptfiles/04-12-2901. pdf, 2012-08-01.

[78] MATSUI S. Learning from counternarratives in Teach for America: moving from idealism towards hope[M]. New York: Perter Lang Publishing, Inc, 2015.

[79] MAYER D P, et al. Identifying alternative certification programs for an impact evaluation of teacher preparation[R]. U. S. Department of Education, 2003.

[80] MCDONALD M A. The integration of social justice: reshaping teacher education[D]. Stanford University, 2003.

[81] MCKIBBIN M D. Alternative certification in California[J]. Teacher Education Quarterly, 1988, 15(3):49-59.

[82] MCKIBBIN M D. One size does not fit all: reflections on alternative routes to teacher preparation in California[J]. Teacher Education Quarterly, 2001, 28(1):133-149.

[83] MCLNERNEY D M, edited. Sociocultural inflences and teacher education programs[M]. Connecticut: Information Age Publishing, 2003.

[84] MiICHELLI N M, KEISER D L. Teacher education for democracy and social Justice[M]. New York: Routledge Taylor&Francis Group, 2005.

[85] MITTCHELL D E, Romero L S. The politics and practice of alternative teacher certification[J]. Educational Administration Quarterly, 2010, 46(3):363 - 394.

[86] MUNGAL A S. Teach for America, relay graduate school, and the charter school networks: the making of a parallel education structure[J]. Education Policy Analysis Archives, 2016, 24(17):1-30.

[87] NELSONl A J. Alternative approaches to teacher preparation using distances learning models[J]. Research Gate, 2002:6.

[88] NESS M K. Resisting traditional notions of teacher certification: reflecting on "Teach For America" counterpoints [J]. Critical Essays on Resistance in Education, 2020(376): 17-33.

[89] O'CONNOR E A, et al. Mentorship and instruction received during training: views of alternatively certified teachers[J]. Educational Review, 2011, 63(2):219-232.

[90] PLATT T L. Teachers' perceptions of Teach for America training and classroom management in urban middle schools[D]. Walden University, 2017.

[91] RA S. Preservice teachers' entering beliefs and preconceptions about teaching for social

justice[D]. George Mason University,2017.

[92]RATHS J. Teacher beliefs and classroom performance:the impact of teacher education [M]. Connecicut:Information Age Publishing Inc,2003.

[93]RICHARDSON A . A qualitative exploration of factors contributing to Teach For America teachers remaining in a rural,high-poverty school system beyond their two-year contracts [D]. North Carolina State University,2018.

[94]ROBBERTSON-PHILLIPS S B. Beginning teacher support and assessment programs, intern programs and teacher Attrition[D]. La Sierra University,2010.

[95]ROBINSON C N. Berkeley's graduate internship program:a retrospective look at an alternative model[J]. California Journal of Teacher Education, 1975 - 1976, 3 (2): 52-72.

[96]ROCKSTAD C. The impact of certification programs on teacher retention and preparation [D]. Concordia University Irvine,2018.

[97]ROEGMAN R, et al. Support and assist:approaches to mentoring in a yearlong teacher residency[J]. International Journal of Mentoring and Coaching in Education,2016,5(1): 37-53.

[98]SCHNEIDER J. Rhetoric and practice in pre-service teacher education:the case of Teach For America[J]. Journal of Education Policy,2014,29(4):425 - 442.

[99]SCHULTE A K. Seeking integrity in teacher education:transforming student teachers, transforming my self[J]. Springer Science+Business Media,2009:23.

[100]SCHWAB R V. Examining the new layers of teacher education:a cross-case analysis of the high school induction process for alternatively certified teachers [D]. Virginia Polytechnic Institute and State University,2002.

[101]SMITH J,SOUVINEY R. The internship in teacher education[J]. Teacher Education Quarterly,1997,24(2):5-19.

[102]SNELL E B. Examing the career choices and civic engagement activities of Teach for America alumni[D]. Indiana University,2009.

[103]SOLED S W,edited. Assessment,testing,and evaluation in teacher education[M]. New Jersey:Ablex Publishing Corporation,1995.

[104]SONDEL B. Raising citizens or raising test scores? Teach For America, "no excuses" charters,and the development of the neoliberal citizen[J]. Theory & Research in Social Education,2015(43):289 - 313.

[105]SOOKHOO S N. Practices in alernativer teacher preparation programs in California[D]. University of the Pacific Stockton,2014.

[106]STEIN J. Evaluation of the NYCTF program as an alternative certification program[R].

New York City Board of Education,2002.

[107]TABACHNICK B. R,ZEICHNER K M. Issues and practices in inquiry-oriented teacher education[M]. London:the Falmer Press,1991.

[108]TATEL E S. Teaching in under-resourced schools:the Teach for America example[J]. Theory Into Practice:Redefining Teacher Quality,1999,38(1):37-45.

[109]TAYLOR M,Klein E J,et al. A year in the life of a third space urban teacher residency [M]. Boston:Sense Publishers,2015.

[110]TELLEZ K. A case study of a career in education that began with "Teach for America" [J]. Teaching Education,2011,22(1):15-38.

[111]THOMAS E. Teacher education:dilemmas and prospects[M]. London:Kogan Page Limited,2002.

[112]THORPE R. Residency:can it transform teaching the way it did medicine[J]. The Phi Delta Kappan,2014,96(1):36-40.

[113]TOMPKINS II R P. Mentor & intern teacher boundary practices:integrating theory and practice in effective alternative certification programs[D]. University of California, Berkeley,2011.

[114]TOWNSEND T,BATES R. Handbook of teacher education:globalization standards and professionalism in times of change[M]. Netherlands:Springer,2007:285.

[115]TURGUT R. Case studies of Teach For America teachers' teacher identity development in relation to english language learners[D]. University of Nevada,2017.

[116]VELTRI B T,BREWER T . Comply,embrace,cope,countercrusade,subvert:Teach For America corps members respond to(Internal)and external mandates[J]. Education and Urban Society,2020,52(5):675 - 703.

[117] WARREN L L. Teaching Effective Problem Solving Strategies for Interns[J]. Educational Research Quarterly,2005,29(2):48-54.

[118] WASBURN-MOSES L. A national descriptive survey of teacher residency programs school[J]. University Partnerships,2017,10(2):33-42.

[119]WEHRLI B. Locus and praxis in the denver teacher residency[D]. The University of New Mexico,2014.

[120]WENDY KOPP. One day,all children in this nation will have the opportunity to attain an excellent education[M]. New York:Public Affairs,2001.

[121]WESLEY-NERO S L. A study of the effectiveness of an alternative licensure program for urban elementary teachers of english language learners[D]. George Mason University,2007.

[122]WHITE T. Teach For America's paradoxical diversity initiative:race,policy,and black

teacher displacement in urban public schools[J]. Education Policy Analysis Archives, 2016,24(16):1-42.

[123]WILLIAMSON P,et al. Context as content in urban teacher education:learning to teach in and for San Francisco[J]. Urban Education,2016,51(10):1170 - 1197.

[124]ZEICHNER K M. Teacher education and the struggle for social justice[M]. New York: Routledge Taylor & Francis Group,2009.

[125]ZUGELDER B. Remember when you were an intern[J]. Childhood Education,2010,86 (3):167-168.